서버리스
웹 애플리케이션 구축

서버리스
웹 애플리케이션 구축

AWS 서비스, 서버리스 프레임워크 소개부터
서버리스 애플리케이션 개발과 배포까지

디에고 자농 지음

김경호 · 고경두 · 박준수 · 배동환 · 임선영 옮김

│ 지은이 소개 │

디에고 자농^{Diego Zanon}

자바스크립트와 닷넷 애플리케이션의 풀스택 개발자다. 특히 확장성 문제를 해결하기 위해 설계된 최신 기술과 프레임워크를 이해하고 개발하는 데 열정을 쏟고 있다. 여가 시간에는 깃허브나 스택 오버플로우에 기여하고 블로그하는 것을 좋아한다.

컴퓨터 엔지니어며 미국, 브라질, 네덜란드, 독일을 비롯한 전 세계 고객을 대상으로 산업 시스템에서 전자상거래 웹사이트에 이르기까지 광범위한 프로젝트를 진행하고 있다.

| 기술 감수자 소개 |

친탄 메타 Chintan Mehta

노아르트 테크놀로지스KNOWARTH Technologies(https://www.knowarth.com)의 공동 설립자로 클라우드, 원격 인프라 관리 서비스RIMS, 데브옵스DevOps를 이끌고 있다. 컴퓨터 하드웨어 및 네트워크 인증 학위를 받았으며, 리눅스, AWS 클라우드, 데브옵스, RIMS, 시스템 및 서버 관리뿐 아니라 오픈소스 기술을 기반으로 하는 서버 관리 분야에서 많은 경험을 쌓았다. 또한 AWS 공인 솔루션 아키텍트 회원이다.

인프라와 운영 분야에서 요구 분석, 아키텍처 설계, 보안 설계, 고가용성 및 재해 복구 계획, 자동 모니터링, 자동 배포, 고객 지원을 위한 프로세스 구축, 성능 튜닝, 인프라 설치 및 배포, 애플리케이션 설치 및 배치뿐만 아니라 물리적으로 여러 곳에 다양한 사무실을 설치하고 그와 관련된 조직을 운영할 수 있도록 준비하는 책임자 등 다양한 역할을 수행했다.

이전 직장에서 클라우드 서비스 관리 사업을 이끌었으며 업무에 가치 있는 공헌을 해 여러 차례 상을 수상했다. 그리고 클라우드에서 SaaS와 IaaS, PaaS 서비스를 구축하는 컨설팅 및 솔루션을 만드는 일을 했다. 또한 공동 경영진 대표로서 ISO 27001 : 2005 구현 팀을 이끌었다. 『Hadoop Backup and Recovery Solutions』(Packt, 2015)라는 책을 집필했고, 『Liferay Portal Performance Best Practices』(Packt, 2013)를 감수했다.

> 먼저 팩트의 멋진 팀과 함께 훌륭한 일을 해낸 나를 축하하고 싶다. 다음으로 노트북을 가지고 캠프에 갔던 긴 날, 밤, 주말을 참아 준 멋진 아내 미탈(Mittal)과 나의 아들 데밤(Devam)에게 감사한다.

| 옮긴이 소개 |

김경호(everysecond@gmail.com)

(현) 에쓰오일 IT기획/보안 기획 업무

(현) IITP 평가 위원

(현) 한국정보기술연구원 BoB^Best of Best 멘토

(현) NIA 빅데이터 기술 전문가 자문위원

(전) NCS 집필위원

(전) 미래창조과학부 한이음 ICT 멘토

(전) 인터넷 포털업체 IT 보안 기획 업무

(전) IT/IT보안컨설팅업체 컨설턴트

(전) 모바일기기 제조업체 IT 시스템 운영 업무

(전) 사이버보안전문단원(미래창조과학부)

해킹방어대회 입상(정보통신부 주관)

정보관리기술사, CCIE, CIA, CISSP, ISMS 인증심사원, PIMS 인증심사원, 정보보안기사, PMP, ITIL 등 다양한 자격 보유

고경두(ko.kyungdu@gmail.com)

(현) SK(주)C&C / 기술 아키텍트

(현) 미래창조과학부 한이음 ICT 멘토

(전) SKT 스윙^Swing(U.key3.0) 프로젝트 미들웨어 총괄

컴퓨터시스템응용기술사, 정보보안기사

박준수(blueinyou@gmail.com)

(현) TAM^Technical Account Manager

(전) NCS 프로젝트관리(인적자원관리)집필위원

(전) 미래창조과학부 한이음 ICT 멘토

(전) 현대모비스 연구소 PLM 기획, 운영관리

정보관리기술사, PMP, AWS 솔루션 아키텍트 전문가, AWS 데브옵스 엔지니어 전문가 등

배동환(hidoripapa@gmail.com)

(현) 히어 솔루션즈, DBA

(현) NIPA 평가위원

(현) NCS 검토위원

(현) 미래창조과학부 한이음 ICT 멘토

(전) SK브로드밴드(하나로텔레콤, 두루넷) IT 운영관리, DBA

컴퓨터시스템응용기술사, 정보보안기사

임선영(Intsun76@gmail.com)

(현) 신세계아이앤씨(주) / AA(Application Architect)

(전) 미래창조과학부 한이음 ICT 멘토

정보관리기술사, 수석감리원, PMP, CISSP

| 옮긴이의 말 |

역자들은 IT 전문업체, 제조업체, 클라우드 업체 등 다양한 영역의 전문가이자, IT의 최고 자격인 정보관리/컴퓨터시스템 응용 기술사들이다. 동일 회차에 합격한 역자들은 클라우드 서비스와 관련된 도서는 많지만 더욱 전문적인 내용을 다룬 도서가 부족하다는 데 의견을 모으고 클라우드 서비스와 관련된 전문 도서에 대한 번역을 기획하게 됐다. 그 첫 번째 결과물이 클라우드 서비스의 기반 기술 중 하나인 컨테이너에 대해 다루는 『리눅스 컨테이너 LXC』(에이콘, 2017)고 이 책은 두 번째 결과물이다. 서버리스 컴퓨팅 개념은 많이 알려져 있지만, 이에 대해 제대로 다루는 서적이 국내에는 아직 없는 것이 현실이다. 이 책은 서버리스 컴퓨팅의 개념뿐 아니라 구체적인 웹 애플리케이션 구축 사례를 통해서 기본적인 개발 지식과 클라우드 컴퓨팅의 이해만 있으면 쉽게 서버리스 컴퓨팅을 배울 수 있도록 도와준다. 이 책을 통해서 독자들은 서버에 의한 제약에서 벗어나 좀 더 자유롭게 웹 애플리케이션을 개발하고 서비스할 수 있게 될 것이다.

| 차례 |

| 들어가며 |

서버리스^{serverless}는 클라우드 서비스 제공자가 모든 시스템을 관리하고 시간 단위가 아닌 1/10초 단위로 사용 시간을 측정해 요금을 지불하는 방식의 클라우드 서비스를 구분하기 위해 만들어진 전문 용어다. 서버리스 컴퓨팅은 애플리케이션 개발자에게 비용 절감, 개발 시간 단축, 가용성 및 확장성에 대한 문제 해결의 이점을 광범위하게 제공한다. 이런 장점만으로도 서버리스 애플리케이션을 만드는 방법을 배우는 이유로 충분하다.

서버리스의 개념과 사용 방법 외에도 서버리스에 대한 폭넓은 시각을 제공한다. 많은 사람이 FaaS^{Function as a Service}를 서버리스의 의미로 사용하기도 하며, 서버리스가 필요에 따라 기능을 실행하는 것보다 훨씬 더 많은 작업을 수행할 수 있다는 사실을 알지 못한다. 서버리스는 데이터베이스, 보안, 알림 외에도 많은 서비스를 제공한다. 이 책은 서버리스를 활용한 다양한 서비스의 사용 방법을 설명한다.

이 책은 다음 세 부분으로 나뉜다.

- **소개**: 이 책에서 사용되는 서버리스 개념과 도구를 소개한다. AWS 서비스와 서버리스 프레임워크에 대해 배우게 될 것이다. 1장, '서버리스 모델의 이해'에서 3장, '서버리스 프레임워크'까지가 소개에 해당된다.
- **서버리스 애플리케이션 구축**: 4장, '웹사이트 호스팅'부터 7장, '서버리스 데이터베이스의 관리'에서는 서버리스 애플리케이션을 개발하고 호스트하는 방법과 프론트엔드, 백엔드, 데이터 액세스 계층을 구축하는 방법을 실습한다.
- **고급 기능**: 8장, '서버리스 애플리케이션 보안'에서 10장, '테스트, 배포, 모니터링'으로 이 책은 끝나며, 서버리스를 이용해 애플리케이션을 테스트, 배포, 모니터링하는 방법뿐 아니라 보안 및 실시간 알림을 구현하는 방법에 대해 설명한다.

▌ 이 책의 내용

1장, 서버리스 모델의 이해   서버리스의 개념과 장단점을 몇 가지 활용 사례와 함께 소개한다.

2장, AWS로 시작하기   새로운 AWS 사용자에게 서버리스를 소개하고 책 전체에서 어떤 도구가 사용되는지 설명한다.

3장, 서버리스 프레임워크   서버리스 프레임워크를 구성하고 사용하는 방법을 설명한다. 서버리스 프레임워크는 서버리스 애플리케이션을 구축하는 데 반드시 필요한 도구다.

4장, 웹사이트 호스팅   HTTPS를 지원하는 웹사이트를 호스팅하고 도메인을 구성하는 데 도움을 준다.

5장, 프론트엔드 구축   단일 페이지 애플리케이션SPA의 접근 방법을 사용해 프론트엔드를 디자인한다.

6장, 백엔드 개발   RESTful 인터페이스를 설계하고 Node.js를 사용해 백엔드 코드를 작성하는 방법에 대해 설명한다.

7장, 서버리스 데이터베이스의 관리   심플DB와 다이나모DB를 사용해 서버리스 프로젝트의 데이터 저장 방법을 보여준다.

8장, 서버리스 애플리케이션 보안   표준 보안 사례와 서버리스 애플리케이션에서 인증과 권한부여를 구현하는 방법에 대해 설명한다.

9장, 서버리스 알림 처리   공급자와 구독자publisher-subscriber 패턴을 이용해 서버리스 알림 작성 방법을 살펴본다.

10장, 테스트, 배포, 모니터링   서버리스 솔루션을 테스트하는 방법, 운영 환경에 애플리케이션을 배포하기 위한 표준 사례와 모니터링해야 할 사항을 살펴본다.

▌ 준비 사항

이 책은 자바스크립트와 Node.js를 사용한 웹 개발에 대한 사전 지식을 전제로 한다. 서버리스 애플리케이션을 개발하는 프로그래밍 언어는 많지만 이 책의 모든 코드 예제에서 Node.js가 사용되므로 Node.js의 기본 지식 정도는 알아야 npm과 자바스크립트 ES6 문법의 사용 방법을 이해할 수 있다.

서버리스 서비스를 제공하는 클라우드 제공 업체가 많이 있지만 이 책에서는 AWS에 중점을 두었다. AWS에 대한 사전 지식이 없어도 기본을 다룰 수 있지만 코드 예제를 개발하고 테스트하려면 계정을 만들어야 한다. 아직 가입하지 않았다면 AWS에 신규로 계정을 만들어 12개월 동안 배우고 개발할 수 있는 무료 과정을 제공받는다.

▌ 대상 독자

이 책은 클라우드 서비스를 사용해 인프라를 구성하고 유지관리하는 데 낭비되는 시간을 줄이고 더욱 생산적으로 개발을 수행하고자 하는 웹 개발자 또는 적은 노력으로 일반적인 문제를 해결하기 위해 기존 서비스를 사용해 솔루션을 구축하려는 개발자를 대상으로 한다.

나는 풀스택 개발자로 일하면서 프론트엔드, 백엔드, 데이터베이스, 보안, 개발자 작업 등 모든 것을 이해해야 했다. 그래서 이 책에서 서버리스 개념을 사용해 웹 개발에 대한 폭넓은 관점을 제시하고자 노력했다. 나와 비슷한 역할을 하거나 다양한 웹 개발 계층에 대해 더 많이 배우고 싶은 독자 분들께 적합하다.

▌ 편집 규약

이 책에서는 독자의 이해를 돕고자 다루는 정보에 따라 다음과 같이 글꼴 형식을 다르게 적용했다. 다음은 다르게 적용된 스타일의 예제와 의미 설명이다.

문장 중에 사용된 코드, 데이터베이스 테이블 이름, 사용자 입력, 트위터 처리 등은 다음과 같이 표기한다.

"이 예는 <HelloReact /> HTML 요소를 정의하고 렌더링된 출력은 name 속성 값을 사용한다."

코드 블록은 다음과 같이 표기한다.

```
class HelloReact extends React.Component {
    render() {
        return <div>Hello, {this.props.name}!</div>;
    }
}

ReactDOM.render(
    <HelloReact name="World"/>,
    document.getElementById('root')
);
```

코드 블록의 특정 부분을 강조할 때는 관련 줄이나 항목을 굵게 표기한다.

```
[default]
exten => s,1,Dial(Zap/1|30)
exten => s,2,Voicemail(u100)
exten => s,102,Voicemail(b100)
exten => i,1,Voicemail(s0)
```

모든 커맨드라인의 입력과 출력은 다음과 같이 표기한다.

```
aws s3 sync ./path/to/folder s3://my-bucket-name --acl public-read
```

화면상에 출력된 메뉴나 대화상자 문구를 문장 중에 사용할 때는 다음과 같이 표기한다.

"Next 버튼을 클릭하면 다음 화면으로 이동한다."

주의해야 하거나 중요한 내용은 이와 같이 표기한다.

참고사항이나 요령은 이와 같이 표기한다.

▌ 독자 의견

이 책에 대한 독자의 의견은 언제나 환영이다. 좋은 점 또는 고쳐야 할 점에 대한 솔직한 의견은 앞으로 더 좋은 책을 발행하는 데 큰 도움이 된다. 독자 의견을 보낼 때는 이메일 제목란에 구입한 책 제목을 적은 후 feedback@packtpub.com으로 전송한다. 만약 독자가 특정 분야의 전문가로서 저자가 되고 싶다면 http://www.packtpub.com/authors를 참조한다.

▌ 고객 지원

이 책을 구입한 독자라면 다음과 같은 지원을 받을 수 있다.

예제 코드 다운로드

http://www.packtpub.com에 등록된 계정으로 로그인한 다음에 구입한 모든 팩트 책의 예제 코드 파일을 다운로드할 수 있다. 다른 곳에서 이 책을 구입한 경우에는 http://www.packtpub.com/support를 방문해 이메일 주소를 등록하면 예제 코드 파일을 내려받는 링크를 받을 수 있다. 에이콘출판사 도서정보 페이지 http://www.acornpub.co.kr/book/Serverless-web-application에서도 내려받을 수 있다.

예제 코드를 다운로드하는 방법은 다음과 같다.

1. 이메일 주소와 암호를 사용해 웹사이트에 로그인하거나 가입한다.
2. 상단의 **SUPPORT** 탭에 마우스 포인터를 올려 놓는다.
3. **Code Downloads & Errata**를 클릭한다.
4. 검색 상자에 책의 이름을 입력한다.
5. 다운로드할 코드 파일의 책을 선택한다.
6. 팩트출판사에서 구매한 책을 드롭다운 메뉴에서 선택한다.
7. **Code Download**를 클릭한다.

파일을 다운로드한 후 최신 버전의 압축 프로그램을 사용해 폴더의 압축을 해제한다.

- 윈도우용 WinRAR, 7-Zip
- 맥용 Zipeg, iZip, UnRarX
- 리눅스용 7-Zip, PeaZip

이 책의 코드 묶음은 https://github.com/PacktPublishing/Building-Serverless-Web-Applications에 있는 깃허브에서도 제공된다. 또한 https://github.com/PacktPublishing/에서 다양한 도서와 비디오 카탈로그의 코드 묶음도 제공된다. 해당 사이트를 방문해 확인해보자.

컬러 이미지 다운로드

이 책에 쓰인 컬러 화면과 그림 이미지가 담긴 PDF 파일을 제공한다. PDF 파일의 컬러 이미지를 통해 결과의 변경 내용을 좀 더 쉽게 이해할 수 있다. PDF 파일은 https://www.packtpub.com/sites/default/files/downloads/BuildingServerlessWebApplications_ColorImages.pdf에서 다운로드할 수 있다. 또한 에이콘출판사의 도서정보 페이지 http://www.acornpub.co.kr/book/Serverless-web-application에서도 컬러 이미지를 내려받을 수 있다.

오탈자

정확한 편집을 위해 세심한 주의를 기울였음에도 실수가 발생하곤 한다. 본문에서 발견한 오류 혹은 코드상 오류에 대해 보고해주시면 매우 감사하겠다. 독자의 참여를 통해 또 다른 독자들이 느낄 불편을 최소화해주고 이 책의 후속 판을 개선하는 데 도움이 된다. 오탈자를 발견하면 http://www.packtpub.com/submiterrata에 신고해주기 바란다. 해당 서적을 선택한 후에 Errata Submission 링크를 클릭하고, 오류에 대한 자세한 내용을 기술하면 된다. 오류 내용이 확인되면 웹사이트에 그 내용이 올라가거나 해당 시적의 정오표에 내용이 추가될 것이다. https://www.packtpub.com/books/content/support로 가서 검색어 항목에 서적을 입력하면 지금까지의 정오표를 확인할 수 있다. 한국어판은 에이콘출판사 도서정보 페이지 http://www.acornpub.co.kr/book/Serverless-web-application에서도 찾아볼 수 있다.

▌ 저작권 침해

인터넷을 통한 저작권 침해는 모든 매체가 골머리를 앓고 있는 심각한 문제점이다. 팩트 출판사에서는 저작권 및 라이선스 관련 문제를 매우 심각하게 생각한다. 인터넷에서 어떤 형태로든 팩트 책의 불법 복제본을 발견한다면, 적절한 조치를 취할 수 있게 주소나 웹사이트명을 즉시 알려주길 부탁드린다. 불법 복제물로 의심되는 링크를 copyright@packtpub.com으로 보내주기 바란다. 더 좋은 책을 만들기 위한 팩트출판사와 저자들의 노력을 배려하는 마음에 깊은 감사의 뜻을 전한다.

▌ 질문

이 책에 관련된 질문이 있다면 questions@packtpub.com으로 문의하기 바란다. 최선을 다해 답하겠다. 한국어판에 관한 질문은 이 책의 옮긴이나 에이콘출판사 편집 팀(editor@acornpub.co.kr) 으로 문의할 수 있다.

서버리스 모델의 이해

다양한 클라우드 서비스는 개발자가 애플리케이션 개발에 집중해 좀 더 빠르고 민첩하게 서비스를 출시할 수 있는 환경을 제공했다. 무엇보다도 서비스 출시 이후 발생할 시스템의 확장성과 가용성에 대해 더 이상 개발자가 수고와 비용을 들일 필요가 없도록 변화하고 있다. 이런 변화를 가장 극적으로 보여준 것이 서버리스 서비스다. 서버리스 서비스는 2014년 아마존이 람다Lambda에서 개념을 선 보인 이후 관련 서비스들이 계속 나오고 있다. 서버리스Serverless라는 단어로부터 '서버가 없다' 또는 '서버가 필요 없다'라는 의미를 떠올리게 된다. 그러나 서버리스라는 말이 서버가 필요 없음을 의미하는 것은 아니다. 서버리스는 사용자(서버 관리자가 될 수도 있고, 개발자가 될 수도 있다)가 직접 관리해야 하는 서버가 거의 없다는 의미다. 즉, 개발자가 서버의 구성, 유지관리, 업데이트를 더 이상 고려하지 않아도 된다는 말이다. 완전히 새로운 개념은 아니지만 최근 제공되는 서비스는 이전에 비해 훨씬 더 강력해졌고 다양한 애플리케이션에 적용할 수 있다. 비용 효율적이고 확장 가능한 솔루션을 구축하고 싶다면 이 주제를 깊이 있게 학습해 서버리스가 어떻게 동작하는지 이해할 필요가 있다.

1장에서 다루는 내용은 다음과 같다.

- 서버리스의 정의
- 서버리스의 주요 목적
- 서버리스의 장점과 단점
- 서버리스 활용 사례

이 장을 마치면, 실습을 통해 각 장당 하나씩의 온라인 상점 데모 애플리케이션을 만들 준비가 될 것이다.

▌ 서버리스 개요

서버리스는 모델, 아키텍처 유형, 패턴 혹은 우리가 부르고 싶어하는 다른 어떤 것일 수 있다. 나에게 서버리스는 형용사이고 사고의 방식을 규정하는 단어다. 이것은 작성한 코드가 어떻게 실행되는지를 추상화하는 방법이다. 서버리스를 생각할 때 서버 범위 안에서 생각하지 마라. 코딩하고 테스트하고 배포하는 일을 하는 것만으로도 충분하다.

서버리스는 전문용어다. 애플리케이션을 실행하려면 아직은 서버가 필요하지만 개발자가 굳이 서버에 대해서 많은 걱정을 할 필요가 없다. 서버 유지보수는 더 이상 개발자의 일이 아니기 때문이다. 서버 운영이 아니라 개발과 코드 작성에 집중하자.

개발 자동화를 위해 서버리스에서 데브옵스[DevOps1]가 하는 역할은 작지만 여전히 필요하다. 배포를 자동화하고 애플리케이션이 어떻게 작동하고 있는지, 어느 정도의 비용이 발생하는지에 대해 최소한의 모니터링을 해야 한다. 그러나 사용량을 맞추기 위해 서버를 시작하거나 중지할 필요가 없으며, 실패한 인스턴스를 교체하거나 운영체제에 보안 패치를 적용할 필요는 없다.

서버리스에 관해

서버리스 솔루션은 완전히 이벤트 중심이다. 사용자가 정보를 요청하는 이벤트가 발생하면 트리거는 코드를 선택하고 실행해 응답을 검색하도록 클라우드 공급 업체에게 알린다 (관련 함수를 찾고, 패키지의 압축을 풀고, 컨테이너에 로드하고, 서비스 실행 가능한 상태로 만든다). 대조적으로, 기존 솔루션은 요청에 응답하기 위해 작동하지만 코드가 항상 실행되고 있어서 사용자가 시스템을 사용하지 않는 경우에도 특별히 예약된 시스템 자원을 사용한다.

서버리스 아키텍처에서는 단일 요청을 처리하기 위해 시스템에 전체 코드 베이스를 로딩할 필요가 없다. 빠른 로딩을 위해 요청에 응답하는 데 필요한 코드만 선택돼 실행된다. 이 솔루션의 일부가 함수[function]로 참조된다. 즉, 필요할 때만 함수를 실행한다.

간단히 함수라고 부르지만 일반적으로 엔트리 포인트와 의존성을 가지고 실행되는 코드의 조각을 포함하는 압축된 패키지다.

다음 그림은 서버리스 모델의 동작 순서를 보여준다. 이런 방법으로 구현할 필요는 없지만 클라우드 서비스 공급자가 서버리스의 콘셉트를 구현하는 방법을 보여주는 예다.

---

1 데브옵스는 개발자가 프로그래밍하고, 빌드하고, 직접 시스템에 배포도 하고 서비스하면서 지속적으로 개선해 나가는 것을 의미한다. 서버와 개발 기술뿐 아니라 지속적 통합과 배포(CI/CD), 테스트, 데이터베이스 관리 같은 운영상의 문제도 해결할 수 있어야 한다. – 옮긴이

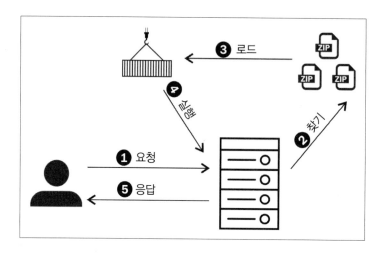

위 그림은 다음과 같은 단계로 처리된다.

1. 사용자는 클라우드 서비스 공급자가 제공한 주소로 요청을 전송한다.
2. 클라우드 서비스는 메시지를 기반으로 요청에 응답하는 데 사용할 패키지를 찾는다.
3. 패키지(또는 기능)가 선택되면 패키지를 실행할 도커 컨테이너로 로드한다.
4. 도커 컨테이너가 실행되고 요청이 처리된다.
5. 생성된 응답을 요청한 사용자에게 전송한다.

서버리스 모델이 흥미로운 이유는 요청을 처리하기 위해 패키지 또는 기능을 실행하는 데 사용된 시간에 대해서만 요금이 청구된다는 데 있다. 대개 사용 시간은 시간 단위가 아니고 초 단위로 측정된다. 아무도 서비스를 사용하지 않는다면 비용을 지불할 필요가 없다. 또한 애플리케이션에 접근하는 사용자가 급격하게 증가하는 경우 클라우드 서비스는 모든 요청을 동시에 처리하기 위해 새로운 인스턴스를 기동한다. 관련 클라우드 인스턴스 중 하나에 장애가 발생하면 사용자의 간섭이나 추가 구성없이 자동으로 다른 클라우드 인스턴스가 기동되고 사용할 수 있게 된다.

서버리스와 PaaS

서버리스는 종종 PaaS^{Platform as a Service}와 혼동된다. Paas는 개발자가 인프라(서버)에 대한 걱정 없이 애플리케이션을 사용할 수 있게 해주는 클라우드 컴퓨팅 모델이다. 이 정의에 따르면 Paas와 서버리스는 같은 목적으로 활용된다. 서버리스는 PaaS의 리브랜딩 또는 PaaS의 차세대라고 할 수 있다.

PaaS와 서버리스의 가장 큰 차이점은 PaaS 역시 관리자나 개발자가 직접 서버를 관리하지는 않지만, 웹사이트에 접근하는 사용자가 없는 경우에도 프로비저닝에 대한 비용이 청구된다는 것이다. PaaS에서는 코드가 항상 실행되고 새로운 요청을 기다린다. 그러나 서버리스는 요청을 받기 위해 대기하는 서비스는 존재하나 필요 시에만 코드가 실행된다. 코드가 실행된 시간만 청구서에 반영된다. 즉, 코드가 실행된 시간(초)과 요청 수에 대해서만 비용을 지불하면 된다. 또한 서버리스는 호출 간에 불변의 상태를 가지고 있어서 모든 호출에 항상 신선한 환경을 유지한다. 다음 호출에서 컨테이너를 재사용하더라도 파일 시스템은 새롭게 갱신된다.

IaaS와 온프레미스

PaaS 외에도 서버리스는 종종 IaaS^{Infrastructure as a Service}와 온프레미스^{On-Premise} 솔루션과의 차이점을 보여주기 위해 비교된다. IaaS는 가상머신을 클라우드 솔루션에 배포하는 또 다른 전략으로 게스트 운영체제에 필요한 모든 것을 클라우드 솔루션에 구성할 수 있다. IaaS는 유연성이 뛰어나지만 많은 책임이 따른다. 보안 패치를 적용하고 비정기적인 오류를 처리하고 사용량 최고치를 처리할 새로운 서버를 설정해야 한다. 또한 서버의 CPU 사용률이 5%든 100%든 사용 여부에 상관없이 시간당 동일한 금액을 지불해야 한다.

온프레미스는 물리적 컴퓨터를 구입해 회사 내부에서 실행하는 전통적인 솔루션으로, 회사의 입맛에 맞게 전체적으로 유연하게 통제할 수 있다. 트래픽 사용량이 매우 안정적인 경우 온프레미스 방식처럼 자체 솔루션을 이용해 서비스하는 것이 클라우드에 비해 더 저렴한 경우도 있다. 그러나 온프레미스를 사용하면 예상할 수 없는 다양한 비용과 위험이 비즈니스에 그대로 노출된다. 사용자나 데이터의 변화로 서비스 사용이 증가하거나 감소하게 될 경우 서버를 추가 구입해야 하거나, 유휴 서버^{idle server}가 발생해 그에 맞게 서비스도 서버에 프로비저닝해야 하는 경우가 자주 발생하기 때문에 온프레미스 방법을 사용해 실제 이익을 얻는 것은 쉽지 않다. 또한 해당 컴퓨터를 관리하기 위해 자체(또는 외주) 팀을 고용해야 하므로 비용이 증가하고 이에 따른 위험도 증가한다. 온프레미스 솔루션을 이용하는 대부분의 회사는 클라우드 서비스 공급자를 이용하는 것이 비용이 많이 드는 것으로 생각한다. 그러나 클라우드 사용에 따른 ROI(투자 수익)가 온프레미스보다 큰 것이 많은 사용 사례를 통해 증명되고 있다. 클라우드를 사용하면 거대한 데이터 센터 규모의 경제에 따른 이익을 얻을 수 있다.

서버리스의 주요 목적

서버리스를 이용해 서비스를 정의하려면 최소한 다음과 같은 기능이 있어야 한다.

- **필요한 만큼 확장**: 과다 또는 과잉 프로비저닝이 없어야 한다.
- **고가용성**: 내결함성^{fault tolerant2}이 있으며 항상 온라인 상태여야 한다.
- **비용 효율성**: 유휴 서버에 대해서는 비용을 지불하지 않는다.

확장성

IaaS를 사용하면 모든 클라우드 서비스에서 인프라의 무한 확장이 가능하다. 사용량이 늘어남에 따라 머신 추가 사용 신청만 하면 된다. 또한 수요 변화에 따라 서버의 시작과 중지 프로세스를 자동화할 수 있다. 그러나 이것은 빠르게 확장하는 방법이 아니다. 클라우드상에서 새로운 머신을 시작하고 새로운 요청을 처리하려면 보통 5분 정도의 대기 시간

---

2 하드웨어에 장애가 발생하더라도 여분의 시스템 구성요소를 통해 지속적인 시스템 작동을 보장하는 컴퓨터 하드웨어나 소프트웨어의 기능을 내결함성(fault tolerant)이라 한다. – 옮긴이

이 필요하다. 더욱이 서버의 시작과 중지는 비용이 들기 때문에 필요한 경우에만 수행하는 것이 좋다. 자동화된 프로세스도 어떤 조치를 취하기 전에 수요가 변경됐는지 확인하려면 몇 분 정도의 대기 시간이 필요하며 이 시간 동안 비용이 발생한다.

 무한 확장성은 클라우드 공급자가 얼마나 큰 용량을 제공할 수 있는지 고려할 필요 없이 일반적으로 확장할 수 있다는 것을 강조하는 방법으로 사용되지만 그것이 항상 사실은 아니다. 각 클라우드 공급자는 대규모 애플리케이션 지원할 때 고려해야 하는 한계 상황이 있다. 예를 들어 AWS는 특정 유형의 가상머신(IaaS)을 실행할 수 있는 개수를 20개로 제한하고 동시에 사용할 수 있는 람다[3] 기능의 개수를 1,000개로 제한한다.

IaaS는 예측 가능한 일반적인 변경 사항은 처리할 수 있지만 공지나 마케팅 캠페인 같은 이벤트 이후에 발생하는 예상치 못한 높은 피크에는 빠르게 대응하지 못한다. 서버리스에서의 확장성은 분이 아닌 밀리초 단위로 측정되고 확장되기 때문에 매우 빠르다. 또한 용량을 프로비저닝할 필요 없이 호출에 따라 확장된다.

사용 빈도가 높은 몇 분 동안의 상황을 비교해보면, IaaS는 필요한 용량을 충족시키는 데 어려움을 겪고 서버리스는 짧은 시간 안에 더 높은 사용량을 충족시켜 준다.

다음 그래프에서 왼쪽 그래프는 IaaS가 어떻게 확장되는지 보여주고 오른쪽 그래프는 서버리스 솔루션을 사용할 때 요구 사항이 얼마나 잘 만족되는지를 보여준다.

---

3 람다(AWS Lambda)는 이벤트가 발생하면 코드를 선택하고 실행하는 서버리스 서비스다. 람다는 아마존 API 게이트웨이 (Amazon API Gateway)를 통한 HTTP 요청, 다이나모DB(DynamoDB)에 DML 요청 등 다양한 이벤트 코드를 자동으로 실행한다. 개발자는 코드만 제공하면 된다. – 옮긴이

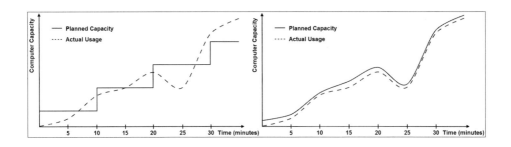

온프레미스 방식을 사용할 경우에는 더 큰 문제가 발생된다. 사용량이 늘어남에 따라 새로운 서버를 구입하고 준비해야 하지만 인프라를 늘리려면 구매 주문서를 작성하고 승인해야 하므로 새 서버가 도착할 때까지 기다려야 하고 서버의 구성 및 테스트에도 시간을 할애해야 한다. 회사 규모가 매우 크고 여러 단계와 절차를 준수해야만 하는 경우에는 구매와 설치에 몇 주가 걸릴 수도 있다.

가용성

고가용성Highly Availability 솔루션은 하드웨어 오류에 대한 내결함성이 있는 솔루션이다. 서버하나가 다운돼도 만족스러운 성능으로 애플리케이션이 계속 실행돼야 한다. 정전으로 전체 데이터 센터가 다운된 경우에도 서비스가 온라인 상태를 유지하도록 다른 데이터 센터에 서버를 보유하고 있어야 한다. 일반적으로 고가용성을 가진다는 것은 단순히 서버를 이중화하는 범위를 넘어 전체 인프라를 복제해 각각을 다른 데이터 센터에 배치하는 것을 의미한다.

일반적으로 고가용성 솔루션은 Iaas나 온프레미스에서는 매우 고가의 솔루션이다. 작업 부하를 처리할 여러 대의 서버가 있는 경우 서로 다른 물리적 장소에 서버를 배치하고 부하 분산 서비스를 실행해 고가용성을 유지할 수 있다. 물리적 데이터 센터 하나가 꺼지면 다른 데이터 센터의 시스템으로 트래픽을 유지하고 서비스를 제공한다. 그러나 이런 방식은 서버를 사용하지 않고 추가 비용을 지불하는 경우도 있다.

예를 들어 수직으로 확장된 관계형 데이터베이스의 경우 가용성을 유지하기 위해 슬레이브로써 동일한 스펙의 서버를 구매해 항상 준비상태로 구성하고 운영하는 비용을 지불한다. NoSQL 데이터베이스의 경우에도 일관된 모델로 몽고DB^{MongoDB}의 복제 세트를 설정하면, 보조 데이터베이스로만 작동하는 인스턴스에 대해서도 비용을 지불해야 한다.

서버를 유휴 상태로 가동하는 대신 콜드 스타트[4] 상태로 설정할 수 있다. 즉, 시스템은 준비되어 있지만 비용을 줄이기 위해 꺼두는 것이다. 그러나 제품이나 서비스를 판매하는 웹사이트를 운영한다면 아주 약간의 가동 중지 시간^{downtime}에도 고객을 잃을 수 있다. 콜드 스타트 상태로 설정 시, 웹서버의 초기 시삭(콜드 스타트)은 복구하는 데(서버를 시작하고 서비스를 개시하기까지) 몇 분이 걸릴 수 있고, 데이터베이스도 몇 분이 더 걸리게 된다.

이런 시나리오를 고려해보면 서버리스는 높은 가용성을 무료로 얻을 수 있다. 모든 서비스가 대기 상태로 준비되어 있지만, 사용하지 않으면 비용이 발생하지는 않는다.

가용성의 또 다른 측면은 DDoS^{Distributed Denial of Service} 공격을 처리하는 방법이다. 매우 짧은 시간에 엄청나게 많은 요청을 받으면 어떻게 처리할 것인가? 이런 문제를 완화하는 데 도움이 되는 몇 가지 도구와 기술이 있다. 예를 들어 특정 요청 비율을 초과하는 IP를 블랙리스트로 등록하는 도구가 있지만 이 도구가 작동하기 전까지 빠르게 서버를 확장하는 솔루션을 활용하여 서비스 가용성을 확보할 수 있다. 이런 면에서 최고의 확장 속도를 가진 서버리스는 이런 공격에 대응할 수 있는 대응하는 최적의 솔루션이 될 수 있다.

비용 효율성

트래픽 사용량에 맞춰 프로비저닝을 일치시키는 것은 불가능하다. 일반적으로 IaaS나 온프레미스의 경우 CPU와 RAM의 사용량은 시스템이 정상적인 상태에서는 항상 90% 미만이어야 하며 이상적으로는 CPU가 정상 트래픽에서 용량의 20% 미만을 사용해야 한다.

---

4 시스템이 전원이 꺼진 상태에서 처음 실행되는 경우 메모리에 캐시된 데이터가 없는 상태로 시작되는 경우를 콜드 스타트(cold Start)라 하고, 이와 대조되는 개념으로 이미 기동된 시스템의 경우는 메모리에 데이터가 일부 캐시되어 있기 때문에 웜 스타트(Warm start)라고 한다. – 옮긴이

이 경우 사용하지 않는 80%의 CPU에 대해서도 비용을 지불해야 한다. 이런 측면에서 보면 사용하지 않는 컴퓨터 자원에 대한 지불은 효율적이지 않다.

많은 클라우드 공급 업체는 사용하는 만큼 비용을 지불한다고 광고하지만, 일반적으로 1년 이상의 장기간에 24시간 가동할 때 상당한 할인 혜택을 제공한다. 즉, 사용량 또는 트래픽이 매우 적은 시간에도 시스템을 계속해서 운영하고 이에 따른 비용을 지불해야 함을 의미한다. 또한 비용을 줄이기 위해 시스템을 종료하려고 해도 언제 발생할지 모를 요청을 처리하기 위해 웹서버와 데이터베이스를 항상 온라인 상태로 유지해야 하고, 이를 위해 24/7 운영되는 최소한의 인프라를 유지해야 한다. 그리고 고가용성을 고려 시에는 이중화를 위해 여분의 시스템이 필요하다. 다시 말하지만, 이는 자원 낭비일뿐 아니라 비용 낭비다.

또 다른 효율성 문제는 데이터베이스, 특히 관계형 데이터베이스와 관련되어 있다. CPU나 메모리를 늘리는 수직 확장[5]은 매우 까다로운 작업이므로 관계형 데이터베이스는 항상 최대 사용량을 고려해 프로비저닝한다. 유휴 시간과 상관없이 최대 피크 시 처리를 위해 많은 비용을 지불한다는 의미다.

서버리스에서는 프로비저닝이나 유휴 시간을 걱정할 필요가 없다. CPU와 RAM 사용 시간을 정확히 측정하고, 사용한 만큼 비용을 지불하면 된다. 앞에서도 나왔지만, 시간 측정은 시간이 아닌 초 단위로 측정된다. 서버리스 데이터베이스인 경우 데이터는 영구 저장돼야 하므로 시스템 사용 여부와 상관없이 비용이 발생한다. 그러나 스토리지는 CPU 사용 비용에 비해 매우 저렴하다. 쿼리를 실행할 데이터베이스 엔진을 동작시키는 데 필요한 CPU의 높은 비용은 유휴 시간을 제외하고 사용된 시간만큼만 비용이 청구된다.

1시간 동안 시스템을 계속 사용한다고 가정했을 때, 서버리스 시스템은 전통적인 인프라보다 훨씬 더 많은 비용이 소요된다. 하지만 서버리스는 1시간 동안 지속적으로 서버를

---

5 수직 확장은 단일 노드에 자원(CPU, 메모리 등)을 추가하거나, 고성능 장비로 교체하는 것을 말한다. 이와 대조되는 용어로 노드의 개수를 늘리는 수평 확장이 있다. – 옮긴이

100% 사용하는 애플리케이션은 매우 드물다는 가정하에 자원 사용량이 변화하는 애플리케이션을 위해 설계되었다. 따라서 지속적으로 트래픽이 발생하는 웹사이트에서는 서버리스의 비용 효율성을 기대하기 어렵다.

▌ 서버리스의 장점과 단점

이 절에서는 서버리스 컴퓨팅과 관련된 여러 가지 장단점을 살펴본다.

서버리스의 장점

서버리스는 아래와 같은 장점이 있다.

- 빠른 확장성
- 고가용성
- 자원의 효율적 사용
- 운영 비용 절감
- 인프라가 아닌, 업무에 집중
- 시스템 보안은 아웃소싱
- 지속적인 배포(CI/CD)
- 마이크로서비스에 적합한 기술
- 스타트업 기업에 유리한 비용 모델

앞에서 살펴본 빠른 확장성, 고가용성, 자원의 효율적 사용은 건너뛰고 그 외의 장점을 좀 더 살펴보자.

운영 비용 절감

서버리스는 클라우드 공급자에 의해 모든 인프라가 관리된다. 개발자나 관리자는 하드웨어 장애, 보안 패치의 적용 또는 네트워크 문제 해결에 대해 고민할 필요가 없기 때문에 운영 비용이 절감된다. 애플리케이션을 지속적으로 실행하려면 시스템을 효과적으로 관리해야 하는데, 이런 시스템 관리 시간이 줄어듦을 의미한다.

또한 위험을 줄이거나 피할 수 있다. 새로운 서비스를 제공하기 위해 서버를 구매하거나 데이터 센터를 구축했으나 해당 서비스가 실패했을 때 구매한 서버와 데이터 센터를 투자비보다 낮은 가격으로 매각해야 하는 등의 위험을 줄이거나 피할 수 있다.[6]

업무에 집중

린lean 소프트웨어 개발에서는 최종 제품의 가치를 합산하는 데 시간을 투자해야 한다고 규정한다. 서버리스 프로젝트의 초점은 비즈니스이며 인프라는 그다음 관심 대상이다.

대규모 인프라를 구성하는 작업에는 많은 비용과 시간이 소요된다. 시간 낭비 없이 시장에서 최소의 기능을 구현한 상품MVP, Minimum Viable Product을 통해 아이디어 검증이 필요할 때 시간을 절약하는 방안으로 서버리스 사용을 고려해보자. 또한 서버리스에는 배포를 자동화하는 도구가 있다. 이 도구들이 개발자가 최소한의 노력으로 프로토타입을 시작하는 데 어떻게 도움을 주는지에 대해 이 책에서 설명할 것이다. 서버리스에서는 아이디어가 실패하면 사전에 지불되는 비용이 없기 때문에 인프라 비용이 최소화된다. 개발에만 집중함으로써 그 외에 필요한 부분에서 시간과 비용을 절감할 수 있다.

---

6 서버리스의 추가 장점: 서버리스를 자동차에 비유하면 스포츠카처럼 빠른 차는 아니다. 그러나 버스처럼 많은 인원을 태워도 잘 달리는 차라고 할 수 있다. 서버리스의 단점에서 언급하겠지만, 서버리스가 코드를 실행하는 기동 속도는 0.1초~1초 사이다. 실망스러운 수치이긴 하지만, 백만 명이 동시에 접속해도 유사한 속도를 제공한다면 이땐 이야기가 달라진다. 일반적인 시스템은 동시 접속자가 증가함에 따라 선형적, 기하급수적으로 응답 속도가 반비례하게 된다. 즉 점점 감소해 접속자가 적을 때는 0.1초 이하로 응답하던 서비스가 접속자가 증가함에 따라 1초 또는 수초 이상으로 응답 시간이 늘어난다. 하지만 서버리스는 사용자가 1명이든 백만 명이든 응답 시간에 큰 변화가 없다. 동시 접속자가 증가하더라도 동일한 응답 시간을 제공한다면 어떤 시스템을 선택하겠는가? 어떤 시스템을 선택하든 이는 여러분의 몫이다. - 옮긴이

시스템 보안

클라우드 공급 업체는 운영체제의 보안, 런타임, 물리적인 접근, 네트워킹, 플랫폼 동작을 가능하게 하는 데 필요한 모든 기술을 관리해야 한다. 개발자는 인증과 권한부여, 코드 취약점을 처리해야 하지만 나머지 보안업무들은 클라우드 공급자에게 넘길 수 있다. 클라우드 공급업체에는 보안 전문가로 구성된 대규모 팀이 있다. 그들은 개별 고객이 수행하는 것보다 훨씬 더 민첩하고 우수한 능력으로 수많은 고객에게 발생한 새로운 버그를 가능한 빠르게 수정하고 최적의 보안 방법을 구현해준다. 이것이 규모의 경제의 정의인 것이다.

지속적인 배포

서버리스는 큰 프로젝트를 수십 개의 패키지로 나누는 것을 기반으로 하며, 각 패키지는 요청을 처리하는 최상위 함수로 표현된다. 새로운 기능이 추가되거나, 기능의 수정이 필요한 경우 함수의 새 버전을 배포하면 된다. 이런 배포 작업은 이전 버전의 함수를 대체할 ZIP 파일을 클라우드에 업로드하고 이 함수를 트리거할 수 있는 방법을 지정하는 이벤트 구성을 업데이트하는 것을 의미한다.

대규모의 수정이 발생해 수십 개의 함수를 배포해야 할 경우, 수동으로 작업하는 것은 매우 소모적인 작업이다. 자동화는 서버리스 프로젝트에서 작업할 때 필수적인 기능이다. 이 책에서는 개발자가 솔루션을 관리하고 구성하는 데 도움이 되는 서버리스 프레임워크를 활용해 한 줄 명령을 실행하는 것만큼 간단하게 배포 작업을 수행한다. 자동화된 지속적인 배포를 통해 언제든지 배포할 수 있고, 짧은 개발 주기와 더욱 쉬운 롤백 기능 같은 많은 이점이 있다.

개발 환경을 생성할 때도 배포 자동화의 이점을 알 수 있다. 개발자는 간단한 명령을 사용해 정확하게 복제된 새로운 개발 테스트 환경을 생성할 수 있다. 시스템 환경을 복제하는 능력은 인수 테스트를 수행하고, 서비스를 배포하는 데 매우 중요한 역할을 수행한다.

마이크로서비스에 적합한 기술

마이크로서비스는 이 책의 뒷부분에서 더 자세히 설명한다. 간략하게 말하면, 서버리스 프로젝트에서는 마이크로서비스 아키텍처가 권장된다. 함수가 단일 배포 단위이기 때문에 서로 다른 사용 사례를 서로 다른 팀에서 동시에 작업할 수 있다. 또한 동일한 프로젝트에서 다른 프로그래밍 언어를 사용해 새로운 기술이나 특정 팀의 기술을 활용하고 적용해보기에 좋다.

비용 모델

서버리스로 온라인 상점을 만들었다고 가정해보자. 일반 사용자들은 몇 가지 제품을 보고 몇 개의 요청을 통해 무엇을 살지 말지를 결정한다. 서버리스는 하나의 코드 단위별로 주어진 입력을 처리하는 데 소요되는 예상 시간 확인이 가능하다. 일부 데이터를 수집한 후, 단일 사용자의 평균 비용을 예측할 수 있으며, 애플리케이션의 사용량이 증가하더라도 이 단위 비용은 거의 일정하게 유지된다.

스타트업 기업에서는 단일 사용자당 비용이 얼마인지를 알고 이 비용을 고정된 상태로 유지하는 것이 매우 중요하다. 이것은 서비스 비용을 청구하거나 광고 또는 판매를 통해 수익을 올릴 수 있는 금액을 결정하는 데 도움이 된다.

기존 인프라에서는 애플리케이션의 사용 비용을 미리 지불해야 하며, 애플리케이션을 확장하는 것은 용량을 단계적으로 증가시키는 것을 의미한다. 따라서 사용자의 단위 비용을 계산하는 것은 어려운 작업이며, 이 비용은 가변적이다.

다음 그림에서 왼쪽은 단계별 비용이 있는 기존 인프라를 보여주고, 오른쪽은 선형적인 비용을 보여주는 서버리스 인프라를 보여준다.

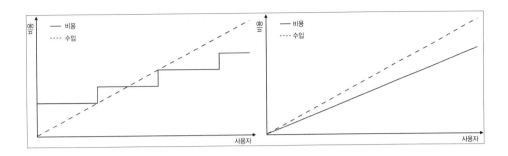

서버리스의 단점

위와 같이 서버리에스는 많은 장점이 있다. 하지만 완전한 해결책을 가진 기술은 없다. 서버리스 솔루션을 사용할 때 다음과 같은 문제에 유의해야 한다.

- 긴 대기 시간
- 제약 조건
- 숨겨진 비효율성
- 공급업체 종속성
- 어려운 디버깅
- 원자 단위 배포
- 불확실성

서버리스의 단점에 대해 자세히 알아보자.

긴 대기 시간

서버리스는 이벤트 중심이므로 코드가 항상 실행되지 않는다. 사용자가 정보를 요청하는 이벤트가 발생하면 관련 함수를 찾고, 패키지의 압축을 풀고, 컨테이너에 로드하고, 실행 가능한 상태로 만드는 서비스를 트리거한다(앞에서 설명했다). 문제는 이런 단계를 수행하려면 최대 수백 밀리초ms의 시간이 소요된다. 이를 콜드 스타트 지연cold start delay이라고 하며, 비용 효율적인 서버리스 모델과 짧은 지연 시간을 제공하는 전통적인 호스팅을 선택할 때 고려 사항이 된다.

서버리스 모델에서 이런 성능 문제를 최소화할 수 있는 솔루션이 몇 가지 있다. 예를 들면 더 많은 메모리를 예약하도록 함수를 구성할 수 있다. 이런 구성은 빠른 시작과 전반적으로 향상된 성능을 제공한다. 프로그래밍 언어도 중요하다. 자바는 자바스크립트(Node.js)보다 콜드 스타트 시간이 더 길다.

또 다른 솔루션은 클라우드 공급자가 컨테이너에 로드된 코드를 캐싱하는 기능을 이용하는 것이다. 캐싱 기능을 이용하면 관련 코드를 검색 후 압축된 패키지를 해제할 필요 없이 바로 컨테이너에 로드할 수 있다. 즉, 첫 번째 실행에는 지연이 있지만 추가 요청에는 대기 시간이 짧아지는 이점이 있다. 또한 많은 기능을 단일 기능으로 통합해 서버리스 함수를 최적화할 수 있다. 이런 단일 기능 구현은 패키지의 실행 빈도를 높이고 더 많이 실행되어 콜드 스타트 문제는 해결할 수 있지만, 패키지가 커질수록 로드하는 데 더 긴 시간이 소요돼 처음 시작 시간이 더 오래 걸리는 문제점도 있다.

마지막 수단으로 5분마다 한 번씩 주기적으로 기능을 호출하는 서비스를 스케줄링하여 서버리스의 기능 코드가 잠자기 상태가 되지 않도록 한다. 이런 방법에는 추가 비용이 발생되지만 콜드 스타트 문제를 해결할 수 있는 방법 중 하나다.

또한 사용자가 직접 데이터베이스를 설치하지 않고 클라우드 공급업체가 제공하는 데이터베이스를 사용하게 될 경우 데이터베이스는 클라우드 공급업체에서 완벽하게 관리하고, 사용자는 서비스만 이용하는 서버리스 데이터베이스의 개념이 있다. 이 경우에는 데이터베이스 엔진을 실행하는 데 필요한 스토리지 비용과 사용 시간만 필요하다. 이런 솔루션은 훌륭하지만 요청 시마다 코드를 실행해야 하는 두 번째 지연이 발생한다.

제약 조건

서버리스를 사용하려면 벤더(클라우드 공급자)별 제약 조건을 알아야 한다. 예를 들어 AWS에서 람다 함수는 5분 이상 실행할 수 없다. 오랜 시간 동안 코드가 실행되는 것은 코드가 잘못된 방법으로 사용되고 있음을 의미할 수도 있기 때문에 이런 제한은 의미가 있다. 서버리스는 짧은 시간 동안 잠깐씩 활용하는 서비스에 비용 효율적으로 설계되었다. 지속적이고 예측 가능한 처리 측면에서는 서버리스는 비용이 많이 든다.

AWS 람다의 또 다른 제한은 모든 기능에 걸쳐 동시에 실행 가능한 개수를 1,000개로 제한했다는 것이다. 함수를 실행하는 데 평균 100밀리초가 필요하다고 가정했을 때, 이 시나리오에서는 초당 최대 10,000명의 사용자를 처리할 수 있다. 이런 제한의 배경은 잠재적이며, 재귀적으로 반복을 유발할 수 있는 프로그래밍 오류로 인해 발생할 수 있는 과도한 비용을 피하기 위함이다.

 AWS 람다는 동시 실행 가능한 개수를 1,000개로 기본 제한한다. 동시 실행 가능 개수의 제한을 높이려면 AWS 지원센터에 해당 사례를 제출하면 된다. 애플리케이션을 운영할 준비가 되어 있고, 과도한 비용 청구가 발생할 가능성을 이해한다고 말하면 아마 해당 제한을 해제하여 줄 것이다.

아마존 클라우드워치CloudWatch를 사용해 람다 기능을 모니터링할 때(자세한 내용은 10장, '테스트, 배포, 모니터링'에서 설명한다) 스로틀throttle이라 불리는 옵션이 있다. 동시 호출의 제한을 초과하는 각 호출은 하나의 스로틀로 계산된다. 이런 시나리오가 발생하는 경우 즉시 메일을 수신하도록 클라우드워치의 경고 기능을 설정할 수 있다.

숨겨진 비효율성

최근 데브옵스와 노옵스NoOps에 대한 관심이 증가하고 있다. 데브옵스는 개발과 운영, 부서 간 통합과 커뮤니케이션 협업을 통한 제품이나 서비스의 적기 출시를 목표로 하는 방법 또는 시스템을 의미한다. 노옵스는 운영 업무 제거에 목표를 두고 있다. 사람에 의한 운영 요소를 없애고, IaaS와 PaaS를 통해 필요한 자원을 언제든 얻을 수 있음을 의미다. 이를 개발자와 운영자를 없앤다는 의미로 받아들이지 않길 바란다.

어떤 사람들은 서버리스를 노옵스 솔루션으로 보지만 그건 사실이 아니다. 개발자의 작업은 여전히 필요하다. 개발자들은 서버를 걱정할 필요가 없으며 업무에만 집중하면 된다. 그렇다고 아무 활동도 할 필요가 없다는 의미는 아니다. 메트릭을 추가하고 애플리케이션 모니터링을 수행하는 것은 좋은 활동이다. 낮은 성능으로 기대했던 것보다 더 오래 실행되는 특정 기능이 배포되고 아무도 운영을 모니터링하지 않아서 오랫동안 확인되지 않고 남아있는 특정 기능을 확장하기 쉽게 도와준다.

또한 작은 의미에서의 과잉 또는 과소 프로비저닝이 가능한데, 이는 기능을 구성하고 예약할 메모리 크기를 설정하고 실행 시간이 초과되도록 임계값을 설정할 필요가 있기 때문이다. 이는 서로 다른 규모의 프로비저닝에서 실수를 피하기 위한 것임을 명심하자.

공급업체 의존성

서버리스 솔루션을 구축하면 업무를 클라우드 공급업체에 맡길 수 있다. 하지만 클라우드 공급업체 역시 회사가 사라질 수도 있고, 시스템이 다운되고, 보안 침해를 당하고, 성능상의 문제가 발생할 수 있다는 것을 인지해야 한다. 또한 공급업체는 때때로 요금 청구 모델을 변경하고 비용을 늘리며, 버그를 의도치 않게 서비스에 적용하고, 제공 서비스와 관련해 품질이 좋지 않은 문서를 제공하고, 잘못 수정된 API를 강제로 업그레이드하여 서비스를 종료시키는 등 나쁜 일이 벌어질 수 있다.

시스템 구축이나 증설을 고려할 때 클라우드나 IDC 등의 다른 회사에 위탁할 가치가 있는지 또는 스스로 모든 것을 구축하기 위해 막대한 투자를 할 가치가 있는지를 판단해야 한다. 공급업체를 선택하기 전에 시장 조사를 통해 이런 문제를 완화할 수 있다. 그러나 때로는 많은 부분이 운에 의지해야 할 경우도 있다. 예를 들어 파스Parse는 모바일앱 개발자에게 스토리지, 사용자 관리 등 백엔드 솔루션을 제공해 앱 개발자들이 앱 사용자 환경에만 초점을 맞출 수 있도록 지원하는 서비스를 제공하는 공급업체였다. 파스는 2013년에 페이스북facebook에 매각됐지만 고객들은 더 많이 신뢰하게 됐다. 하지만 안타깝게도 페이스북은 2016년에 모든 서버를 폐쇄하기로 결정했고, 고객에게 1년 이내에 다른 공급업체로 이전하도록 통보했다.

공급업체 락인Lock-in[7]은 또 다른 큰 문제다. 클라우드 서비스를 사용할 때 일부 특정 서비스는 다른 공급업체와 완전히 다른 구현 방식을 취해 두 가지 API로 구현할 가능성이 크다. 마이그레이션을 결심했다면 코드를 다시 작성해야 할 수도 있다. 이는 클라우드 서비스 종속성과 관련해 이미 알려진 일반적인 문제이다. 만약 이메일을 보낼 때 관리 서비스를 사용한다면, 다른 공급 업체로 이전migration하기 전에 코드의 일부를 다시 작성할 수도 있다. 여기에서 잠재적인 위험성red flag은 서버리스 솔루션이 전적으로 한 공급업체를 기반으로 하고, 전체 코드 베이스를 이전하는 것은 훨씬 더 번거로울 수 있다는 것이다.

이런 문제에 대한 대안으로 서버리스 프레임워크[8] 같은 일부 도구들은 여러 공급업체를 지원하므로 이들 사이를 쉽게 전환할 수 있다. 복수의 공급업체 지원은 비즈니스의 안전성과 경쟁력을 강화한다.

어려운 디버깅

서버리스 솔루션의 단위 테스트는 함수가 의존하는 모든 코드를 모듈로 분리해 테스트할 수 있기 때문에 매우 간단하다. 반면 통합 테스트는 외부 서비스를 사용해 테스트하려면 온라인 상태여야 하기 때문에 조금 더 복잡하다.

기능을 테스트하거나 오류를 수정하기 위해 디버깅할 때는 완전히 다른 문제다. 코드가 단계적으로 어떻게 작동하는지 보려면 외부 서비스에 연결할 수 없다. 또한 이런 서버리스 API는 오픈소스가 아니므로 테스트를 위해 회사 내부에서 실행할 수 없다. 코드가 수행하

---

7 락인(Lock-in)은 특정 벤더 종속으로 시스템 대체 비용이 어마어마해 기술 전환을 하지 못하는 상태를 말한다. – 옮긴이

8 서버리스 프레임워크로 에이펙스(Apex), 클라우디아JS(ClaudiaJS), 첼리스(Chalice) 등이 있다. – 옮긴이

는 단계를 기록하는 기능은 느린 디버깅 방식이거나 코드를 추출하여 자신의 서버에 호스트하고 로컬 서비스를 수행하도록 하는 것이다.

원자 단위 배포

서버리스 기능의 새로운 버전을 배포하는 것은 쉽다. 코드를 업데이트하고 배포된 후 트리거가 이 기능을 요청하면 이후에는 새로 배포된 코드가 실행된다. 이것은 동일한 함수 기능을 가진 두 인스턴스가 동시에 서로 다른 구현으로 실행될 수 있다는 의미다. 일반적으로 문제가 되지 않지만 영구 저장소와 데이터베이스를 처리할 때 새로운 코드는 이전 버전에서 이해할 수 없는 형식으로 데이터를 삽입할 수도 있다.

또한 서로 의존관계에 있는 함수를 배포하는 경우 함수의 배포 순서에 주의해야 한다. 배포 프로세스를 자동화하는 도구도 가끔 배포 순서로 인해 오류가 발생하는 경우가 있다.

서버리스 구현 시 문제점은 함수가 원자 단위로 배포된다는 것이다. 함수 그룹을 하나의 원자 단위로 생성해 일괄 배포할 수 없다. 이런 문제는 특정 함수 그룹을 배포하는 동안 이벤트 소스를 비활성화하여 문제를 완화할 수 있지만, 이는 배포 프로세스 기간 동안 중단 시간이 발생함을 의미한다. 또 다른 옵션은 서버리스 애플리케이션을 위해 마이크로서비스 아키텍처 대신 모놀리스Monolith 접근법을 사용하는 것이다.

불확실성

서버리스는 새로운 개념이다. 얼리어댑터early adapter는 항상 새로운 분야에서 용기와 도전 정신으로 기능을 테스트하고, 어떤 종류의 패턴과 기술을 사용할 수 있는지를 테스트한다. 새로운 도구들로 인해 기존 개발 프로세스들이 변경되거나 새로운 개발 프로세스가 정의된다. 공급업체는 꾸준히 새로운 서비스를 발표하고 개선한다. 서버리스의 미래에 대한 기대는 높지만 현실은 그렇지 못하다. 일부 불확실성은 대형 애플리케이션을 개발할 때 개발자들에게는 여전히 부담이 된다. 개척자 입장에서 보람은 있지만 위험을 감수해야 한다.

기술적 부채technical debt[7]는 소프트웨어의 개발이 재정Finance에 미치는 영향을 언급할 때 사용되는 개념이다. 기술적 부채의 의미에서 유추하듯이(주석 참조) 단기간에 가장 쉬운 솔루션이 항상 최상의 솔루션이 되는 것은 아니다. 처음에 나쁜 결정을 내리면 추후 수정하는 데 더 많은 시간을 쏟아야 한다. 소프트웨어는 완벽하지 않다. 모든 단일 아키텍처에는 장기적으로 기술적 부채를 추가하는 장단점이 있다. 중요한 점은 서버리스의 기술적 부채가 소프트웨어 개발 프로세스에 얼마나 많은 돈을 쏟아붓게 될지 여부다. 사용하고 있는 것 중에 이와 비슷한 유형의 아키텍처가 있지는 않은가?

▌ 서버리스 사용 사례

이 절에서는 서버리스에 적합하거나 부적합한 사용 사례에 대해 살펴본다. 여전히 서버리스의 개념은 진화하고 있고 아직도 매핑되지 않은 애플리케이션이 있으므로 사용 사례를 여기서 나열한 사례로 제한해서는 안 된다. 창의력을 발휘해 새로운 것을 생각하고 시도하자.

정적 웹사이트

정적 웹사이트[8]는 서버에서 일정 주기나 이벤트를 바탕으로 HTML 페이지를 일괄적으로 생성하고, 사용자는 웹서버에 미리 생성된 HTML 파일을 그대로 전달받아 사용하는 웹페이지 방식이다. 다음은 이런 정적 웹사이드의 몇 가지 예제다.

- 회사 웹사이트
- 포트폴리오

---

7 기술적 부채(또는 기술 부채)는 급한 불을 꺼나가듯이 코드를 작성해 코드에 복잡성과 중복성이 발생하고, 이런 결함으로 인해 새로운 기능을 개발하거나 확장 시 발생하는 어려움을 말한다. 또는 상대적으로 중요하지 않아 안해도 티가 잘 나지 않는 작업들을 미뤄두었다가 파생된 결과가 부채처럼 점점 더 커진다를 의미도 있다. – 옮긴이

8 정적 웹사이트의 반대되는 개념으로 동적 웹사이트가 있다. 정적 웹사이트가 웹서버에 있는 저장된 파일을 그대로 전달되는 방식에 비해 동적 웹사이트는 웹서버에 있는 정보가 서버 또는 클라이언트 스크립트에 의해 가공, 처리돼 출력되는 방식이다. – 옮긴이

- 블로그
- 온라인 문서

정적 호스팅은 가장 단순하면서도 가장 오래된 서버리스 호스팅이다. 정적 웹사이트는 서버측 로직이 불필요하다. 사이트 URL을 HTML 파일에 매핑하기만 하면 된다. 이 책에서는 아마존 S3를 사용해 HTML, CSS, 자바스크립트, 이미지 파일을 배포한다. S3에 이미지가 업로드되면 람다가 호출돼 이미지를 압축하고 다시 저장한다. 모든 도메인 요청을 간단하고 저렴한 파일 시스템처럼 작동하는 S3 버킷으로 라우팅하려면 아마존 루트 53[Route 53]을 이용하면 된다.

정적 웹사이트는 스토리지 시스템에 정적 파일을 호스팅하는 것이 최상의 솔루션이다. 저렴하고 빠르고, 확장 가능하며, 가용성이 높다. 단점은 없다. 콜드 스타트, 디버깅, 불확실성 없는 기능은 없으며 공급업체 변경도 쉽다.

워드프레스를 사용해 정적 사이트를 만들 생각이라면 다시 한 번 생각해보자. 웹서버와 데이터를 저장하는 데이터베이스를 시작하려면 서버를 시작해야 한다. 한 달에 몇 달러를 지불하면 기본 사이트를 호스트할 수 있으며, 그 비용은 잠재 고객에 따라 크게 증가한다. 가용성을 위해 다른 시스템과 로드밸런스를 추가하면 청구액은 한 달에 최소 수십 달러가 된다. 또한 워드프레스가 널리 사용됨에 따라 해커들의 큰 목표가 되기도 하며 워드프레스와 플러그인의 정기 보안 패치가 걱정이 된다.

그렇다면 어떻게 서버리스 방식으로 정적 사이트를 구축할 것인가? 요즘음에는 수십 가지 도구가 있다. 개인적으로 지킬[Jekyll][9]을 추천한다. 깃허브 페이지에서 무료로 호스트하고 디스커스[Disqus][10]를 사용해 블로그 설명과 댓글을 처리하고 다른 많은 플러그인과 템플릿을 쉽게 찾을 수 있다. 내 개인 블로그의 경우 안정성 때문에 아마존을 선호하고 매달 몇

---

9 지킬(Jekyll)은 텍스트 파일과 테마를 웹사이트와 블로그 등 정적 HTML 웹사이트로 생성시켜주는 툴이다. 지킬은 웹서버를 내장하고 있어서 아파치나 엔진엑스(NgineX) 등 별도의 웹서버를 사용하지 않아도 된다. – 옮긴이
10 디스커스(Disqus)는 댓글 서비스로 댓글에 답글이 달리면 이메일로 알려주는 등의 기능을 제공한다. – 옮긴이

센트만 지불한다. 원하는 경우 사용자가 사이트 파일에 접근할 때 CDN인 클라우드프론트^{CloudFront}[11]를 추가해 대기 시간을 줄일 수도 있다.

린 웹사이트

서버리스 웹사이트를 구축하는 방법을 배우면 인프라를 준비하는 부담 없이 아이디어를 실행 서비스로 빠르게 변환할 수 있다. 린 철학에 따라 프로토타입을 이용해 개념을 검증하면 최소한의 낭비와 빠른 속도로 시장에 출시할 수 있다.

소규모 전자상거래 웹사이트

이 절에서는 소규모라는 한정자를 사용했다. 한정한 이유는 페이지 로딩 시간과 고객 구매 확률을 연관시키는 많은 연구가 있기 때문이다. 페이즈 로딩에 수십 밀리초가 소요된다면 판매 사이트가 중단될 수도 있다. 이미 설명한 바와 같이 서버리스는 비용을 절감하지만 콜드 스타트 지연으로 인해 페이지 로딩 시간을 증가시킬 수 있다. 사용자에게 보여질 애플리케이션에 발생할 수 있는 이런 추가 지연이 그만한 가치가 있는지 여부를 고려해야 한다.

만약 전자상거래가 단일 국가에서 고객의 작은 틈새 시장에서 사용되는 경우 트래픽이 주로 낮 시간에 집중되고 심야에는 감소해 거의 사용되지 않을 가능성이 높다. 이런 사례가 서버리스에 가장 적합하다. 이와 같은 비정기적인 접근이 비용절감이 가능한 영역이다,

이 사례를 뒷받침하는 실제 이야기가 소셜 뉴스 웹사이트인 레딧^{Reddit}에 설명되어 있다. 소매 의류 회사인 베타브랜드^{Betabrand}는 미국의 컴퓨터, 비디오 게임 개발 회사인 밸브^{Valve}와 파트너십을 맺어 게임을 홍보하는 제품을 판매했다. 밸브는 제품을 광고하기 위해 블로그 게시물을 만들었고 몇 분 후에 사용자의 엄청난 접속으로 일시적인 피크를 처리할 수 없어

---

11 클라우드프론트(CloudFront)는 아마존에서 제공하는 글로벌 콘텐츠 전송 네트워크(CDN) 서비스로 사용자에게 데이터와 동영상, 애플리케이션, API를 빠르고 안전하게 전송하는 서비스다. - 옮긴이

웹사이트가 다운되는 장애가 발생했다. 밸브는 게시물을 철수하고 베타브랜드는 주말에 인프라를 개선했다. 베타브랜드는 서버리스를 사용해 작은 웹사이트를 구축했고, 이 문제를 해결했다. 밸브는 다시 광고를 게시했는데 24시간만에 50만 명의 사용자를 처리할 수 있었고 최대 동시 사용자 수는 5,000명이었다. 이 게시물은 초기 비용이 0.07달러에 불과하지만 백엔드 처리를 위해 4달러로 수정됐고, 최적화되지 않은 대형 이미지를 전환하기 위해 80달러를 지불했다. 이는 지금까지도 높은 트래픽을 저비용으로 처리한 인상적인 사례다(출처: https://www.reddit.com/r/webdev/3oiilb).

임시 웹사이트

이 절에서는 컨퍼런스와 같이 짧은 이벤트 기간 동안 많은 수의 방문자를 수용하도록 제작된 웹사이트를 살펴보자. 그들은 행사를 홍보하고, 일정을 표시하고, 이메일, 의견, 사진 및 그 외의 자료를 수집해야 한다. 이런 상황에서 서버리스는 접속자 수에 따라 처리용량을 조절하고 빠른 개발을 제공한다.

또 다른 사례는 발권 웹사이트다. 매우 크고 대중적인 콘서트가 자정에 티켓 판매를 시작한다고 가정해보자. 동시에 티켓을 구매하려는 수많은 팬을 기대할 수 있다.

트리거 처리

일반적인 예로 레스트풀Restful 서비스에 이미지를 보내는 모바일 애플리케이션이 있다. 이미지는 저장되고 최적화하고 크기를 축소해 데스크톱, 태블릿, 전화 등 다른 버전을 만드는 기능을 트리거한다.

챗봇

대부분의 챗봇은 매우 단순하며 특정 사용 사례에 맞게 설계됐다. 튜링 테스트를 통과하기 위해 챗봇을 만들지 않았다. 챗봇이 너무 복잡하고 똑똑해서 인간을 속이기를 바라지도 않는다. 우리는 특정 조건에서 시스템과 더 쉽게 상호작용할 수 있도록 새로운 사용자 인터페이스를 제공하기를 원한다.

메뉴와 옵션을 사용하는 애플리케이션을 통해 피자를 주문하는 대신 "나는 작은 페페로니 피자를 원합니다."와 같은 메시지를 입력하고 주문이 신속하게 처리되길 원한다. 만약 사용자가 피자 챗봇에게 "오늘 비가 올까요?"라고 말하면 피자 챗봇은 "당신의 말을 이해할 수 없습니다. 오늘 어떤 피자를 드시겠습니까? 우리에게는 X, Y, Z 피자가 있습니다." 라고 대답하는 것이 완벽하다. "오늘 비가 올까요?"와 같은 광범위한 질문은 시리, 코타나 또는 알렉사 같은 다용도 인공지능 로봇용으로 예약되어 있다.

이런 제한된 시나리오에서는 서버리스 백엔드가 유용할 수 있다. 사실 챗봇을 만들기 위해 서버리스를 사용하는 데모와 실제 애플리케이션의 수가 점점 늘어나고 있다.

IoT 백엔드

IoT^{Internet of Things}는 현재 가장 트렌디한 주제이며, 대다수 클라우드 서비스가 수많은 IoT 장비를 쉽게 연결할 수 있는 도구를 제공하고 있다. 이런 장비는 일반적으로 일련의 간단한 메시지를 통해 통신하고 이런 메시지 처리를 위해 백엔드가 필요하다. 이런 사용 사례를 생각하면 아마존의 AWS IoT는 메시지 브로드캐스트를 처리하기 위해 서버리스 서비스를 제공하고, 서버리스 서비스를 처리하기 위해 AWS 람다를 제공한다. AWS상에서 이런 서비스를 구성하고 관리하는 것이 매우 쉽기 때문에 IoT 시스템을 위해 일반적으로 AWS IoT와 AWS 람다를 선택한다.

예정된 일정

코드가 정기적으로 실행될 수 있도록 스케줄을 설정할 수 있다. 데이터베이스 읽기 또는 작은 파일 처리를 위해 매 시간 코드를 실행하는 전용 시스템을 실행하는 대신 서버리스를 사용하면 비용을 절약할 수 있다. 전용 시스템은 잠깐의 실행을 위해 시스템을 항상 켜두어야 하고, 이에 따른 비용을 지불해야 하지만, 서버리스는 코드가 실행된 시간만큼만 비용을 지불하면 되기 때문이다. 매 시간 정기적으로 실행되는 이벤트는 일반적으로 간단한 작업을 수행하는 분리된 모듈로 구성되기 때문에 새로운 기능을 운영 중인 솔루션에 도입할 때 서버리스를 사용하는 것은 좋은 방법이다.

빅데이터

하둡이나 스파크 같은 기존의 대용량 데이터 도구를 서버리스 서버로 대체하는 애플리케이션이 점점 늘어나고 있다. 시스템 클러스터를 관리하는 대신 빅데이터 파이프라인을 생성해 입력을 데이터 스트림으로 변환하고 큰 데이터 덩어리를 서버리스의 동시처리기능concurrent에 로드할 수 있다.

이 접근방식의 이점은 관리가 줄어들고 사용이 간편하다는 것이다. 그러나 데이터를 지속적으로 처리하면 비용이 높아질 수 있다. 또한 AWS에서 람다 함수는 5분 이상 실행될 수 없다. 그러나 이 제한은 데이터를 처리하기 전에 데이터 청크Chunk를 더 작은 크기로 줄이기 위해 강제로 변경할 수는 있다.

피해야 할 것들

서버리스 사용을 고려하고 있다면 다음과 같은 기능을 가진 애플리케이션은 사용하지 말아야 한다.

- 장시간 실행되는 CPU를 많이 사용하는 작업
- 지속적이며 예측 가능한 트래픽 처리
- 실시간 처리
- 멀티플레이어 게임

멀티플레이어 게임의 경우 서버리스 알림을 통해 대기 시간이 매우 짧은 플레이어 간의 통신을 처리하는 기능은 서버리스를 통해 구현 가능하다. 턴 기반 또는 카드 게임은 가능하겠지만, 예를 들어 지속적이고 빈번한 서버 측 처리를 요구하는 1인칭 슈팅 게임에는 적합하지 않다.

▎ 요약

1장에서는 서버리스 모델이 다른 전통적인 접근방식과 다른 점에 대해 알아봤다. 서버리스의 주요 이점이 무엇인지, 애플리케이션을 구현할 때 서버리스가 제공할 수 있는 이점이 무엇인지를 살펴봤다. 또한 어떤 기술도 완전한 기술은 없다는 것도 살펴봤고 서버리스로 인해 발생할 수 있는 문제의 종류와 그 중 일부를 완화하는 방법도 살펴봤다.

이제 서버리스 애플리케이션을 구축하는 데 사용할 수 있는 도구와 서비스에 대해 알아볼 준비가 되었다. 다음 장에서는 AWS가 제공하는 서비스 중 서버리스로 간주될 수 있는 서비스에 대해 간단히 설명하고 작동 방식과 코드 예제 세트에 대해 간략하게 설명한다.

02

AWS로 시작하기

모든 주요 공용 클라우드 공급업체는 현재 서버리스 제품을 공급한다. 이 책에서는 기능, 비용, 신뢰성과 관련해 가장 적합한 옵션으로 여겨지는 AWS에 중점을 둘 것이다. 책 전반에 걸쳐 많은 수의 AWS 서비스를 사용할 필요가 있으므로 이 장에서는 샘플 애플리케이션의 구성요소를 익히는 데 도움이 되는 정보를 소개한다.

2장에서 다루는 주요 주제는 다음과 같다.

- 사용자 계정 처리
- AWS, CLI, SDK 서비스 사용
- 첫 번째 람다 함수 배포
- 다른 AWS 서버리스 제품

- 샘플 애플리케이션의 아키텍처
- 비용 견적

이 장을 마치면 AWS를 아주 편하게 사용할 수 있게 될 것이다.

▌ AWS

아마존 웹 서비스^{AWS, Amazon Web Services}는 매출면에서 가장 큰 클라우드 공급 업체다. 가끔씩 기능면에서도 최고라고 여겨지는 AWS는 뛰어난 서버리스 제품도 공급한다. 이것이 우리가 AWS를 선택한 이유다. 다른 클라우드 공급 업체를 선호한다면 아래 서비스 공급자가 제공하는 서버리스의 다른 훌륭한 옵션을 사용할 수 있다.

- **구글 클라우드 엔진**^{Google Cloud Engine} : 구글 클라우드 기능을 사용하면 Node.js로 서버리스 코드를 실행하고 구글 클라우드 데이터스토어^{Datastore}를 서버리스 데이터베이스로 사용할 있다. 또한 구글은 스토리지, 인증, 메시징을 지원하는 모바일과 웹 애플리케이션을 위한 많은 도구와 서버리스 서비스를 제공하는 파이어베이스^{Firebase} 플랫폼을 통합했다.
- **마이크로소프트 애저**^{Azure} : C#, Node.js, 파이썬, PHP를 지원하는 서버리스 코드 실행을 위한 애저^{Azure} 함수를 제공한다.
- **IBM 클라우드** : C#, Node.js, 자바, 스위프트^{Swift}를 지원하는 서버리스 코드 실행을 위한 IBM 블루믹스 오픈위스크^{IBM Bluemix OpenWhisk}를 제공한다.

이 책의 모든 예제 코드는 Node.js로 되어 있으며 AWS에서 동작하도록 설계되었다. 이 코드 예제들은 다른 클라우드로 이식될 수 있지만 쉬운 일은 아니다. 1장, '서버리스 모델의 이해'에서 언급했듯이 서버리스의 단점 중 하나인 클라우드 공급업체의 락인이 그 원인이다. 그러나 이 책을 사용해 개념을 배우면 다른 공급업체의 서비스를 혼합하여 사용할 수 있다. 예를 들어 아마존 심플DB에서 애저 함수를 사용할 수 있다.

이전에 AWS를 사용해본 경험이 없더라도 기본 사항부터 다룰 것이므로 학습하는 데 문제가 없을 것이다. https://aws.amazon.com에서 새 계정을 만들어 시작해보자. 12개월 동안 무료 티어(https://aws.amazon.com/free) 혜택을 제공하므로 데모 애플리케이션을 생성하는 동안에는 무료로 실습하고 체험할 수 있다. 또한 12개월 기간 이상의 영구적인 무료 서비스를 제공하는 서비스도 있다.

다음 절에서는 이 책에서 사용할 서비스 선택에 대해 다룬다. AWS에는 이 책의 카테고리와 다른 공식 제품 카테고리(https://aws.amazon.com/products)가 있다. 카테고리가 다른 이유는 애플리케이션의 기본 필드에서 서비스를 그룹회히는 대신 사용 시례에서 시용되는 방식에 따라 서비스를 그룹화하기 때문이다. 예를 들어 IoT 서비스는 알림에 사용될 것이고 장치 연결에는 사용되지 않는다. 또한 코그니토^{Cognito}는 모바일 애플리케이션에서 일반적으로 사용되지만 웹사이트의 보안 기능에도 사용된다.

- 보안 서비스
  - AWS IAM
  - 아마존 코그니토
- 관리
  - AWS SDK
  - AWS CLI
  - AWS 클라우드포메이션^{CloudFormation}
  - 아마존 클라우드워치
- 프론트엔드 서비스
  - 아마존 S3
  - 아마존 루트 53
  - 아마존 클라우드프론트^{CloudFront}
  - AWS 인증서 관리자^{Certificate Manager}

- 메시징과 통지^{notifications}
  - 아마존 SNS
  - AWS IoT
- 백엔드 서비스
  - AWS 람다
  - 아마존 API 게이트어웨이
- 데이터베이스 서비스
  - 아마존 심플DB
  - 아마존 다이나모DB

사용자 계정과 보안 처리

사용자 접근을 올바르게 구성하는 방법과 인프라를 자동화하는 데 사용할 도구에 권한을 부여하는 방법을 알아야 하기 때문에 보안에 관한 내용부터 다룬다.

AWS IAM

AWS 계정을 만들면 모든 권한을 가진 루트 사용자가 된다. 루트 사용자는 모든 서비스를 생성/삭제하고 시작/정지할 수 있다. 그러한 권한은 학습 시에는 좋지만 실제 프로젝트를 개발할 때 사용해서는 안 된다. 정보 보안 측면에서 최소 권한 원칙은 사용자나 프로그램이 합법적인 목적을 위해 필요한 정보나 리소스에만 접근할 수 있어야 한다는 것이다. 예를 들어 접근 키가 유출된 경우 접근제어가 가능했다면 피해가 줄어들 것이다.

추적 가능성은 또 다른 중요한 측면이다. 사용자 계정을 다른 사용자와 공유해서 사용하면 안 된다. 각 사용자마다 자신의 계정이 있는 것은 정말 중요하다. AWS는 사용자 활동 및 API 사용을 추적하기 위해 클라우드트레일^{CloudTrail}을 도구로 제공한다.

따라서 ID와 액세스 관리^{IAM}를 사용해 접근 제어가 가능한 사용자 계정과 애플리케이션 키를 생성하는 방법을 알아야 한다. 하지만, 아직은 애플리케이션 키가 없으므로 IAM^{Identity and Access Management} 관리 콘솔을 사용해 보안을 구성할 것이다.

사용자와 그룹 만들기

사용자를 생성하고 그룹을 연결해 사용자 접근제어 방법은 다음과 같다.

1. IAM 웹사이트(https://console.aws.amazon.com/iam)에 접속한다.

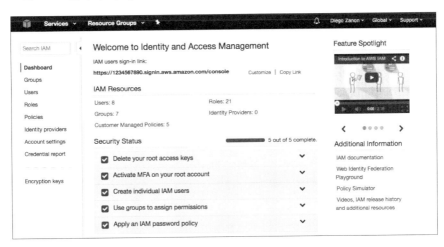

2. 왼쪽 메뉴에서 **사용자**(Users)를 클릭한다.
3. 다음 화면과 같이 **사용자 추가**(Add user)를 선택한다.

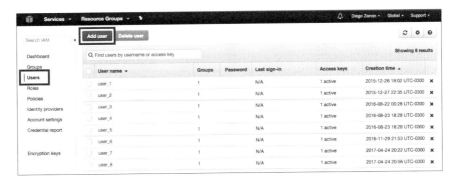

4. 사용자 이름을 입력한다. 여기에서 **사용자 추가 옵션**(Add another user)을 클릭해 한 번에 여러 사용자를 추가할 수도 있다.

5. Programmatic access 상자를 체크해 CLI와 SDK를 사용해 API 접근을 활성화 한다.

6. 다음과 같이 **다음: 사용권한**(Next: Permissions)을 클릭한다.

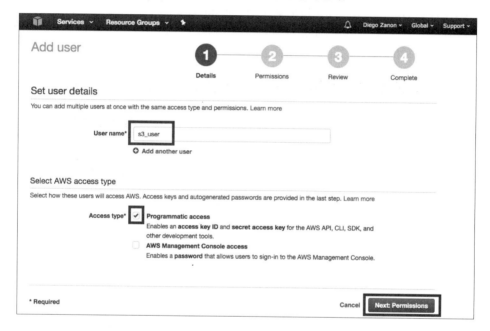

7. 이제 이 사용자를 위한 그룹을 생성해야 한다. 생성되거나 원하는 그룹이 없다면 **그룹 생성**(Create group)을 클릭한다.

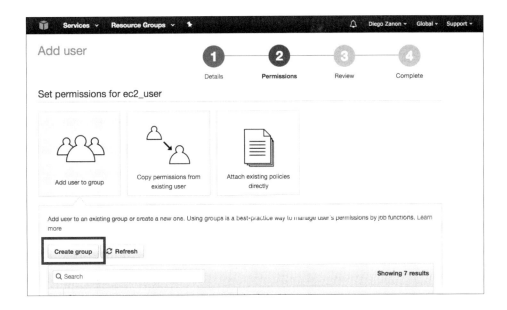

8. 그룹 이름을 선택하고 정책을 선택한다. 이 예제에서는 전체 접근 권한이 있는 S3$^{Simple\ Storage\ Service}$ 정책을 사용한다. 계속하려면 **그룹 생성하기**(Create Group)를 클릭하고 **다음: 검토**(Next: Review)를 클릭한다.

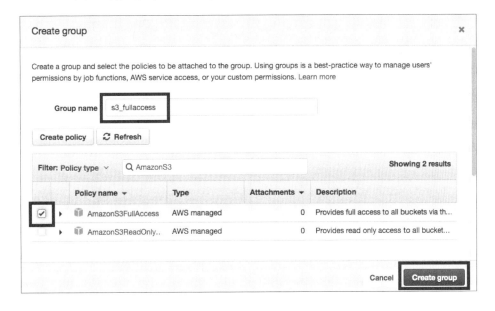

9. 선택된 데이터를 검토하고 **사용자 만들기**(Create user)를 클릭한다.

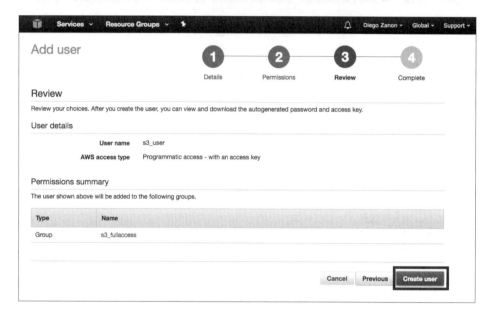

10. 접근 키 ID와 및 비밀 접근 키 상자에 표시된 접근 키 ID 및 비밀 접근 키를 적어 놓는다. 나중에 CLI와 SDK를 구성하는 데 필요할 것이다.

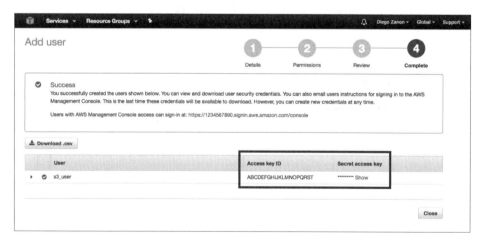

이 장에서는 S3와 SNS, 람다, API 게이트웨이에 대한 예제를 실행한다. 이를 활용해 각 서비스에 적절한 접근 권한을 부여하는 실습이 가능하다. 관리자 접근(AdministratorAccess) 유형은 모든 AWS 자원에 대한 전체 접근 권한을 제공하므로 이 계정을 사용해 운영 환경에 애플리케이션을 배포하는 작업은 피해야 한다.

루트 권한이 아닌 사용자 계정으로 로그인

이전 사용자는 프로그래밍 방식 접근programmatic access만으로 생성됐다. 다음 단계를 수행하면 관리 콘솔Management Console에 접근을 허용하기 위해 사용자를 편집하거나 다른 사용자를 생성할 수 있다.

사용자를 생성하고 그룹을 연결해 사용자 액세스를 제한하는 방법은 다음과 같다.

1. 사용자 추가 화면에서 **AWS 관리 콘솔 접근**(AWS Management Console access) 옵션을 체크한다.

2. **자동 생성된 패스워드**(Autogenerated password) 및 **패스워드 재설정 필요 옵션**(Required password reset options)을 유지한 후 그룹을 선택하고 확인한다. 루트가 아닌 사용자 정보와 함께 AWS 계정에 접근할 수 있는 비밀번호와 접속 링크를 받을 수 있다.

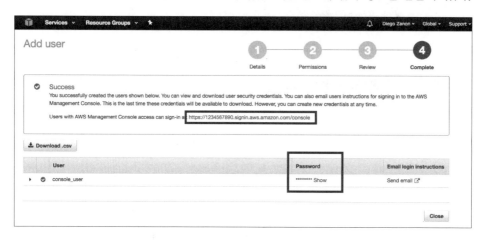

3. 접속 링크의 형식은 https://your_aws_account_id.signin.aws.amazon. com/console이다. 링크를 따라 새 자격증명을 입력하면 된다.

4. AWS 계정 ID를 공개하고 싶지 않거나 회사 이름과 같은 이름을 사용하려는 경우 계정 별칭을 생성할 수 있다. IAM 콘솔 관리에서 **대시보드**(Dashboard)를 선택하고 **사용자 정의**(Customize)를 클릭한다.

5. 이제 사용자는 다음 링크를 사용해 로그인할 수 있다.

```
https://your_alias.signin.aws.amazon.com/console
```

아마존 코그니토

안전하게 인증을 처리하는 것은 어려운 일이지만, 프레임워크와 서비스에서 복잡한 인증을 처리할 수 있는 솔루션을 탑재해 제작되고 있다. 최근에는 코드 몇 줄을 복사하는 것만으로도 처리할 수 있다.

코그니토^{Cognito}는 이 문제를 해결하려는 아마존의 솔루션 중 하나다. 계정을 인증하는 방법을 제공하는 것 이상으로 여러 장치 간에 데이터를 쉽게 동기화하는 기능도 제공한다. 코그니토 계정으로 로그인하면 환경 설정, 사용자 프로필 또는 저장된 게임 데이터와 같이 사용자별 데이터를 저장하고 검색하는 데 사용되는 임시 AWS 토큰을 받는다.

이 서비스에 대한 자세한 내용은 8장, '서버리스 애플리케이션 보안'의 예제 코드를 참고한다.

AWS 자원 관리

아마존에서 제공하는 모든 서비스는 AWS API라는 RESTful 인터페이스를 통해 구성된다. 다음 서비스를 사용해 접근할 수 있다.

- AWS 관리 콘솔
- AWS SDK
- AWS CLI

다음 그림을 통해서 아마존에서 제공하는 서비스를 살펴보자.

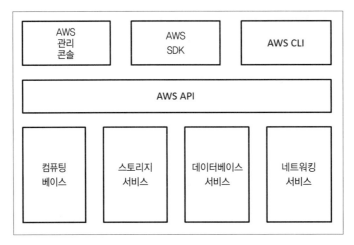

AWS 아키텍처의 개략도

AWS 관리 콘솔

콘솔은 아마존에서 제공하는 그래픽 사용자 인터페이스이며 공식 웹사이트인 https://
console.aws.amazon.com을 통해 접근할 수 있다. 관리 콘솔은 초보자를 위한 가장 쉬
운 인터페이스이고, 새로운 서비스를 배우는 데 유용하지만 완전하지는 않다. 심플DB 데
이터 관리 같은 몇 가지 기능은 콘솔을 사용해 접근하거나 구성할 수 없다. 또한 어떤 경
우에는 많은 수작업이 필요하다. 반복적인 작업이 있는 경우에는 SDK 또는 CLI를 사용해
자동화하는 것이 더 효과적이다.

AWS SDK

SDK는 재사용 가능 코드를 활용해 AWS 자원을 관리하는 가장 좋은 방법이다. SDK를
사용하면 매우 간단한 명령을 사용해 인프라를 자동화하고 에러를 처리할 수 있다. 자바,
파이썬, 루비, 그밖의 여러 프로그래밍 언어용 SDK가 있지만 이 책에서는 Node.js 전

용 SDK를 사용한다. 공식 문서는 http://docs.aws.amazon.com/AWSJavaScriptSDK/latest/index.html을 참고한다.

 이 책의 모든 코드 예제는 이벤트 구동 모델을 사용하는 크로스 플랫폼 자바스크립트 런타임인 Node.js를 사용한다. 기본 사항을 다루지 않으므로 Node.js에 대한 기본 지식은 독자 스스로 학습하길 바란다. 또한 노드의 기본 패키지 관리자인 npm을 사용해 설치한다.

Node.js에서 SDK를 사용하는 방법은 다음과 같다.

1. npm init를 사용해 새 노드 프로젝트를 시작하고 npm 명령을 실행해 AWS SDK를 설치한다.

```
npm install aws-sdk --save
```

2. 설치 후 SDK가 AWS에 연결하는 데 사용할 접근Access 키를 설정해야 한다. 이 키는 앞 절에서 새로운 사용자를 생성할 때 생성됐다.
3. 다음은 자격증명을 설정하는 몇 가지 옵션이다.
    ○ 하드코딩된 키로 자격증명 설정
    ○ 디스크에서 JSON 파일 로드
    ○ 자격증명 파일 설정
    ○ 환경 변수 설정

 특히 깃허브의 오픈소스 프로젝트에서는 AWS 키를 하드코딩하지 않아야 한다. 실수로 사설 키를 노출시키는 위험을 원하지는 않을 것이다.

4. 나는 환경 변수로 구성하는 것을 선호한다. 맥OS 또는 리눅스에서 실행 중인 경우 ~/.bash_profile 파일에 다음 행을 추가하고 YOUR-KEY와 YOUR-REGIO를 실제 값으로 변경한다.

```
export AWS_ACCESS_KEY_ID=YOUR-KEY
export AWS_SECRET_ACCESS_KEY=YOUR-KEY
export AWS_REGION=YOUR-REGION
```

5. 윈도우에서 실행 중인 경우 명령 프롬프트에서 관리자 권한으로 다음 명령을 실행해 키와 리전Region의 값을 변경한다.

```
setx AWS_ACCESS_KEY_ID YOUR-KEY
setx AWS_SECRET_ACCESS_KEY YOUR-KEY
setx AWS_REGION YOUR-REGION
```

6. 선호하는 리전이 없다면 us-east-1(Northern Virginia, US East)을 사용한다. AWS 관리 콘솔을 사용할 때 우측 상단의 드롭다운 메뉴를 통해 리소스를 관리하는 리전을 설정할 수 있다.

 두 구성 모두 영구적이지만 다음 번에 명령줄을 열 때부터 동작할 것이다.

7. index.js라는 새 파일을 만드는 설정을 테스트 후 다음 코드를 실행해 S3 버킷을 확인한다. 버킷bucket은 단순하게 파일 저장소라고 생각하면 된다. 이제 적절한 접근 권한이 있는 경우 이 예제에서는 버킷 목록 또는 빈 배열(버킷이 없는 경우)을 반환한다. 접근 권한이 없거나 자격증명을 설정하는 데 문제가 있는 경우에는 오류를 반환한다.

```
const AWS = require('aws-sdk');
const s3 = new AWS.S3();
```

```
s3.listBuckets((err, data) => {
  if (err) console.log(err, err.stack); // 에러 발생 시
  else console.log(data.Buckets); // 성공했을 때 응답
});
```

AWS CLI

CLI^{Command Line Interface}는 명령행 인터페이스다. SDK는 재사용 가능 코드를 활용해 AWS 자원을 관리하는 가장 좋은 방법이다. 숙련된 사용자의 경우 정보에 접근하고 자원을 관리하는 데 매우 훌륭한 도구다. 이미 파이썬을 설치했다면 파이썬의 기본 패키지 관리자인 pip를 실행해 CLI를 설치한다.

```
pip install awscli
```

CLI 설정은 SDK에서 사용하는 것과 매우 유사하다. 유일한 차이점은 다른 환경 변수인 AWS_DEFAULT_REGION을 추가해야 한다는 것이다. SDK가 AWS_DEFAULT_REGION 변수 대신 AWS_REGION을 사용하기 때문이다. 설정이 올바른지 테스트하려면 ls(list) 명령을 실행해 S3 버킷을 확인한다.

```
aws s3 ls
```

하나의 버킷이 있는 AWS 계정이라면 위의 명령 행은 다음과 같은 결과를 가져온다.

```
Last login: Fri Apr 28 20:52:26 on ttys000
MacBook:~ zanon$ aws s3 ls
2017-04-28 20:36:20 bucket-test-serverless
MacBook:~ zanon$
```

AWS 클라우드포메이션

클라우드포메이션CloudFormation은 개발자가 템플릿을 사용해 전체 인프라를 스크립팅할 수 있는 가능성을 제공한다. 이 접근법은 IaaCInfrastructure as a Code라 불린다. 서버와 자원의 구성을 다른 리전이나 다른 계정으로 쉽게 재사용할 수 있는 강력한 기능이다. 또한 스크립트 버전을 제어해 인프라 개발에 도움을 준다. AWS는 고객이 쉽고 빠르게 시작할 수 있도록 일반적인 사용 사례에 대한 많은 샘플 템플릿을 제공한다(https://aws.amazon.com/ko/cloudformation/aws-cloudformation-templates/).

이 책에서는 클라우드포메이션을 직접 사용하지 않지만 3장에서는 클라우드포메이션을 광범위하게 활용하는 서버리스 프레임워크를 사용해 리소스를 관리할 것이다. 이것은 개발 또는 스테이징staging 환경을 복사해 운영 환경에 배포본을 만드는 것처럼 솔루션을 다른 환경에 간편하게 복제하는 방법이다.

아마존 클라우드워치

클라우드워치CloudWatch는 AWS 자원을 모니터링하는 서비스다. 대부분 가상머신을 모니터링하는 데 사용되지만, 가상머신 외에도 서버리스 기능에 기반한 운영을 모니터링하는 경우에도 중요한 역할을 한다.

클라우드워치를 사용하면 오류, 조절throttles, 호출 횟수, 기간, 비용을 모니터링할 수 있다. 또한 사용자 정의 플러그인을 사용해 모니터링을 확장할 수 있다. 10장, '테스트, 배치, 모니터링'에서 자세히 다룬다.

프론트엔드 서비스

이 절에서는 프론트엔드 개발과 관련된 주요 서비스를 설명한다. 여기서는 프론트엔드 서비스를 간략히 소개만 하고 서버리스 접근법을 사용한 애플리케이션 프론트엔드를 호스팅하는 내용은 4장, '웹사이트 호스팅'에서 예제를 통해 자세히 살펴본다.

아마존 S3

아마존 S3^Simple Storage Service는 이미지, 로그 파일, 백업 등 모든 유형의 파일을 저장할 수 있는 서비스다. 아마존은 약간의 명명법을 사용해 각 파일을 객체로 부르고, 버킷^Bucket이라고 하는 루트 폴더를 이용해 파일을 저장한다. 사용하는 계정으로 여러 개의 버킷을 사용해 데이터를 더욱 효과적으로 구성할 수 있다. 또한 버킷 안에는 폴더를 포함할 수 있지만 버킷 안에 버킷을 포함할 수는 없다.

흥미로운 특징은 각 파일이 다음과 같은 형식의 고유한 URL을 가지며 아마존 S3에서 해당 파일을 URL을 통해 서비스받을 수 있다.

https://s3.amazonaws.com/bucketname/filename

이 형식에서는 고유 URL을 보장하기 위해 모든 계정에서 버킷 이름이 고유해야 한다. my-photos와 같은 일반적인 이름은 이미 사용되고 있어 동일한 이름으로 버킷을 만들 수 없다는 것을 의미한다. 이름을 선택할 때 창의력을 발휘하고 행운을 빌어라.

백업 또는 다른 종류의 개인 데이터인 경우 파일 접근을 제한할 수 있지만, 여기서 살펴볼 내용은 프론트엔드 데이터를 저장할 수 있도록 파일을 공개하는 것이다. 이것은 매우 강력한 기능이다. 예를 들어 동영상을 스트리밍하는 데 사용할 수 있다. mp4 파일의 URL을 참조하는 <video> HTML5 태그를 추가하기만 하면 된다. 오픈소스인 http://videojs.com 같은 것을 사용해 추가할 수 있다.

S3는 매우 저렴한 스토리지 서비스이며, 저비용으로 서버리스 프론트엔드를 구축하기 위해 파일을 공유할 수 있는 유연성을 가진다. 버킷에 HTML, CSS, 자바스크립트, 이미지 등 프론트엔드의 모든 정적 파일을 추가한다. 4장, '웹사이트 호스팅'에서 자세히 설명하겠지만 적절한 구성을 통해 고가용성, 확장성, 저렴한 비용으로 콘텐츠를 제공할 수 있다.

CLI에서 S3 사용

관리 콘솔은 S3에서 파일을 업로드하고 다운로드하는 데 매우 유용하지만 CLI도 이런 기능을 수행하는 것이 가능하다. 이 절에서는 CLI 사용에 더 익숙해지도록 CLI를 사용해보자. 다음과 같이 버킷을 만들고 파일을 저장한다. 생성된 버킷과 파일은 이후 AWS 람다 데모용으로 유용하게 활용될 것이다.

1. 먼저 버킷 이름을 선택하고 make-bucket 명령 mb를 사용한다.

   ```
   aws s3 mb s3://my-bucket-name
   ```

2. 이제 test.txt라는 파일을 만들고 그 파일에 무언가를 쓰자.

3. 액세스 제어 목록ACL, Access Control List을 공용 콘텐츠로 설정하고 새로 만든 버킷에 파일을 복사한다.

   ```
   aws s3 cp test.txt s3://my-bucket-name / --acl public-read
   ```

4. ls 명령을 사용해 버킷 내용을 나열한다.

   ```
   aws s3 ls s3:// my-bucket-name
   ```

5. 다음 cp 명령을 사용해 test2.txt 파일을 다운로드한다.

   ```
   aws s3 cp s3://my-bucket-name/test.txt test2.txt
   ```

 더 많은 명령을 보려면 공식 안내서를 참고한다.
http://docs.aws.amazon.com/cli/latest/userguide/using-s3-commands.html

아마존 루트 53

루트 53[Route 53]은 사이트의 도메인을 구입하고 호스팅할 수 있는 DNS 서비스를 제공한다. 고대디[GoDaddy]나 네임칩[Namecheap][1] 같은 외부 도메인 판매자로부터 도메인을 구입해 사용할 수도 있고, AWS 서비스를 사용해 서버리스 프론트엔드 서비스를 받을 수도 있다. 이 경우 루트 53에서 직접 도메인을 구입해 사용한다.

하위 도메인(예: mysubdomain.mydomain.com)을 구성할 때에는 A 레코드(IP 주소) 또는 CNAME(다른 주소의 별칭)을 설정할 수 있지만 루트 도메인(mydomain.com)에는 A 레코드가 필요하다. S3를 사용해 프론트엔드를 호스트하는 경우 CNAME 레코드로 설정된 엔드포인트 정보는 수신하지만 A 레코드로 설정된 고정 IP를 얻지는 않는다.

루트 53은 AWS 서비스이므로 A 레코드 옵션에서 S3 엔드포인트를 허용해 이 문제를 해결한다. 도메인을 구성하려면 간단한 설정이 필요하지만 대부분 DNS 관리에 익숙하지 않은 웹 개발자를 혼란스럽게 만든다. 이 서비스는 4장, '웹사이트 호스팅'에서 좀 더 자세히 다룬다.

아마존 클라우드프론트

클라우드프론트[CloudFront]는 CDN[Content Delivery Network][2]이며 웹사이트 속도와 가용성 향상을 목적으로 하는 특별한 서비스다. 전 세계 60개 이상에 위치한 아마존의 인프라로 파일을 복사해 사용자와 파일 간의 거리를 줄임으로써 달성한다. 예를 들어 시드니(호주)에서 뉴욕(미국)까지 신호가 이동하는 데는 53밀리초가 걸린다. 핑[ping] 메시지는 왕복이 필요하여 두 배의 시간이 걸린다. 이외에도 시간을 증가시키는 다른 요소가 있다. 광섬유[fiber optics]에서는 빛이 33% 더 느리게 이동하는데 이는 도시와 도시 간, 도시와 장비 간에 직선으로만 연결할 수는 없기 때문이다. 또한 리피터나 스위치 같은 장비는 전송 속도를 낮출 것이다.

---

1 고대디(GoDaddy)나 네임칩(Namecheap)은 미국에 있는 도메인 등록대행 업체다. 국내에서 도메인 등록을 대행해주는 업체는 국내 포털사이트에서 검색하면 많이 나오며, 도메인 구입 방법과 해당 사이트에 대해서는 별도로 설명하지는 않는다. - 옮긴이

2 CDN(Content Delivery Network)은 콘텐츠를 사용자에게 효율적으로 전달하는 기술로, 자주 사용되는 파일/데이터를 여러 서버에 나눠서 저장하여 서비스하는 네트워크다. - 옮긴이

결과적으로 200밀리초에서 300밀리초 사이의 지연이 측정되었다. 이에 비해 클라우드프론트를 이용해 동일한 도시에 콘텐츠를 제공하면 대기 시간이 15밀리초로 단축될 수 있다.

이 차이는 일반적으로 대부분의 애플리케이션에서 중요하지 않다. 오히려 서버리스 웹사이트에서는 콜드 스타트 지연이 더 큰 영향을 준다. 만약 높은 지연 시간에 민감한 경우, 서버리스를 피하거나 클라우드프론트를 사용함으로써 적어도 프론트엔드에서 영향을 최소화할 수 있다.

비용을 절감하기 위해 클라우드프론트는 콘텐츠를 자동으로 전 세계로 복제하지 않는다. 특정 요구가 있을 경우에만 복제한다. 예를 들어 영국 도시에서 요청을 하면 DNS는 요청을 가장 가까운 가장자리 위치로 라우팅한다. 만약 가장자리의 네트워크 노드에 파일의 로컬 복사본이 없으면 캐시에 복사된다. 인근 도시의 다른 사용자가 동일한 파일을 요청하면 대기 시간이 짧고 응답 속도가 빠르다는 이점이 있다.

아마존 인증서 관리자

인증서 관리자Certificate Manager는 웹사이트에서 HTTPS를 지원하도록 무료 SSL/TLS 인증서를 요청할 수 있는 서비스다. 소규모 사이트의 경우 인증서 구매를 위해 1년에 100달러에서 500달러에 이르는 비싼 비용을 지불해야 했다. 모든 사람이 인증서(와 HTTPS)에 접근할 수 있도록 지원하기 위해 렛츠 인크립트Let's Encrypt(https://letsencrypt.org)는 기부와 스폰서십을 기반으로 운영되는 비영리 인증 기관 회사로 만들어졌다. 렛츠 인크립트 웹사이트에서 무료 인증서를 받을 수 있으며 모든 주요 브라우저에서 승인받을 수 있다.

인크립트에 이어 아마존은 AWS 인증서 관리자라는 자체 서비스를 시작했다. AWS 고객만 사용할 수 있지만 무료이며 사용하기도 쉽다. 새 인증서를 발급하고 클라우드프론트 배포판과 연결하면 필요한 경우 아마존은 자동으로 인증서를 갱신한다. 이 서비스는 4장, '웹사이트 호스팅'에서 자세히 다룬다.

메시징과 통지

이 절에서는 AWS에서 사용자에게 알림을 전송하는 데 사용할 수 있는 서비스에 대해 설명한다.

아마존 SNS

아마존 SNS^{Simple Notification Service}는 게시-구독^{Publish-Subscribe} 메시징 패턴으로 동작한다. SNS 주제^{Topic}를 만들면 다른 서비스에서 SNS 주제를 구독할 수 있다. 누군가 이 주제에 메시지를 게시하면 구독을 신청한 모든 서비스는 메시지를 받을 것이다.

SNS 서비스는 매우 간단하면서도 강력한 서비스다. SNS 서비스를 사용해 특정 종류의 통지를 처리할 수 있는 여러 서비스를 동적으로 연결할 수 있다. 예를 들어, 애플리케이션은 처리할 새로운 파일을 수신했음을 알리는 알림을 SNS 주제에 보낼 수 있다. HTTP 엔드포인트를 사용해 이 항목을 구독할 수 있으면 SNS는 처리가 필요한 파일 위치를 사용해 웹 서비스에 메시지를 보낸다. 나중에 다른 종류의 처리를 수행하도록 프로그래밍된 람다 함수를 사용해 다른 엔드포인트를 추가할 수도 있다.

CLI를 사용해 간단한 데모를 작성하기 위해 다음 단계를 수행한다.

1. 다음 명령을 사용해 SNS 주제를 생성한다.

```
aws sns create-topic --name email-alerts
```

2. 결과적으로 저장할 것은 ARN^{Amazon Resource Name}이다. ARN은 다음 예제 형식으로 생성된다.

```
arn:aws:sns:useast-1:1234567890:email-alerts
```

3. 이메일 프로토콜을 사용해 주제를 구독하면 애플리케이션이 해당 주제를 게시할 때마다 이메일이 수신된다.

```
aws sns subscribe --topic-arn the_previous_arn --protocol email \
  --notification-endpoint myemail@example.com
```

4. 이메일 계정을 열고 이벤트를 구독할지 확인한다.

5. 다음 명령을 사용해 테스트 메시지를 게시하고 작동하는지 확인한다.

```
aws sns publish --topic-arn the_previous_arn --message "test"
```

 더 많은 명령을 보려면 공식 안내서를 참고한다.

http://docs.aws.amazon.com/cli/latest/userguide/cli-sqs-queue-sns-topic.html

AWS IoT

AWS IoT^{Internet of Things}는 서버리스 알림을 처리하기 위해 솔루션에서 사용된다. 명칭은 IoT 장치의 사용을 나타내지만, 여기에서는 이 서비스를 브라우저를 통해 연결된 사용자에게만 사용한다. 웹페이지를 알림 서비스에 연결해 구독 메커니즘 및 데이터 폴링이 아닌 업데이트를 수신해야 하므로 IoT에서 지원되고 아마존 SNS에서는 지원되지 않는 웹소켓을 사용해야 한다. 따라서 IoT 이름은 이상하게 들릴지 모르지만 사용 사례를 처리할 수 있는 유일한 AWS 서비스이기 때문에 IoT 이름을 사용한다. AWS IoT는 MQTT^{Message Queuing Telemetry Transport}[3] 프로토콜을 사용해 게시-구독 패턴을 구현한다. 9장, '서버리스 알림 처리'의 예제 웹사이트의 제품 검토 페이지의 실시간 응답을 구현한 예제 코드를 살펴본다.

---

3 MQTT는 경량의 publish/Subscribe 메시지 프로토콜로 저전력, 낮은 대역폭 환경에서도 사용할 수 있도록 설계돼 소형기기의 제어와 센서 정보 수집에 많이 사용되고 있다. – 옮긴이

백엔드 서비스

이 절에서는 실제적인 예제를 몇 가지 사용해 백엔드를 구축하는 데 필요한 서비스를 살펴본다.

AWS 람다

람다Lambda는 서버리스 개념에 가장 어울리는 최고의 제품이다. 관리의 불필요한 기능과 특정 가격 책정 모델을 필요 시 실행할 수 있는 능력은 개발자 커뮤니티에서 관심을 불러일으킬 수 있는 충분한 요인이 된다. 우리는 서버리스 데이터베이스, 서버리스 알림, 서버리스 프론트엔드를 가지고 있다고 말할 수 있지만 이는 서버리스 코드 실행과 같은 주요 기능의 확장일 뿐이다.

람다는 현재 Node.js(자바스크립트), 파이썬, 자바, C # 언어만 지원하지만 에이펙스 Apex(https://github.com/apex/ apex)라는 이름의 서드파티 프레임워크는 배포 빌드에 Node.js shim을 주입해 Go, Rust, Clojure 같은 언어 지원이 추가됐다.

람다 함수 만들기

이 책에서는 서버리스 프레임워크를 광범위하게 사용해 람다 함수의 배포를 더욱 쉽게 수행할 것이다. 그러나 프레임워크가 얼마나 유용한지 비교하기 위해 이 장에서는 AWS 관리 콘솔을 사용한다.

이제 로그 파일을 처리하는 람다 함수를 생성해보자. 이 기능은 새 로그 파일이 S3 버킷에 추가될 때 트리거되며 람다 기능의 결과는 파일에 오류가 있는 경우 SNS 알림을 생성하는 것이다.

실행하는 데 필요한 다음 단계를 살펴보자.

1. 다음 링크(https://console.aws.amazon.com/lambda/home)를 열고 **지금 시작하기**
   (Get Started Now)를 선택해 새로운 함수를 생성한다.

2. AWS는 샘플 구성과 코드가 포함된 많은 템플릿을 제공한다. 예를 들어, 반송된 이메일을 처리하는 람다 함수의 템플릿을 사용할 수 있다. 이 옵션은 존재하지 않는 이메일 주소를 제거하는 마케팅 캠페인에서 유용하다. 그러나 이 예제에서는 Blank Function 템플릿을 선택할 것이다.

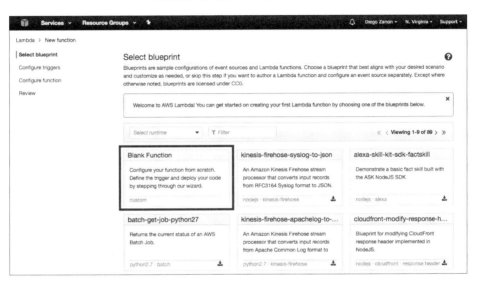

3. 람다 함수는 다양한 소스에 의해 트리거될 수 있다. 다음 화면에는 사용 가능한 모든 옵션이 목록으로 표시된다. S3를 선택한다.

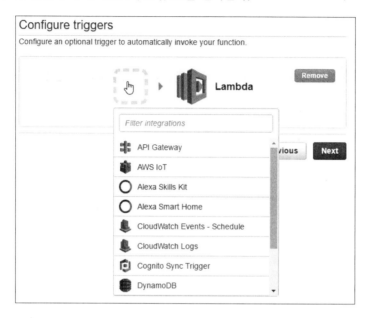

- 참고로 사용 가능한 트리거의 사용 사례를 몇 가지 살펴보자.
  - Amazon S3: Event type으로 Object Created (All)과 Prefix로 images /인 버킷 이름을 선택할 수 있다. 이 설정에서 이미지 폴더 내의 버킷에 이미지를 업로드하면 사후 처리 및 이미지 최적화를 위해 람다 함수가 트리거된다.
  - SNS: SNS 서비스를 사용해 알림을 처리할 수 있다. 예를 들어, 새 주문을 받으면 애플리케이션에서 활성화할 Process Order라는 SNS 주제를 생성할 수 있다. SNS는 특정 직원 목록을 이메일로 보내 특정 로직을 실행하는 람다 기능을 트리거하도록 구성할 수 있다.
  - CloudWatch Logs: 이 서비스는 AWS 자원을 모니터링하고 자동화된 작업을 수행하는 데 도움이 된다. 콘텐츠에 따라 람다 함수를 트리거하여 경고 메시지를 처리하고 내용에 따라 특정 동작을 실행할 수 있다.

4. S3를 선택하면 몇 가지 구성 옵션이 표시된다. 이전에 CLI로 작성한 버킷을 선택한다. **이벤트 유형**(Event type)의 경우, **작성된 오브젝트(모두)**(Object Created (All))를 선택해 새 파일이 작성될 때마다 함수를 트리거한다. **접두사**(Prefix)의 경우 **logs/**를 입력해 logs 폴더의 파일만 고려하고 **접미사**(Suffix)에는 **txt**를 입력하여 텍스트 파일만 고려한다. 마지막으로 트리거 사용 옵션을 선택하고 Next를 클릭한다.

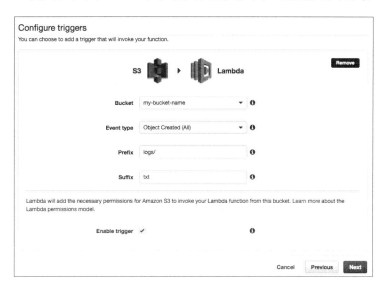

5. 람다 함수의 이름(예, processLog)을 입력하고 런타임 엔진으로 **Node.js 6.10** 옵션을 선택한다.

6. 이제 Edit code inline 옵션을 사용해 람다 함수에 의해 실행될 코드를 구현한다. 이 예에서는 S3.getObject를 사용해 생성된 파일을 검색하고 SNS.publish를 사용해 이 파일에 error 단어가 있는 경우 알림을 생성한다. SNS 주제 ARN의 경우 CLI를 사용해 이전에 작성한 것과 동일한 ARN을 사용할 수 있다.

```javascript
const AWS = require('aws-sdk');
const s3 = new AWS.S3();
const sns = new AWS.SNS();

exports.handler = (event, context, callback) => {
  const bucketName = event.Records[0].s3.bucket.name;
  const objectKey = event.Records[0].s3.object.key;
  const s3Params = {
    Bucket: bucketName,
    Key: objectKey
  };

  s3.getObject(s3Params, (err, data) => {
    if (err) throw err;

    // 파일에 리포팅해야 할 에러가 있는지 확인
    const fileContent = data.Body.toString();
    if (fileContent.indexOf('error') !== -1) {
      const msg = `file ${objectKey} has errors`;
      const snsParams = {
        Message: msg,
        TopicArn: 'my-topic-arn'
      };
      sns.publish(snsParams, callback);
    }
  });
};
```

> **ℹ** aws-sdk 모듈은 모든 람다 기능에 사용할 수 있다. aws-sdk 모듈 또는 노드(Node)의 코어 모듈이 아닌 다른 종속성을 추가하려면 함수와 모듈이 포함된 AWS에 ZIP 파일을 업로드해야 한다.

7. ZIP 파일을 업로드하는 대신 코드를 작성하기 위해 인라인 옵션을 사용했으므로 이 코드는 index.js 파일 내에 배치된다. 또한 우리가 생성한 모듈은 `handler`라는 함수를 내보낸다. 이 경우 람다 핸들러를 `index.handler` 이름으로 설정해야 한다. Role 박스의 경우 람다 함수가 적절한 접근 없이 실행될 수 없으므로 새 항목을 만들어야 한다. 관리자 계정을 사용해 람다를 생성하더라도 람다가 접근할 수 있는 서비스 및 자원의 종류에 대해 명시적으로 권한을 부여해야 한다.

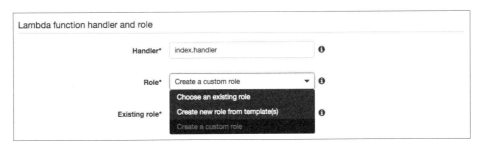

8. 역할 이름을 입력하고 **Edit**를 클릭해 기본 정책 문서를 수정한다. 다음 JSON 객체를 추가하고 **Allow**를 클릭해 완료한다.

> **ℹ** S3와 SNS ARN을 각자의 ARN으로 변경해야 한다.

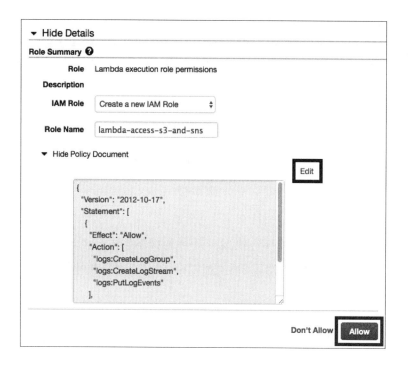

다음 JSON 객체를 사용한다.

```
{
  "Version": "2012-10-17",
  "Statement": [
    {
      "Effect": "Allow",
      "Action": ["s3:GetObject"],
      "Resource": "arn:aws:s3:::my-bucket-name/*"
    },
    {
      "Effect": "Allow",
      "Action": ["sns:Publish"],
      "Resource": "arn:aws:sns:us-east-1:1234567890:email-alerts"
    }
  ]
}
```

9. 마지막 단계는 고급 설정을 구성하는 것이다. 함수에 할당해야 할 RAM 메모리 양과 이 함수가 실행을 완료하기 위해 AWS가 대기해야 하는 시간 초과 값을 설정한다. 테스트에 사용할 로그 파일의 크기에 따라 제한 시간 값을 늘려야 할 수도 있다.

10. Next를 클릭하면 기능 생성을 확인해야 하는 **검토**(Review) 페이지로 리디렉션된다.

11. 이 기능은 관리 콘솔을 사용해 사용자 정의 입력 이벤트를 만들어 테스트할 수 있지만 여기에서는 CLI를 사용해 새 파일을 업로드하고 람다 기능을 트리거한다. 파일에 error라는 단어가 있으면 파일 이름이 포함된 이메일 메시지를 받아야 한다.
람다 함수를 트리거하는 다음 CLI 명령을 확인한다.

```
aws s3 cp log1.txt s3://my-bucket-name/logs/
```

12. 이슈가 있으면 관리 콘솔을 사용해 나타나는 에러 메시지를 확인할 수 있다. 이 경우 다음 JSON 객체를 이벤트 트리거로 사용해 버킷 이름을 변경한다.

```
{
  "Records": [
    {
      "s3": {
        "bucket": {
          "name": "my-bucket-name"
        },
        "object": {
```

```
            "key": "logs/log1.txt"
          }
        }
      }
    ]
  }
```

아마존 API 게이트웨이

API 게이트웨이^{Gateway}는 RESTful API를 작성하는 데 도움이 되는 서비스다. 자원을 구성하고 지원되는 HTTP 메소드를 설정하고 요청을 처리할 대상을 지정해야 한다. 이를 사용해 요청을 EC2 인스턴스(가상머신) 또는 외부 웹서버로 리디렉션할 수 있지만 여기에서 살펴볼 것은 람다 기능을 트리거하는 데 사용할 것이다.

게다가 API 게이트웨이에는 다른 흥미로운 기능이 있다. 예를 들어 API 엔드포인트를 만든 후에는 API 게이트웨이를 사용해 다양한 플랫폼에서 클라이언트 SDK를 자동으로 생성할 수 있다. SDK를 사용하면 서드파티 개발자가 쉽게 사용할 수 있도록 테스트하고 배포할 수 있다. 또한 서드파티 API 키를 만들어 세분화된 접근 권한, 요청 할당량 한도 및 조절을 통해 콘텐츠에 접근할 수 있다.

우리의 아키텍처에서 API 게이트웨이는 람다 함수를 외부에 드러내려면 거쳐야 하는 거점으로 작동할 것이다. 또한 인증된 사용자만 코드를 트리거할 수 있도록 보안 통제를 설정할 수 있다. 3장에서 이 서비스를 사용할 것이다. 서버리스 프레임워크를 사용해 엔드포인트를 구성하는 방법에 대해 이야기할 것이며, 6장, '백엔드 개발'에서 백엔드 코드 작성에 대해 좀 더 자세히 학습한다. 마지막으로 8장, '서버리스 애플리케이션 보안'에서는 보안 대책에 대해 설명한다.

API 게이트웨이를 사용해 람다 함수 공개

다음과 같이 URL을 사용해 접근 가능한 이전 람다 함수를 공개하기 위한 API 게이트웨이를 사용해보자.

1. 먼저 API 게이트웨이 관리 콘솔로 이동해 다음 링크 https://console.aws.amazon.com/apigateway/home을 방문한 후 Create API를 클릭한다.

2. Create New API 헤더 아래에 있는 New API 옵션을 선택하고 API 이름을 입력한다. 예제에서는 log-processor라 입력했다.

Create new API

In Amazon API Gateway, an API refers to a collection of resources and methods that can be invoked through HTTPS endpoints.

        ◉ **New API**   ○ **Clone from existing API**   ○ **Import from Swagger**   ○ **Example API**

Name and description

Choose a friendly name and description for your API.

API name*	log-processor
Description	Process S3 logs to find errors

* Required   **Create API**

3. Resources에서 Actions 드롭다운을 클릭하고 Create Method를 선택한다.

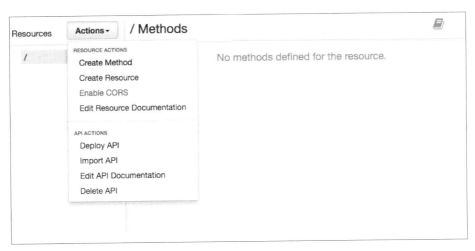

Resources	**Actions ▾**	**/ Methods**
/	RESOURCE ACTIONS Create Method Create Resource Enable CORS Edit Resource Documentation API ACTIONS Deploy API Import API Edit API Documentation Delete API	No methods defined for the resource.

4. 새 드롭다운에서 POST HTTP 메소드를 선택한다.

5. POST – Setup에서 Integrated type으로 lambda Function을 선택한다. 이전 람다 함수와 해당 이름을 배치한 리전을 선택하고 Save 버튼을 클릭한다.

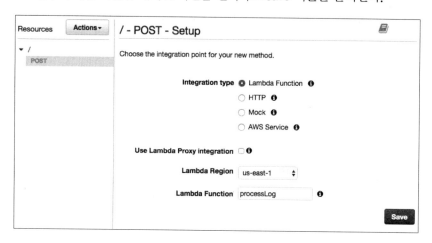

6. 이 메소드가 람다 함수에 접근할 수 있도록 허용하라는 팝업이 요청된다. 수락한다.

7. Resource에서 Actions 드롭 메뉴를 다시 클릭하고 Deploy API를 선택한다.

8. 선택될 스테이지를 요청하는 팝업이 나타나면 [New Stage]를 선택하고 이름을 dev로 한다.

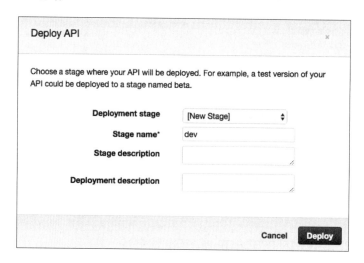

9. Deploy를 클릭한다. 다음 화면에는 API 게이트웨이가 배포된 위치가 표시된다. URL은 https://[식별자].execute-api.[지역].amazonaws.com/dev와 같은 형식을 따른다.

10. 브라우저에서 URL에 접속을 시도하면 브라우저가 정의되지 않은 GET 요청을 시도하기 때문에 인증 오류가 발생한다. POST 리소스만 정의했으므로 테스트할 방법이 필요하다. 왼쪽 메뉴의 Resources 기능에서 액세스할 수 있는 API 게이트웨이 테스트 기능을 사용하고 POST 메소드를 선택해 Test를 클릭한다.

11. Request Body를 제공해야 한다. 이 경우 새 S3 객체 이벤트와 유사한 형식의 JSON 객체가 된다.

```
{
  "Records": [
    {
      "s3": {
        "bucket": {
          "name": "my-bucket-name"
        },
        "object": {
          "key": "logs/log1.txt"
        }
      }
    }
  ]
}
```

12. 이전에 사용했던 이름의 버킷 이름을 변경하면 API 게이트웨이가 람다 함수를 트리거하여 이전에 업로드한 log1.txt 파일을 처리한다.

API 게이트웨이와의 통합을 테스트하는 또 다른 방법은 모든 종류의 RESTful API를 테스트하는 매우 인기있는 도구 포스트맨^{Postman}을 사용하는 것이다. 포스트맨 크롬 확장 프로그램 또는 맥OS 애플리케이션으로 설치해 사용 가능하다.

데이터베이스 서비스

이 절에서는 심플DB와 다이나모DB 제품을 간략히 설명한다. 두 가지 모두 7장, '서버리스 데이터베이스 관리'에서 자세히 설명한다.

아마존 심플DB

심플DB는 서버리스 데이터베이스로 정의될 수 있는 NoSQL 데이터베이스다. 자동으로 크기가 조정되고 프로비저닝 비용을 지불하지 않아도 높은 가용성을 제공하며 데이터베이스 엔진이 쿼리를 실행하기 위해 사용된 만큼만 지불하면 된다(초 단위로만 청구된다).

심플DB를 사용해 SQL과 유사한 구문의 쿼리를 만들 수 있지만 심플DB는 기능면에서 매우 제한적이다. 심플DB는 문자열 필드만 저장하도록 제한되어 있다. `datetime` 데이터 형식을 저장하는 경우 지역화 문제를 피하고 `where` 절을 사용할 수 있도록 ISO 형식의 문자열로 저장해야 한다. 번호를 저장하려면 제로패딩zeropadding을 사용하라. 음수를 가진 `where` 절을 만들고 싶을 때는 어떻게 할 수 있을까? 이 경우는 네거티브 저장을 피하기 위해 모든 숫자에 큰 오프셋을 추가해 수행된다. 보다시피 심플DB 위에 시스템을 구축하는 것은 어려울 수 있다. 많은 것을 고려해야 하고 대규모 데이터 세트를 실행할 때 성능 문제가 발생할 수 있다. 따라서 심플DB는 일반적으로 소규모 프로젝트에만 유용하다.

 데이터 유형을 처리하는 방법에 대한 추가 팁은 다음 링크를 참고한다.
https://aws.amazon.com/articles/Amazon-SimpleDB/1232

심플DB는 AWS에서 제공하는 유일한 서버리스 데이터베이스다. 더 나은 서버리스 솔루션을 원한다면 다른 클라우드 공급자를 사용해야 한다. 현재 구글 파이어베이스 스토리지Google Firebase storage, 구글 클라우드 데이터스토어Google Cloud Datastore, 또는 파우나DBFaunaDB 옵션이 있다.

심플DB는 2007년 말 발표된 가장 오래된 AWS 서비스 중 하나다. 그러나 관리 콘솔이 없는 매우 소수의 서비스 중 하나이기도 하다. 타사 솔루션을 설치해 GUI에서 심플DB 데이터를 쉽게 쿼리하고 관리할 수 있다. 이 경우 SdbNavigator Chrome Extension 사용을 추천한다. 데이터베이스에 연결하려면 접근Access 키와 비밀Secret 키만 추가하면 된다. 보안 대책으로서 IAM을 사용해 새로운 사용자 계정을 생성해 심플DB의 권한을 제한한다.

아마존 다이나모DB

다이나모DB Dynamo DB는 완벽하게 관리되는 NoSQL 데이터베이스로 빠르고 확장성이 뛰어날 뿐 아니라 일관되고 빠른 성능을 제공한다. 심플DB와는 달리 다이나모DB는 NoSQL 데이터베이스에서 기대하는 모든 일반적인 기능을 갖췄으며 대형 프로젝트에서 광범위하게 사용할 수 있다. 그러나 다이나모DB를 서버리스로 사용하기에는 결함이 있다. 다이나모DB는 서버리스 데이터베이스가 아니다. 자원을 프로비저닝해야 하므로 진정한 서버리스 데이터베이스라 말할 수 없다. 프로비저닝된 용량에 비용을 지불하는 경우, 서버의 용량과 비용을 신경 써야 한다. 필요한 것보다 많거나 적게 프로비저닝하거나, 아무도 데이터베이스를 사용하지 않을 때에도 비용을 지불할 수 있기 때문이다.

다행히도 AWS는 쉽게 사용할 수 있는 영구적인 무료 티어를 보유하고 있다. 매월 1억 건이상의 읽기/쓰기 요청을 무료로 처리할 수 있는데, 이 서비스는 새로운 AWS 사용자에게만 제공되는 것이 아니다. 사용자 기반 확대에 대한 낮은 가격, 처리량별로 프로비저닝을 자동화할 수 있는 가능성과 같은 장점들을 고려할 때 다이나모DB는 대부분의 서버리스 애플리케이션에 적합한 선택이며 다이나모DB를 사용하는 서버리스 커뮤니티가 만든 수많은 프로젝트와 데모 예제를 통해 증명되었다. 다이나모DB는 적은 사용량에서는 무료다.

대규모 프로젝트이고 사용하지 않는 프로비저닝된 리소스의 비용을 지불해야 하는 경우에도 다이나모DB는 기존 데이터베이스 솔루션을 실행하는 것보다 관리 작업이 훨씬 적고 옵션이 저렴하다. 따라서 이 책에서는 심플DB 사용법을 다루지만 샘플 애플리케이션은 다이나모DB에서 실행한다.

▌ 온라인 상점의 서버리스 아키텍처

이 책에서는 서버리스 솔루션의 실제 사용 사례를 구축할 것이다. 이 샘플 애플리케이션은 다음 요구 사항을 충족하는 온라인 상점이다.

- 판매 가능한 제품 목록
- 사용자 등급이 있는 제품 세부 정보
- 장바구니에 제품 추가
- 계정과 로그인 페이지 생성

3장에서 각 기능을 설명하고 구현한다. 아키텍처를 이해하기 쉽게, 이 장에서 다루는 다양한 서비스의 구성 방법과 상호작용하는지에 대한 일반적인 정보를 다음 그림에 나타냈다.

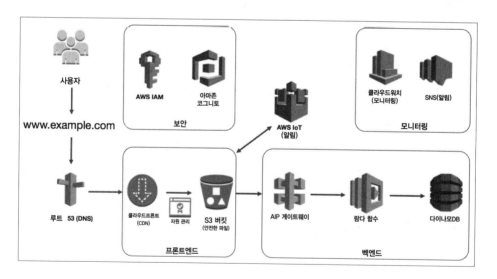

비용 견적

이 절에서는 몇 가지 사용량 가정과 아마존의 가격 모델을 기반으로 샘플 애플리케이션 데모의 비용을 추정한다. 여기에 사용된 모든 가격 책정 값은 2017년 중반부터 제공되며 가장 저렴한 지역인 미국 동부(버지니아 북부)를 고려한다.

 이 절에서는 비용 계산 방법을 보여주는 예제를 다룬다. 청구 모델과 가격은 시간이 지남에 따라 변경될 수 있으므로, 공식 견적을 내기 전에 항상 공식 소스를 참조해 업데이트된 가격을 확인한다. 이 링크에서 비용 견적을 위해 아마존의 계산기를 사용한다. http://calculator.s3.amazonaws.com/index.html의 지침을 읽은 후에도 여전히 의문이 생기면 아마존의 무료 지원 센터에 연락해 언제든 상업적 안내를 받을 수 있다.

가정

가격 책정 예제에서 온라인 상점이 매월 다음과 같은 트래픽을 수신한다고 가정한다.

- 100,000페이지 뷰
- 1,000개의 등록된 사용자 계정
- 2MB의 평균 페이지 크기를 고려해 200GB의 데이터 전송
- 요청당 평균 200밀리초가 소요되는 5,000,000건의 코드 실행(람다 함수)

루트 53 가격

도메인 네임을 위한 호스팅 존이 필요하며 한 달에 0.50달러의 비용이 소요된다. 또한 서비스 도메인을 대상으로 한 DNS 쿼리당 0.40달러를 지불해야 한다. 10만 페이지 뷰 비용은 0.04달러다.

합계: 0.54달러

S3 가격

아마존 S3는 저장한 GB당 0.023달러, 파일 요청 10,000개당 0.004달러, 전송 데이터용량 1GB당 0.09달러를 매월 청구한다. 그러나 클라우드프론트 사용을 고려 중이므로 전송비용은 클라우드프론트 가격으로 청구되며 S3 청구에서는 고려되지 않는다. 웹사이트가 1GB 미만의 정적 파일로 구성되고 페이지당 평균 크기가 2MB인 파일이 20개인 경우 페이지 뷰를 100,000개 제공하는 데 20달러 미만의 비용이 소요된다. 클라우드프론트를 고려하면 S3 비용은 0.82달러로 내려가고 클라우드프론트 사용료가 계산된다. 클라우드프론트가 파일을 캐시하고 S3에 2,000,000개의 파일을 요청할 필요가 없기 때문에 실제 비용은 더 낮아질 수 있지만, 세부 사항은 생략한다.

부가적으로, 같은 수의 페이지 뷰를 동일한 가용성과 확장성을 가진 정적 웹사이트를 처리하기 위해 머신을 프로비저닝해야 한다면 비용이 훨씬 더 많이 들 것이다.

합계: 0.82달러

클라우드프론트 가격

클라우드프론트는 지역별로 가격 정책이 나르다. 각 지역에서 얼마나 많은 트래픽이 발생하는지 추측해야 하기 때문에 가격이 약간 더 복잡하다. 다음 표는 추정의 예를 보여준다.

리전	예상 트래픽	GB당 전송 비용(달러)	1만 https 요청당 비용(달러)
북미	70%	0.085	0.010
유럽	15%	0.085	0.012
아시아	10%	0.140	0.012
남미	5%	0.250	0.022

2,000,000건의 요청으로 200GB의 파일이 전송됐으므로 합계는 21.97달러다.

합계: US 21.97달러

인증 관리자 가격

인증서 관리자Certificate Manager는 SSL/TLS 인증서를 무료로 제공한다. 애플리케이션을 실행하기 위해 생성한 AWS 자원에 대해서만 비용을 지불한다.

IAM 가격

특별히 IAM 사용에 대한 비용은 없다. 사용자가 소비하는 AWS 자원에 대해서만 요금이 부과된다.

코그니토 가격

각 사용자의 프로필은 0.0055달러/월이다. 그러나 무료 영구 티어를 사용하면 월 5만 명의 활성 사용자가 비용 없이 사용할 수 있으며 활용 사례에서는 충분하다.

그 외에도 사용자 프로필의 코그니토 싱크Cognito Syncs에 요금을 부과한다. 각 10,000개의 프로필의 동기화 작업을 위해 0.15달러, 프로필 저장 공간에 대하여 1GB/월에 0.15달러의 요금으로 제공된다. 한 프로필당 1MB 미만의 활성 사용자와 등록된 사용자 1,000명이 월 평균 10번 미만 방문으로 추산하면 0.30달러를 예상할 수 있다.

합계: 0.30달러

IoT 가격

IoT 요금은 백만 건의 메시지 교환당 5달러에서 시작한다. 각 페이지 보기는 연결할 요청과 주제를 구독하는 요청이 각각 최소 2개가 되므로 한 달에 최소 20만 개의 메시지를 예상할 수 있다. 1%의 사용자가 제품을 평가하고 연결 해제 및 가입 취소로 결제에서 제외된 요청은 무시할 수 있다고 가정할 경우 1,000개의 메시지를 추가해야 한다. 이 설정에서 총 비용은 1.01달러다.

합계: 1.01달러

SNS 가격

클라우드워치가 인프라 문제에 대한 경고를 표시할 때 내부 알림용으로만 SNS를 사용한다. SNS는 100,000건의 이메일 메시지에 대해 2.00달러의 요금을 부과하지만 1,000개의 이메일을 영구적으로 무료로 제공한다. 그래서 이 사례에서는 무료가 될 것이다.

클라우드워치 가격

클라우드워치는 메트릭/월당 0.30달러, 알람당 0.10달러이며, 매월 50의 메트릭과 10개의 알람을 영구적으로 무료로 제공한다. 20개의 측정 항목을 만들고 한 달에 20건의 경보가 발생하면 비용을 1.00달러로 추정할 수 있다.

합계: 1.00달러

API 게이트웨이 가격

API 게이트웨이는 API 호출 건당 3.50달러를 받고 인터넷에 전송된 GB당 0.09달러를 청구하기 시작한다. 평균 1KB의 응답으로 매달 5백만 건의 요청이 있다고 가정하면 이 서비스의 총 비용은 17.93달러가 된다.

합계: 17.93달러

람다 가격

람다 함수를 만들 때는 사용할 수 있는 RAM 메모리양을 구성해야 한다. 128MB에서 1.5GB까지 다양하다. 더 많은 메모리를 할당하면 추가 비용이 발생한다. 이것은 프로비저닝을 피하는 철학을 깨뜨리지만 적어도 이 부분은 고민할 필요가 있는 유일한 것이다. 여기서는 각 기능에 필요한 메모리양을 추정하고 운영에 배포하기 전에 몇 가지 테스트를 수행하는 것이 좋다. 잘못된 프로비저닝은 오류 또는 비용을 더 많이 초래할 수 있다.

람다에는 다음과 같은 청구 모델이 있다.

- 100만 건당 0.20달러
- US$ 0.00001667GB/초

 실행 시간은 100밀리초의 가장 가까운 배수로 반올림해 초 단위로 계산된다.

또한 무료로 제공되는 영구 티어를 사용하면 비용 없이 월 100만 건의 요청을 받고 초당 400,000GB를 무상으로 사용할 수 있다.

시나리오에서는 한 달 평균 5백만 건의 요청을 실행당 평균 200밀리초로 가정했다. 할당된 RAM 메모리가 함수당 512MB라고 가정했다.

- **청구 금액**: 1백만 건의 요청이 무료이기 때문에 400만 건에 대해서는 0.80달러가 청구된다.
- **컴퓨팅 금액**: 5백만 건의 실행을 실행당 평균 200밀리초가 소요되므로 100만 초를 사용한다. 512MB 용량으로 실행하면 500,000GB/초가 발생하며 400,000GB/초는 무료이므로 100,000GB/초의 요금이 부과되어 1.67달러가 청구된다.
- **합계**: 2.47달러

심플DB 가격

새로운 사용자와 기존 사용자에게 무료 티어가 유효한 심플DB 대금 청구를 살펴보자.

- 머신 1시간당 0.14달러(25시간 무료)
- 인터넷에 전송된 GB당 0.09달러(1GB 무료)
- 저장한 GB당 0.25달러(1GB는 무료)

다음 청구액을 살펴보자.

- **컴퓨팅 비용**: 평균 200밀리초의 실행 시간을 가진 5백만 건의 요청을 고려하고 이 시간 중 50%가 데이터베이스 엔진을 대기하기 때문에 한 달에 139시간의 시스템 시간이 소요된다. 25시간은 무료이므로 실행 비용은 15.96달러가 청구된다.
- **이전 비용**: 심플DB와 AWS 람다 간에 데이터를 전송하므로, 전송 비용은 없다.
- **저장 비용**: 5GB 데이터베이스를 예상하면 1GB는 무료이므로 1달러가 된다.
- **합계**: 16.96달러지만 다이나모DB를 사용해 애플리케이션을 실행할 것이기 때문에 최종 견적에 추가되지 않는다.

다이나모DB 가격

다이나모DB를 사용하려면 제공할 테이블의 예상되는 처리 용량을 프로비저닝해야 한다. 하드웨어, 메모리, CPU, 그밖의 요소를 프로비저닝하는 대신 예상되는 읽기와 쓰기 작업의 수와 AWS가 처리량 요구 사항을 충족시키는 데 필요한 시스템 리소스를 처리해 일관되고 낮은 대기 시간의 성능을 보장해야 한다.

하나의 읽기 용량 단위는 크기가 최대 4KB인 객체를 초당 한 번 강력한 일관된 읽기 또는 초당 두 번의 최종적 일관된 읽기[4]를 의미한다. 쓰기 용량과 관련해 하나의 쓰기 단위는 1KB 크기의 객체 하나를 작성할 수 있음을 의미한다. 이런 정의를 고려할 때 AWS는 25GB의 무료 저장 용량 외에도 영구적인 무료 티어 25개의 읽기 단위와 25개의 쓰기 단위의 처리 가능한 용량을 제공한다. 요금은 다음과 같다.

- 모든 쓰기 용량 단위 WCU^Write Capacity Unit당 0.47달러/월
- 모든 읽기 용량 단위 RCU^Read Capacity Unit당 0.09달러/월

---

4 강력한 일관된 읽기(Strongly Consistent Read)는 가장 최근의 변경까지 반영해 가장 최신의 데이터를 보여주며, 최종적 일관된 읽기(Eventually Consistent Read)는 가장 최근의 변경 결과를 반영하지 않고 데이터를 보여줄 수 있다. 이 경우 읽기 요청을 반복하면 최신 데이터를 보여준다. 다이나모DB는 최종적 일관된 읽기(Eventually Consistent Read)를 기본으로 사용한다. — 옮긴이

- 저장 GB당 0.25달러/월

- 인터넷으로 전송된 GB당 0.09달러/GB

예상 데이터베이스는 5GB밖에 되지 않으므로 무료 티어를 사용하고, AWS 람다로의 전송 비용이 없기 때문에 전송된 데이터 요금을 지불하지 않는다. 읽기/쓰기 용량과 관련해 월 500만 건의 요청을 예상했다. 균등하게 배포하면 초당 두 건의 요청을 받는다. 이 경우 초당 하나의 읽기와 쓰기 작업이 수행된 것으로 간주한다. 얼마나 많은 객체가 읽기와 쓰기 작업의 영향을 받는지를 추정해야 한다. 쓰기 작업의 경우 평균 10개의 항목을 조작하고 읽기 작업은 100개의 객체를 검색한다. 이 시나리오에서는 10WCU와 100 RCU를 예약해야 한다. 25WCU와 25RCU를 무료로 제공하므로 한 달에 75RCU만 지불하면 된다. 비용은 6.75달러다.

합계: 6.75달러

총 가격

다음 표에서 각 서비스의 비용을 요약해보자.

서비스	월비용(US 달러)
루트 53	0.54달러
S3	0.82달러
클라우드프론트	21.97달러
코그니토	0.30달러
IoT	1.01달러
클라우드워치	1.00달러
API 게이트웨이	17.93달러
람다	2.47달러
다이나모DB	6.75달러
합계	52.79달러

10만 페이지 뷰를 제공하는 인프라에서 총 비용이 월 50달러면 충분함을 확인할 수 있다. 전환율이 1%인 경우 매월 1,000건의 매출을 올릴 수 있다. 즉, 판매하는 제품별로 인프라에 소요되는 비용이 0.05달러로 계산된다.

▌ 요약

2장에서는 이 책 전체에서 사용하는 서비스를 소개했다. 권한을 제한해 새로운 AWS 사용자를 생성하는 방법, AWS CLI와 노드 SDK를 사용하는 방법, 프론트엔드, 백엔드, 알림 서비스가 무엇인지를 학습했다. 또한 각 서비스가 샘플 애플리케이션 아키텍처에 어떻게 적용되는지 보여주며 비용 추정하는 방법을 배웠다.

3장에서는 개발 워크플로우, 작업 자동화, 코드 구성에 중요한 역할을 하는 서버리스 프레임워크Serverless Framework를 살펴본다. 람다 함수의 설정, 전개, 샘플 애플리케이션의 시작을 구조화하는 방법도 배운다.

03

서버리스 프레임워크

서버리스 프로젝트에서 여러 기능을 하나의 큰 람다Lambda 기능으로 그룹화하거나 각 기능을 작은 기능으로 분리해 개발할 수 있다. 작은 기능으로 분리하는 경우, 각 기능에는 자신만의 고유한 구성과 종속성을 가지게 되므로 이런 수십 가지 기능의 배포를 관리하게 된다. 이 경우 배포 프로세스를 자동화하기는 어려울 수 있지만, 워크플로우에서 서버리스 프레임워크를 사용하면 작업이 쉬워진다. 배포 프로세스를 처리하는 것 외에도 프레임워크는 솔루션을 설계하고 다른 환경을 관리하는 데 도움이 되며 인프라의 버전을 관리하는 명확하고 간결한 문법을 제공한다.

3장에서는 서버리스 프레임워크를 구성하고 사용하는 방법에 대해 학습한다. 이 장에서 다루는 내용은 다음과 같다.

- 프레임워크를 설정하고 시작하는 방법
- 'Hello World' 애플리케이션 배포
- 엔드포인트의 생성과 CORS 활성화
- 함수를 트리거하는 이벤트 구성
- 다른 AWS 자원에 접근

이 장을 마치면, 서버리스 프로젝트에서 백엔드를 생성하는 방법에 대한 기본 사항을 알게 될 것이다.

▌서버리스 프레임워크

서버리스 프로젝트 관리를 지원하는 도구가 많이 개발됐다. 서버리스 프레임워크는 현재 가장 많이 사용되고 있고, 이 책에서 광범위하게 사용된다. 이 절에서는 서버리스 프레임워크를 이해하고, 워크플로우에 맞게 프레임워크를 구성하고 사용하는 방법에 대해 설명한다.

서버리스 프레임워크 이해하기

서버리스 프레임워크는 클라우드 서비스가 아닌 강력한 Node.js[1] 명령줄 도구다. 프레임워크의 목적은 개발자가 생산성을 높일 수 있게 클라우드 자원을 사용하고 관리하는 방법을 단순화하는 데 있다. 프레임워크를 활용하면 새로운 프로젝트를 빠르게 시작하고, 기능 추가, 엔드포인트, 트리거를 추가하고, 사용 권한을 구성하는 등의 작업을 신속하게 할 수 있는 일련의 명령을 제공받을 수 있다. 정리하면 프레임워크는 코드 배포를 자동화하며 다양한 서비스와 통합하는 등의 프로젝트를 관리하는 것이다.

---

1 Node.js는 자바스크립트를 구동하는 이벤트 기반의 가볍고 효율적인 런타임으로, 확장성 있는 네트워크 애플리케이션 개발에 사용되는 소프트웨어 플랫폼이다. – 옮긴이

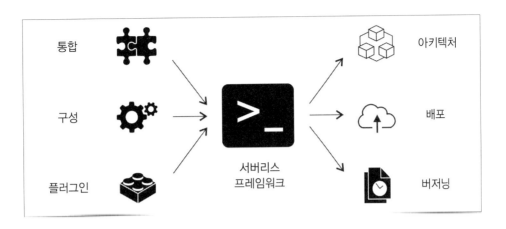

서버리스 프레임워크의 입력으로 활용될 수 있는 것은 다음과 같다.

- **통합**Integration: 여러 클라우드 서비스가 람다 함수를 트리거하는 방법과 내용을 설명
- **구성**Configuration: 람다 함수의 사용 권한 설정과 실행 환경의 제한(제한 시간, RAM 메모리) 정의
- **플러그인**Plugins: 사용자 정의 코드를 이용한 프레임워크 기능 확장

다음은 입력 결과로 프레임워크가 제공하는 것들이다.

- **아키텍처**Architecture: 프로젝트를 일관성 있게 유지할 아키텍처 정의 지원
- **배포**Deploy: 코드 배포 자동화. 하나의 명령으로 언제든지 배포 가능
- **버저닝**Versioning: 인프라의 버전을 의미하는 코드 구성의 버저닝 지원. 동일한 인프라를 다른 지역이나 환경으로 복제하는 것은 쉬운 일이 아니다.

현재 서버리스 프레임워크는 AWS, 마이크로소프트 애저, 구글 클라우드 플랫폼, IBM 오픈위스크OpenWhisk 같은 클라우드 공급자를 지원한다. 한 클라우드에서 다른 클라우드로 마이그레이션할 수는 있지만 그렇게 간단하지는 않다. 프레임워크는 동일한 명령과 비슷한 설정을 사용해 관리 작업을 하려고 시도하지만 클라우드마다 구성과 설정이 다르다. 서버

리스 프레임워크의 또 다른 중요한 특징은 오픈소스며 MIT 라이선스가 부여돼 상용 제품에서도 무료로 사용할 수 있다는 점이다.

그 밖의 프레임워크

서버리스는 서버 운영에 대한 개발자의 관리 부담을 줄여 줌으로써 개발자가 애플리케이션 개발에 집중할 수 있게 해서 개발을 촉진한다는 개념이다. 서버리스는 하나의 개념으로, 사용할 도구 뿐 아니라 애플리케이션을 서비스하는 클라우드 공급업체도 지정하지 않는다. 그러나 JAWS의 설립자는 2015년 말 서버리스 프레임워크스Serverless Frameworks로 프로젝트 이름을 변경하고 serverless.com 도메인을 구입해 사업에 활용했다. 그리고는 Serverless, Inc.라는 벤처기업을 설립해 오픈소스 프로젝트를 개선하기 시작했다.

서버리스 프레임워크는 현재 범용 서버리스 프로젝트를 구축하는 가장 좋은 도구이지만 개념과 제품을 혼동하지 말아야 한다. 서버리스 프레임워크스는 서버리스 애플리케이션 개발에 도움을 주지만 서버리스를 활용해 수행할 수 있는 작업의 일부만 제공한다. 현재 기능과 목적이 다양한 서비스와 프레임워크가 많이 있다.

예를 들어 에이펙스Apex는 람다의 기본 지원 없이도 고Go, 러스트Rust, 클로저Clojure2를 지원하는 흥미로운 기능으로 AWS 람다 함수를 관리하는 또 다른 프레임워크다. 이외에도 수십 개의 도구가 더 있다. 더 많은 옵션은 다음 목록을 참고하자.

https://github.com/anaibol/awesome-serverless

---

2 고(Go)는 자바와 C 등의 언어들보다 좀 더 빠르고 사용이 쉬우며, 프로그래밍 편의성과 컴파일된 언어의 효율성과 안전성을 가진 프로그래맹 언어로 페이스북, 도커 등에서 사용되고 있다. 러스트(Rust)는 모질라(Mozilla)가 개발한 C나 C++과 유사하며 성능, 병행화, 메모리 안전성에 초점을 둔 새로운 프로그래밍 언어다. 클로저(Clojure)는 리스프(Lisp) 프로그래밍 언어로, 함수 프로그래밍에 중점을 둔 언어로 월마트(Walmart), 퍼펫 랩스(Puppet Labs) 등에서 사용되고 있다. - 옮긴이

프레임워크 설치

서버리스 프레임워크는 Node.js를 사용하므로 npm을 사용해 설치할 수 있다.

```
npm install serverless@1.x --global
```

@1.x 접미어는 npm에게 1.x 버전과 호환되는 패키지를 다운로드하도록 요청한다. 이 책은 프레임워크 1.18 사양에 따라 작성됐으며 예제는 향후 2.x 버전과 호환되지 않을 수 있다.[3]

 서버리스 프레임워크를 사용하려면 Node.js v6.5 이상이 필요하다. node --version을 실행해 업데이트된 버전 정보를 확인한다. 노드 버전을 업데이트해야 하는 경우라면 최신 버전인 v6.10을 사용하자(작성 시점 기준).

다음 명령을 실행해 버전이 확인되면 프레임워크가 성공적으로 설치됐는지를 알 수 있다.

```
serverless --version
```

---

3 npm 부가 설명

npm은 아이작 슐루터(Isaac Z. Schlueter)라는 개발자가 만든 Node Package Modules 또는 Node Package Manager의 약자로 Nodo.jc에서 사용 가능한 모듈을 패키지화해 모아놓은 것이다. 필요한 모듈이 있으며 이미 누구가가 만들어서 올려놓은 모듈을 npm을 통해 간편하게 다운로드받을 수 있어 개발하기가 쉽다.

npm은 운영체제에 맞는 Node.js 인스톨러를 다운로드하고 실행하기만 하면 자동으로 설치가 가능하며, 원하면 수동/개별 설치도 가능하다. Node.js는 http://nodejs.org/download/에서 다운로드할 수 있다.

npm 명령어를 간단히 살펴보면 다음과 같다.

- npm help: npm에 대한 설명
- npm 〈명령어〉 -h: npm 명령어에 대한 설명
- npm list 또는 npm ls: npm 모듈 리스트
- npm install 〈모듈〉: 모듈 설치
- npm list installed: 설치되어 있는 모듈의 목록
- npm view 〈모듈〉: 모듈의 버전별 상세 정보
- npm update 〈모듈〉: 설치된 모듈을 최신 버전으로 업데이트 – 옮긴이

serverless 명령을 사용하는 대신 모든 명령에 약어 sls를 사용할 수 있다. 예를 들면 다음과 같다.

예 : sls --version.

또한 --version과 같이 두 개의 대시로 시작하는 옵션은 -v와 같이 단 하나의 짧은 문자 사용으로 대체할 수 있는 방안이 항상 있다.

프레임워크 구성

서버리스 프레임워크는 AWS SDK를 사용해 계정 자원을 관리하므로 필요한 구성은 SDK가 접근할 수 있는 자격증명을 설정하는 것이다. 2장, 'AWS 시작하기'에서 설명한 것처럼 사용자를 미리 생성했고 환경 변수에 Access key와 Secret access key를 설정했다.

여기서 누락된 부분은 사용자 접근을 적절히 제한하는 것이다. 학습을 위해 관리자 계정에 전체 접근 권한을 부여해 사용하는 것이 좋다. 그러나 실제 제품을 빌드하는 경우 최소한의 권한 원칙을 따르고 프레임워크에서 사용할 것으로 예상되는 항목에 대해서만 접근 권한을 설정하자. 2장에서 IAM 콘솔을 사용해 구성하는 방법을 학습했다(https://console.aws.amazon.com/iam/).

최소 접근 요구 사항은 람다, 클라우드포메이션, IAM, 클라우드워치다. 사용 권한을 설정하는 동안 이후 샘플 프로젝트에 필요한 접근 권한을 예상하고 부여할 수 있다. 프레임워크도 API 게이트웨이, IoT, 심플DB, 다이나모DB에 대한 접근 권한이 필요하다.

팀의 권한 관리

팀으로 일할 때는 권한을 세분화해 모든 사람이 자신의 계정을 보유하도록 할당해야 한다. 1인 1계정 원칙은 감사 및 추적에서도 매우 중요한 역할을 한다. 감사는 팀 구성원의 잘못된 행동을 저지하며 추적은 문제가 발생한 경우에 유용하다. 예를 들어 사이트가 침해로 손상된 경우 감사와 추적으로 원인을 찾아낼 수 있다. 감사와 추적 기능을 사용하려면 AWS 클라우드트레일을 구성해 AWS API 사용 로그 파일을 S3에 저장해야 한다.

각 팀 구성원마다 고유한 계정을 할당하면 그룹의 일원이 아닌 사용자가 시스템 운영 환경에 대한 접근하는 것을 제한할 수 있다. 숙련된 사람만 운영 환경에 접근하도록 허용해야 경험이나 지식 부족으로 인한 장애를 피할수 있다.

새 프로젝트 생성

프로젝트 데이터를 저장할 새 폴더를 만들자. 이름을 hello-serverless로 지정하고 명령 프롬프트 디렉토리를 이 폴더로 설정한다. 다음과 같이 명령을 실행한다.

```
serverless create --template aws-nodejs --name hello-serverless
```

다음과 같은 화면을 확인할 수 있다.

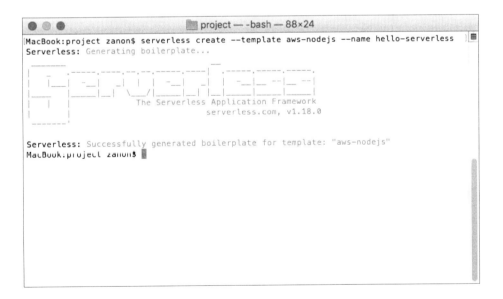

이 명령은 관련 함수를 그룹화하는 데 사용되는 서비스를 생성한다. 도메인 기반 설계^{DDD,} Domain-Driven Design에 정의된 바운드 컨텍스트를 보면 서비스를 비교할 수 있다. 예를 들어, 이 책의 샘플 애플리케이션은 온라인 상점이다. 제품을 전시하고 판매하기 위해 구현된 기능은 컨텍스트의 일부이며, 사용자 계정과 프로필 데이터를 처리하는 기능은 다른 컨텍스트의 일부다. 6장, '백엔드 개발'에서 서버리스 아키텍처에 대해 자세히 설명한다.

명령을 실행하면 다음 두 개의 파일이 생성된다.

- handler.js 파일
- serverless.yml 파일

각 파일의 컨텍스트를 보고 파일의 역할을 이해하자.

handler.js 파일

handler.js 파일에는 AWS 람다에서 실행할 주요 기능이 포함되어 있다. 간단한 예로, 다음 코드를 살펴보자.

```
module.exports.hello = (event, context, callback) =>
{

    const response =
    {
        statusCode: 200,
        body: JSON.stringify({
            message: `Hello, ${event.name}!`
        })
    };

    callback(null, response);
};
```

response 객체는 statusCode와 body 속성으로 구성된다. 이 스키마는 API 게이트웨이를 사용해 람다 함수를 트리거하고, 람다가 서버리스 프레임워크의 기본 옵션인 프록시로 구성할 때 꼭 필요하다.

API 게이트웨이에서 헤더, 상태 코드, 그 밖의 매개변수를 구성하는 대신 람다 프록시 설정을 사용하면 이런 구성을 코드의 일부분으로 구현이 가능하다. 이는 대부분의 사례에서 권장되는 방법이다.

hello라는 이름의 함수가 메인 항목으로 설정되며 event, context, callback 같은 세 개의 인수를 받는다. event 변수는 입력 데이터고, callback은 람다 실행이 완료된 후에 실행돼야 하는 함수다. 첫 번째 매개변수로 오류 객체를 받고 두 번째 매개변수로 response 객체를 받고 context는 함수 실행과 연관된 데이터를 제공하는 객체로 함수 실행과 관련이 있다. 다음은 context 콘텐츠의 예제다.

```
{
    "callbackWaitsForEmptyEventLoop": true,
    "logGroupName": "/aws/lambda/hello-serverless-devhello",
    "logStreamName":"2017/05/15/[$LATEST]
      01a23456bcd7890ef12gh34i56jk7890",
    "functionName": "hello-serverless-dev-hello",
    "memoryLimitInMB": "1024",
    "functionVersion": "$LATEST",
    "invokeid": "1234a567-8901-23b4-5cde-fg67h8901i23",
    "awsRequestId": "1234a567-8901-23b4-5cde-
    fg67h8901i23",
    "invokedFunctionArn": "arn:aws:lambda:us-east-1:1234567890:
      function:hello-serverless-dev-hello"
}
```

이 예제에서는 상태 코드 200 (OK)를 반환하고 응답 본문body은 이벤트를 입력 변수로 사용하는 메시지를 반환한다.

serverless.yml 파일

YAML은 YAML Ain't Markup Language의 재귀적 약어로, 사람이 조금 더 잘 읽을 수 있는 것을 목표로 한다. Serverless.yml은 YAML 표준을 사용하는 구성 파일로, 아래 내용은 서비스를 생성할 때 aws-nodejs 인수를 사용해 서비스명과 function의 handler를 지정하고 있다.

```
service: hello-serverless

provider:
  name: aws
  runtime: nodejs6.10

functions:
  hello:
      handler: handler.hello
```

위 코드 예제에서 표현된 다음 설정을 살펴보자.

- service: 서비스를 생성하는 동안 지정한 서비스 이름이다.
- provider: 클라우드 공급자와 런타임을 설정한다. AWS와 최신 Node.js 버전을 선택했다.
- functions: 람다 함수를 정의하고 설정한다.

더 많은 옵션을 사용할 수 있지만 필요에 따라 사용할 수 있다.

람다 제한 설정

serverless.yml 파일을 설정할 때 기능을 제한할 수 있다. RAM 메모리 크기의 기본값은 1,024MB이며, 가능한 값의 범위는 128MB에서 1,536MB이고 64MB 단위로 조정이 가능하다.

그것 외에도 timeout 속성을 설정할 수 있다. 함수가 예상 시간을 초과하면 중단된다. 기본값은 6초이며 가능한 값의 범위는 1초에서 300초(5분)다.

```
functions:
  hello:
    handler: handler.hello
    memorySize: 128 # measured in megabytes
    timeout: 10 # measured in seconds
```

 YAML 문법에서 주석은 해시 기호 (#)로 시작하고 해당 줄 끝까지 계속된다.

공급자 설정을 수정해 기본값을 변경할 수도 있다. 이 값은 함수가 값들을 지정하지 않을 때 사용된다.

```
provider:
  name: aws
  runtime: nodejs6.10
  memorySize: 512
  timeout: 30
```

서비스 배포

서비스 배포는 매우 간단한 작업이다. 단지 다음 명령을 실행하기만 하면 된다.

```
serverless deploy
```

결과는 다음 화면과 같다.

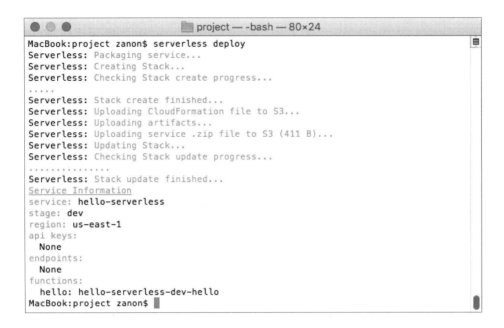

기본적으로 us-east-1로 지정된 region의 dev라는 이름의 stage에 함수를 배포한다. stage는 다른 환경을 시뮬레이션하는 데 사용된다. 예를 들어 API를 버전별로 생성하려면 개발용 버전과 운영용 버전을 만들거나 v1용과 v2용을 사용할 수 있다. region은 람다 기능을 호스팅하는 데 사용되는 AWS 영역을 식별하는 데 사용된다.

다음은 기본값을 변경하는 두 가지 옵션이다.

- 첫 번째 방법은 다음과 같이 serverless.yml 파일을 수정하는 것이다.

```
provider:
  name: aws
  runtime: nodejs6.10
  stage: production
  region: eu-west-1
```

- 두 번째 방법은 deploy 명령어에 인수를 사용하는 것이다.

```
serverless deploy --stage production --region eu-west-1
```

서비스 공급자는 구성 파일을 dev 단계로 설정하고 운영 환경에 배포하려는 경우에만 명령줄에서 stage 인수를 사용하라고 권고한다. 서로 다른 두 환경에 서로 다른 두 가지 접근 방법을 사용하면 실수를 피할 수 있다.

deploy 명령을 사용하면 소규모 프로젝트에서도 몇 분이 걸릴 수 있다. 성능 문제는 AWS 시스템 간에 스택을 업데이트할 필요가 있는 클라우드포메이션과 관련이 있다. 최초 함수를 배포한 후에는 코드 업데이트에 deploy function 명령을 사용할 수 있다. 이때의 명령은 함수의 ZIP 패키지를 간단히 바꾸기 때문에 클라우드포메이션 코드를 실행할 필요가 없으므로 변경 사항을 매우 빠르게 배포하는 방법이다. 이 명령을 사용하는 방법은 다음과 같다.

```
serverless deploy function --function hello
```

빠른 배포를 위해서는 deploy function 명령을 사용해 함수 코드를 업데이트하는 것을 항상 기억하자. 사용 권한 또는 람다 제한 같은 모든 종류의 구성을 업데이트해야 하는 경우 deploy 명령을 실행해야 한다.

함수 호출

방금 람다 함수를 만들고 배포했다. 이제 다음 단계를 수행해 람다 함수를 호출하는 방법을 살펴보자.

1. 프로젝트 폴더 내부에서 다음 내용으로 event.json 파일을 만들자. 이 파일은 입력 데이터로 사용된다.

```
{
    "name": "Serverless"
}
```

2. 다음 단계는 함수를 호출하고 함수가 예상대로 작동하는지 확인하는 것이다. 다음과 같이 invoke 명령을 실행한다.

```
serverless invoke --function hello --path event.json
```

 event.json 파일을 반드시 입력해서 전달해야 하는 것은 필수 사항은 아니다. 예제에서는 입력 데이터를 사용해 응답 객체를 만들기 때문에 이 파일을 사용한다.

호출 결과는 다음과 같다.

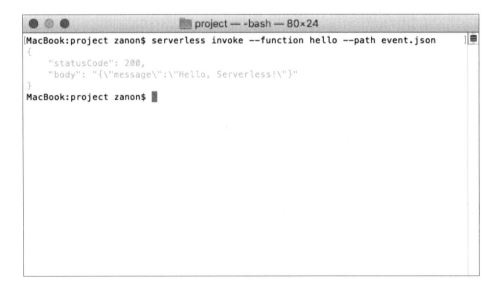

3. 함수가 여러 스테이지/지역에 배포된 경우 스테이지/지역을 명시적으로 지정해 호출할 수 있다. 예를 들어 다음 명령을 살펴보자.

```
serverless invoke --function hello --stage production --region eu-west-1
```

4. 마지막으로 함수를 로컬에서 호출할 수 있다. 이 호출은 AWS에서 호스팅되는 함수를 실행하는 대신 사용자의 시스템을 사용해 함수를 실행한다. 이것은 다음과 같이 invoke local 명령을 사용한다.

```
serverless invoke local --function hello --path event.json
```

 뒷부분에서 각 람다 함수에 권한을 부여하거나 제한하는 것을 확인할 수 있다. 그러나 코드를 로컬에서 실행하면 구성된 역할을 사용할 수 없다. 람다는 로컬 SDK 자격증명에 따라 실행되므로 람다를 로컬에서 테스트하는 것이 유용할 수 있지만 이 함수가 AWS에서 호스트될 때 동일한 권한으로 테스트하지 않도록 주의해야 한다.

로그 검색

처리되지 않은 예외로 인해 람다 함수가 실패하면 다음과 같은 일반 메시지가 결과로 보여준다.

```
{
  "errorMessage": "Process exited before completing request"
}
```

오류를 해결하려면 실행 로그를 검색해야 한다. invoke 명령에 --log 옵션을 추가해 실행 로그를 검색할 수 있다.

```
serverless invoke --function hello --log
```

다음과 같은 오류 메시지를 확인할 수 있다.

```
START RequestId: 1ab23cde-4567-89f0-1234-56g7hijk8901
Version: $LATEST2017-05-15 15:27:03.471 (-03:00)
    1ab23cde-4567-89f0-1234-56g7hijk8901
ReferenceError: x is not defined
    at module.exports.hello (/var/task/handler.js:9:3)
END RequestId: 1ab23cde-4567-89f0-1234-56g7hijk8901
REPORT RequestId: 1ab23cde-4567-89f0-1234-
56g7hijk8901
Duration: 60.26 ms
Billed Duration: 100 ms
Memory Size: 128 MB
Max Memory Used: 17 MB

Process exited before completing request
```

함수를 호출할 때 --log 명령을 사용하는 것 외에도 운영 환경에서 실행 중인 람다 함수에서도 로그를 검색할 수 있다. 이 명령은 다음과 같다.

```
serverless logs --function hello
```

다음은 로그 메시지의 예를 보여주는 화면이다.

```
● ● ●                    📁 project — -bash — 79×24
MacBook:project zanon$ serverless logs --function hello
START RequestId: 90a79e84-334a-11e7-a890-13347826a230 Version: $LATEST
END RequestId: 90a79e84-334a-11e7-a890-13347826a230
REPORT RequestId: 90a79e84-334a-11e7-a890-13347826a230  Duration: 34.22 ms
Billed Duration: 100 ms  Memory Size: 128 MB    Max Memory Used: 17 MB

START RequestId: 93112451-334a-11e7-8122-231a0a53bcd9 Version: $LATEST
END RequestId: 93112451-334a-11e7-8122-231a0a53bcd9
REPORT RequestId: 93112451-334a-11e7-8122-231a0a53bcd9  Duration: 0.38 ms
Billed Duration: 100 ms  Memory Size: 128 MB    Max Memory Used: 17 MB

START RequestId: 95aeb280-334a-11e7-9980-55774a0b773a Version: $LATEST
END RequestId: 95aeb280-334a-11e7-9980-55774a0b773a
REPORT RequestId: 95aeb280-334a-11e7-9980-55774a0b773a  Duration: 0.29 ms
Billed Duration: 100 ms  Memory Size: 128 MB    Max Memory Used: 17 MB

MacBook:project zanon$ ▌
```

이 기능의 한 가지 문제점은 함수 이름을 지정해야 한다는 것이다. 수십 가지 기능이 있는 프로젝트에서 모든 기능이 실행되는 방식의 일반적인 뷰를 가질 수는 없다.

운영 환경에서 실행하는 경우 명령줄을 이용해 로그를 감시하는 것은 번거로운 일이다. --filter string 명령을 사용해 결과의 양을 줄이면 특정 문자열이 포함된 메시지만 표시된다. 예를 들어 --filter Error를 사용하면 에러 메시지를 찾는 데 유용하다.

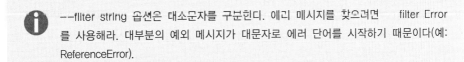

--filter string 옵션은 대소문자를 구분한다. 에러 메시지를 찾으려면 filter Error를 사용해라. 대부분의 예외 메시지가 대문자로 에러 단어를 시작하기 때문이다(예: ReferenceError).

또 다른 옵션은 시간별로 필터링하는 것이다. --startTime time을 사용해 최근 메시지만 필터링할 수 있다. 예를 들어, 30분 전에 발생한 메시지만 보려면 time을 30m로 바꿀 수 있다. 다음 예제를 살펴보자.

```
serverless logs --function hello --filter error --startTime 30m
```

또한, 수신된 모든 새 로그 메시지를 출력하는 리스너를 추가할 수 있다. 이 경우 --tail 명령을 추가해야 한다. 다음은 그 예다.

```
serverless logs --function hello --tail
```

엔드포인트 추가

엔드포인트는 API 게이트웨이를 통해 인터넷에 노출되는 주소다. 람다 예제에서 엔드포인트를 생성하는 방법은 다음과 같다.

1. serverless.yml 파일에서 HTTP 이벤트를 설정해 엔드포인트를 추가한다. 다음 예제에서는 myservice/resource 경로에 사용된 HTTP 프로토콜 GET 명령을 사용해 이 람다 함수를 트리거하도록 지정한다.

```
functions:
  hello:
    handler: handler.hello
    events:
      - http: GET my-service/resource
```

2. 구성 파일을 편집한 후 다음 명령어를 사용해 서비스를 다시 배포한다.

```
serverless deploy
```

다음 화면을 살펴보자.

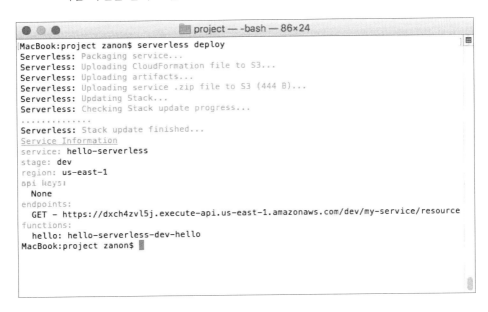

이번에는 deploy 명령만으로 람다 함수 업데이트뿐 아니라 앞의 경로와 메소드로 구성된 API 게이트웨이 자원을 만들었다. 2장에서 람다 함수를 트리거한 API 게이트웨이 리소스를 배포했다. 서버리스 프레임워크는 이렇게 강력하다. 수십 개의 기능과 엔드포인트를 단일 명령으로 모두 배포할 수 있다. 이런 자동화와 사용 편의성은 프레임워크를 매우 흥미롭게 만든다.

3. 위 화면을 보면, 프레임워크가 작성된 엔드포인트 주소는 다음 형식으로 나열돼 있다.

```
https://[key].execute-api.[region].amazonaws.com/[stage]/[path]
```

4. 브라우저를 사용해 이 URL을 열면 hello-world 메시지가 있는 응답 객체가 표시된다. API 게이트웨이를 사용할 때 이벤트 변수에 헤더와 요청 컨텍스트의 정보가 추가돼 더 많은 데이터가 포함된다. 이것의 대부분은 우리에게는 유용하지

않지만, 이벤트 객체를 사용해 입력 데이터를 찾는 데 필요하다. GET 요청이므로 URL 끝에 쿼리 문자열을 추가해 변수 값을 전달하고 검색해 이벤트 객체에서 queryStringParameters 속성을 찾는다. 다음 URL 예제를 보자.

https://[key].execute-api.us-east-1.amazonaws.com/dev/my-service/resourse?name=Serverless&foo=bar

name=Serverless&foo=bar 파일은 다음과 같이 이벤트 변수의 queryString Parameters 속성 내 JSON 객체에 매핑될 쿼리 문자열이다.

```
{
    "name": "Serverless",
    "foo": "bar"
}
```

5. 람다 함수를 직접 호출하는 대신 API 게이트웨이를 사용하기 때문에 수신된 이벤트(event) 객체는 다른 속성으로 설정된다. 이 경우 제대로 처리하려면 람다 함수를 적용해야 한다. 다음 예제는 event.name 대신 event.queryStringParameters.name을 사용한다.

```
module.exports.hello = (event, context, callback) => {

    const response = {
        statusCode: 200,
        body: JSON.stringify({
            message: `Hello,
            ${event.queryStringParameters.name}!`
        })
    };

    callback(null, response);
};
```

6. 테스트하려면 함수를 다시 배포하고 질의 문자열로 엔드포인트 주소를 찾아보자.

 6장, '백엔드 개발'에서 다른 HTTP 처리 방식을 다룬다.

CORS

AJAX 호출을 통해 웹사이트에서 API 주소를 호출하려고 하면 예외가 발생한다. 이는 API 게이트웨이에서 교차 출처 자원 공유CORS, Cross-Origin Resource Sharing가 기본적으로 활성화되어 있지 않기 때문이다. CORS는 다른 도메인에서 호스팅되는 웹페이지로부터 자원을 요청할 수 있는 체제다. 기본적으로 관리자는 도메인 사이의 요청에 사용 권한을 부여하고 특정 도메인에는 사용 권한을 부여해야 한다.[4]

AWS 내부에서 호스팅되는 웹사이트를 구축하고 있지만 웹페이지는 www.amazonaws.com이 아니라 www.example.com 같은 자체 도메인을 통해서도 액세스할 수 있다. 결론은 CORS를 활성화해 프론트엔드 코드로 서비스를 사용할 수 있게 해야 한다. 람다 함수가 다른 람다와 내부 AWS 서비스에서만 접근해야 하는 경우에는 CORS가 필요하지 않다.

---

4 HTTP 요청은 기본적으로 Cross-Site HTTP Requests를 지원한다. ⟨img⟩ 태그로 다른 도메인의 이미지 파일을 가져오거나, ⟨script⟩ 태그로 다른 도메인의 자바스크립트 라이브러리를 가져오는 것이 가능하다. 그러나 ⟨script⟩⟨/script⟩로 둘러싸여 있는 스크립트에서 생성되는 XMLHttpRequest는 Cross-Site HTTP Request를 지원하지 않았고, AJAX 사용이 보편화되면서 W3C에서 CORS라는 이름의 권고안이 나오게 되었다. – 옮긴이

다음 단계를 살펴보자.

1. CORS를 사용하려면 handler.js 함수를 수정해 "Access-Control-Allow-Origin" 헤더를 포함시켜야 야 한다.

"Access-Control-Allow-Origin" header:

```
module.exports.hello = (event, context, callback) => {
    const response = {
        statusCode: 200,
        headers: {
            "Access-Control-Allow-Origin":
            "https://www.example.com"
        },
        body: JSON.stringify({
            message: "Hello,
            ${event.queryStringParameters.name}!"
        })
    };

    callback(null, response);
};
```

> ℹ️ 함수당 출처(Origin)를 하나만 추가할 수 있다. 이런 제한은 출처를 여러 개 지원해야 할 때 문제가 되지만 이런 요구 사항은 자주 발생한다.
>
> 예를 들어, 다음 주소는 프로토콜(HTTP과 HTTPS)이 다르거나 또는 하위 도메인(none과 www)이 다를 수 있기 때문에 서로 다른 출처로 간주된다.
>
> - http://example.com
> - https://example.com
> - http://www.example.com
> - https://www.example.com

2. 출처를 여러 개 지원하려면 다음 명령을 사용해야 한다.

```
"Access-Control-Allow-Origin": "*"
```

3. 기존 웹서버에서 매우 일반적인 솔루션으로는 이벤트(event) 객체 내부에서 찾을 수 있는 요청 헤더를 기반으로 응답 헤더를 동적으로 작성하는 방법이 있다. 출처가 사전 정의된 허용 목록에 있으면 해당 출처Corresponding Origin를 사용해 응답(response) 객체를 작성할 수 있다.

서비스 삭제

이번 예제를 마치면 test 함수와 API를 삭제할 수 있다. remove 명령은 생성된 모든 AWS 자원을 삭제하지만 프로젝트 파일은 그대로 남겨둔다. 구문은 매우 간단하다.

```
serverless remove
```

serverless.yml 파일의 현재 버전에서 구성되지 않은 스테이지나 리전에 서비스를 배포한 경우 --stage와 --region 옵션을 사용해 선택해서 제거할 수 있다.

```
serverless remove --stage production --region eu-west-1
```

 API 게이트웨이에 새 배포를 생성할 때 API 주소를 구성하는 데 사용되는 API 키(예: https://[key].execute-api.region].amazonaws.com)를 받는다. 중요하며 키로 프론트엔드 코드에 저장된다. 서비스를 제거하고 다시 생성하면 새 키가 생성되고 프론트엔드 키는 업데이트해야 한다.

▌ 서버리스 프레임워크 더 알아보기

이 절에서는 서버리스 프레임워크를 사용해 더 많은 작업을 수행할 수 있는지 알아보겠다.

npm 패키지 사용

서버리스 프레임워크를 사용해 람다 함수를 배포하면 프로젝트 폴더 안에 있는 모든 내용이 ZIP 파일로 생성된다. Node.js 코어 모듈 또는 AWS SDK가 아닌 모듈을 사용해야 하는 경우 노드의 기본 워크 플로우를 사용해 종속성을 추가하기만 하면 된다.

다음 단계를 살펴보자.

1. 프로젝트 종속성을 저장하기 위해 package.json 파일을 생성하고 npm install `<your-module>` --save를 사용해 필요한 모듈을 다운로드한다.

2. 프로젝트 디렉토리 안에 node_modules 폴더가 있으면 ZIP 파일은 필요한 종속성을 사용해 AWS에 배포된다.

3. 다음 예제에서 람다 함수는 cat-names라는 npm 패키지를 사용한다.

```
module.exports.catNames = (event, context, callback) => {

    const catNames = require('cat-names');

    const response = {
        statusCode: 200,
        body: JSON.stringify({
            message: catNames.random()
        })
    };

    callback(null, response);
};
```

4. 테스트하려면 다음 명령을 사용해 catNames 패키지를 배포하고 호출한다.

```
serverless deploy
serverless invoke --function catNames
```

5. 프레임워크는 serverless.yml 파일에서 무시하도록 구성된 것을 제외하고는 서비스 폴더에서 찾은 모든 것을 압축한다. 다음 예제는 일반적으로 있지만 프로젝트 폴더에 ZIP 파일에 절대로 넓으면 안 되는 일부 파일을 제거하기 위해 패키지 구성을 사용한다.

```
service: cat-names
provider:
  name: aws
  runtime: nodejs6.10
functions:
  catNames:
    handler: handler.catNames
package:
  exclude:
    - package.json
    - event.json
    - tests
    - LICENSE
    - README.md
```

> ℹ️ 숨겨진 파일과 폴더는 기본적으로 ZIP 패키지에 포함되지 않는다. 예를 들어 serverless 프로젝트의 일부인 .gitignore 파일과 .serverless 폴더는 명시적으로 제외시킬 필요가 없다.

다른 AWS 자원에 접근하기

기본적으로 람다 함수는 권한 없이 실행된다. S3 버킷, 다이나모DB 테이블 또는 모든 종류의 아마존 자원에 접근하려면 사용자는 접근 권한이 있어야 하며 서비스에 명시적으로 권한을 부여해야 한다.

이 구성은 serverless.yml 파일의 provider 태그 아래에 명시된다. S3 버킷에 파일을 읽고 쓰는 방법은 다음 예제와 같다.

```yaml
provider:
  name: aws
  runtime: nodejs6.10
  iamRoleStatements:
  - Effect: "Allow"
    Action:
      - 's3:PutObject'
      - 's3:GetObject'
    Resource: "arn:aws:s3:::my-bucket-name/*"
```

위 문장을 테스트하려면 handle.js 파일을 수정해 다음 코드를 사용한다.

```javascript
module.exports.testPermissions = (event, context, callback) => {
    const AWS = require('aws-sdk');
    const s3 = new AWS.S3();
    const bucket = 'my-bucket-name';
    const key = 'my-file-name';
    const write = {
        Bucket: bucket,
        Key: key,
        Body: 'Test'
    };

    s3.putObject(write, (err, data) => {
        if (err) return callback(err);
```

```
        const read = { Bucket: bucket, Key: key };
        s3.getObject(read, (err, data) => {
            if (err) return callback(err);

            const response = {
                statusCode: 200,
                body: data.Body.toString()
            };

            callback(null, response);
        });
    });
};
```

이 예제에서는 Test 문자열이 들어있는 파일을 버킷에 작성하고, 작성을 마친 후 동일한 파일을 읽고 응답에 파일 내용을 반환한다.

이벤트

서버리스 프레임워크는 현재 다음 이벤트를 지원한다.

- **아마존 API 게이트웨이**: HTTP 메시지를 통해 람다 함수를 트리거하여 RESTful 인터페이스를 생성한다.
- **아마존 S3**: 새 파일을 추가하거나 파일 제거 작업을 수행할 때 사후 처리를 위한 함수를 트리거한다.
- **아마존 SNS**: 람다 함수를 이용해 SNS 알림을 처리한다.
- **일정**: 예약된 작업을 기반으로 함수를 트리거한다.
- **아마존 다이나모DB**: 테이블에 새 항목이 추가될 때 함수를 트리거한다.
- **아마존 키네시스**[Kinesis]: 람다 함수를 이용해 키네시스 스트림을 처리한다.
- **아마존 알렉사**[Alexa]: 알렉사 기능으로 함수를 트리거한다.

- **AWS ioT**: IoT 주제에 메시지 전송을 처리한다.
- **아마존 클라우드워치**: 클라우드워치 이벤트를 처리하고 람다 함수를 사용해 메시지를 기록한다.

이 목록에는 아직 보지 못한 두 가지 서비스가 있다. 첫 번째는 아마존 키네시스다. 이 서비스는 여러 곳에서 생성된 스트리밍 데이터를 처리하고 분석하기 위해 만들어진 서비스이며, 다른 하나는 아마존의 지능형 개인 비서인 아마존 알렉사다. 둘 다 이 책의 범위를 벗어나기 때문에 여기서 설명하지는 않는다.

목록이 광범위하고 각 목록마다 구성이 다르기 때문에 모든 이벤트 유형을 다루지는 않는다. 공식 문서 https://serverless.com/framework/docs/providers/aws/events/에서 사용 방법을 확인할 수 있다. 이 장에서는 람다 함수를 위해 엔드포인트를 생성함으로써 API 게이트웨이를 이미 예로 들었다. 지금부터 두 예제를 살펴보겠다. 하나는 아마존 S3에 대한 것으로 2장의 예제와 비교해 S3 이벤트를 만드는 것이 얼마나 쉬운지를 볼 것이다. 그리고 또 다른 예제로 예약된 작업을 실행할 때 매우 유용한 일정 트리거에 대한 예제를 살펴보자.

S3 이벤트

2장에서는 새 파일이 버킷에 추가되고 이름이 특정 규칙과 일치할 때 람다 함수를 트리거하도록 S3를 구성했다. serverless.yml 파일에서 다음 구성을 사용해 동일한 구성을 적용할 수 있다.

```
functions:
  processLog:
    handler: handler.processLog
    events:
      - s3:
        bucket: my-bucket-name
        event: s3:ObjectCreated:*
```

```
  rules:
    - prefix: logs/
    - suffix: .txt
```

 여기서는 새로운 버킷 이름이 필요하다. 제한 사항으로 인해 이벤트를 기존 버킷에 추가할 수 없다.

일정 예약

람다 실행 스케줄링은 많은 유스케이스에서 매우 중요한 기능이다. 이 설정은 예약 이벤트를 사용해 serverless.yml 파일을 수정해 프레임워크에서 쉽게 사용할 수 있다. 다음 예제에서 processTask 함수는 15분마다 실행된다.

```
functions:
  processTask:
    handler: handler.processTask
    events:
      - schedule: rate(15 minutes)
```

이 설정은 rate 또는 cron 표현식을 허용한다. cron 문법은 '분 | 시간 | 일(day) | 달(Month) | 주중 날짜 | 년' 순서의 6개의 필수 필드로 구성된다. 다음 예제에서 cron 표현식은 월요일부터 금요일까지 오전 9시(UTC)에 실행되는 함수를 예약하는 데 사용된다.

```
- schedule: cron(0 9 ? * MON-FRI *)
```

이 설정에 대한 자세한 내용은 다음 링크를 참고하자.

http://docs.aws.amazon.com/AmazonCloudWatch/latest/events/ScheduledEvents.html

람다를 이용한 HTML 페이지 제공

아주 흔한 오해는 람다가 JSON 데이터만 제공하도록 설계됐다는 것이다. 그것은 사실이 아니다. 응답 결과를 제어할 수 있으므로 HTML 콘텐츠를 제공하도록 헤더를 적절하게 설정할 수 있다. 다음 코드 HTML 콘텐츠를 제공하는 예제다.

```javascript
module.exports.hello = (event, context, callback) => {

    const html = `
        <html>
            <head>
                <title>Page Title</title>
            </head>
            <body>
                <h1>Hello</h1>
            </body>
        </html>`;

    const response = {
        statusCode: 200,
        headers: {
            'Access-Control-Allow-Origin': '*',
            'Content-Type': 'text/html'
        },
        body: html
    };

    callback(null, response);
};
```

이 방법은 서버쪽 렌더링에 유용할 수 있다. 5장, '프론트엔드 만들기'에서는 클라이언트 쪽 렌더링을 사용하는 단일 페이지 애플리케이션과 서버쪽 렌더링을 사용하는 전통적인 웹 애플리케이션을 설명한다. 서버리스는 두 모델을 모두 지원하며 개발자는 사용 사례에 가장 적합한 옵션을 선택해야 한다.

134

구성 변수의 활용

서버리스 프레임워크에서는 serverless.yml 구성 파일에서 변수를 사용할 수 있다. 이런 유연성은 여러 위치에서 참조할 수 있는 구성을 중앙 집중화하는 데 유용하다. 변수 사용에는 여러 가지 옵션이 있다. 구성 파일을 편집해 사용해보자.

- **환경 변수 참조**: 다음 코드 조각snippet에 사용된 환경 변수를 살펴보자.

```
provider:
  name: aws
  runtime: nodejs6.10
  stage: ${env:DEPLOYMENT_STAGE}
```

- **CLI 옵션으로부터 변수 로드**: 다음 코드 조각에 사용된 지역 변수를 살펴보자.

```
iamRoleStatements:
  - Effect: "Allow"
    Action:
      - 's3:PutObject'
      - 's3:GetObject'
    Resource: "arn:aws:s3:::{opt:bucket-name}/*"
```

- **변수를 다른 구성파일에 저장**: 다음 코드 조각에 사용된 저장 변수를 살펴보자.

```
functions:
  hello:
    handler: handler.hello
    events:
      - schedule: ${file(my-vars.yml):schedule}
```

플러그인

서버리스 프레임워크가 제공하는 흥미로운 기능은 플러그인을 통해 확장할 수 있다는 것이다. 플러그인을 사용해 기존 명령에 연결해 실행될 새로운 CLI 명령 또는 기능을 사용할 수 있다.

얼마나 유용한지를 보여주기 위해 TypeScript로 람다 개발을 지원하는 서버리스 플러그인을 테스트할 것이다. deploy 명령을 실행하면 플러그인이 코드를 컴파일하고 람다가 Node.js 런타임과 함께 압축하여 자바스크립트 버전을 만든다.

다음과 같은 방법으로 이 플러그인을 프로젝트에 추가한다.

1. npm을 사용해 플러그인을 설치한다.

```
npm install serverless-plugin-typescript --save-dev
```

2. serverless.yml 파일의 마지막에 플러그인 참조를 추가한다.

```
plugins:
    - serverless-plugin-typescript
```

3. 다음 코드와 같이 TypeScript 파일을 작성하고 이름 handler.ts로 저장한다.

```
export async function hello(event, context, callback) {

    const response = {
        statusCode: 200,
        body: JSON.stringify({
            message: 'Hello, TypeScript!'
        })
    };

    callback(null, response);
}
```

4. 다음 명령어를 사용해 배포하고 테스트한다.

```
serverless deploy
serverless invoke function --function hello
```

배포 정보 표시

info 명령을 사용해 어떤 기능이 배포됐고 기능과 관련된 엔드포인트를 알 수 있다.

```
serverless info
```

다음 화면을 살펴보자.

스캐폴딩

스캐폴딩^{Scaffolding}은 일반적인 문제에 대한 샘플 솔루션을 제공해 개발자를 돕는 기술이다. 표준을 사용해 신규 프로젝트를 구축하면 일부 기능이 이미 구성, 개발, 잘 테스트된 것을 활용할 수 있는 장점이 있다. 해당 기술에 경험이 많은 사람들이 추천한 모범 사례를 많은 사람이 따라 해보고 사용할 수 있을 뿐만 아니라, 테스트되고 개선된 코드를 이용해 솔루션을 수정한다. 이것은 오픈소스 프로젝트를 사용하는 이점일 뿐 아니라 모방을 통해 새로운 기술을 익히는 유용한 방법이다. 다른 사람이 당신이 해결하고자 하는 문제를 어떻게 풀어냈는지 보고 배울 수 있다.

다음과 같이 프로젝트의 발판을 다진다.

1. 프로젝트 발판 마련을 위해 다음 명령어를 실행한다.

   ```
   serverless install --url <github-project-url>
   ```

2. 예를 들어 다음 명령을 실행해 서버리스 서비스를 스캐폴딩해 이메일을 보낼 수 있다.

   ```
   serverless install --url https://github.com/eahefnawy/serverless-mailer
   ```

 서버리스 프레임워크 팀은 유용한 예제를 광범위하게 목록으로 만들어 관리한다. 다음 웹 사이트 https://github.com/serverless/examples를 방문해 확인해보자.

3. 이 책의 목적은 샘플 서버리스 상점(온라인 상점)을 생성하는 것이다. 이 목적으로 개발된 모든 코드를 https://github.com/zanon-io/serverless-store에서 찾을 수 있다. 이 프로젝트는 동일한 명령을 사용해 스캐폴딩할 수도 있다.

   ```
   serverless install --url https://github.com/zanonio/serverless-store
   ```

▌요약

3장에서는 서버리스 프레임워크가 무엇이고 이것이 서버리스 애플리케이션을 만드는 데
어떻게 도움이 되는지를 배웠다. 프레임워크를 구성한 후 hello-world 서비스를 생성하
고, 엔드포인트를 추가하고, CORS를 활성화하고, 공개 URL을 통해 접근할 수 있도록 배
포했다. 또한 서버리스 프레임워크를 사용해 npm 패키지를 추가하고 AWS 자원에 접근하
는 방법을 배웠다.

4장에서는 서버리스 개념에 따라 프론트엔드를 호스팅한다. 이 작업은 아마존 S3를 사용
해 수행되며 HTTPS 연결을 지원하기 위해 무료 TLS 인증서를 추가한 클라우드프론트 배
포를 구성할 것이다.

04

웹사이트 호스팅

프론트엔드는 서버리스를 이용해 쉽게 서비스할 수 있다. 웹사이트의 정적 파일을 호스팅 하는 서비스만 있으면 브라우저가 웹페이지를 렌더링하고 클라이언트단의 자바스크립트 를 수행해 응답을 줄 것이다. 이 경우 프론트엔드 페이지를 호스팅하는 서비스는 아마존 S3다. 4장에서는 웹사이트를 설정하는 방법과 CDN 서버를 추가하고 HTTPS 통신을 이 용해 웹사이트를 최적화하는 방법을 살펴본다.

4장에서 다루는 내용은 다음과 같다.

- 아마존 S3를 이용한 정적 파일 호스팅
- 도메인 네임과 S3을 연동하기 위한 루트 53 설정
- CDN을 통해 파일을 제공하기 위한 클라우드프론트 사용
- HTTPS 통신 사용을 위한 무료 SSL/TLS 인증서 요청

이 장을 마치면 서버리스 인프라 구조에서 프론트엔드를 호스팅하는 방법을 알게 될 것이다.

아마존 S3에서 정적 파일 서비스

아마존 S3는 높은 가용성, 확장성, 무관리성zero management effort의 저렴한 서비스를 제공하기 때문에 매우 유용하다. 모든 인프라는 AWS에 의해 관리된다. 4장에서는 HTML, CSS, 자바스크립트, 이미지 등의 웹사이트 정적 파일을 S3를 사용해 호스팅할 것이다. 파일을 버킷에 업로드하고 S3를 설정하기만 하면 웹사이트를 호스팅할 수 있음을 알게 될 것이다.

버킷 생성

2장, 'AWS로 시작하기'에서 CLI를 이용해 버킷을 만들었다. 여기에서는 S3가 제공하는 다양한 설정 옵션을 확인할 수 있도록 관리 콘솔을 이용해 버킷을 생성한다.

다음과 같이 버킷을 생성한다.

1. S3 콘솔(https://console.aws.amazon.com/s3)에 접속해 **버킷 만들기**(Create bucket) 버튼을 클릭한다.

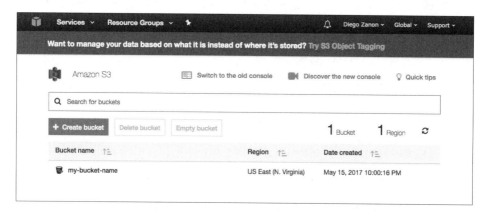

2. 웹사이트를 호스팅하기 위해서 버킷을 생성하고 있다. 현재 가지고 있는 도메인 네임이 없으면, 아마존에서 제공하는 다음과 같은 포맷의 URL로 S3를 이용해서 웹사이트를 호스팅할 수 있다.

http://my-bucket-name.com.s3-website-us-east-1.amazonaws.com

도메인 네임이 example.com과 같다면, 반드시 **버킷 네임**(bucket name)과 도메인 네임을 동일하게 설정해야 한다. 연동을 위해 루트 53을 설정할 때도 버킷 네임과 도메인 네임과 반드시 일치시켜야 한다. **지역**(Region)은 웹 서비스 타겟 고객에 가까운 곳을 선택한다.

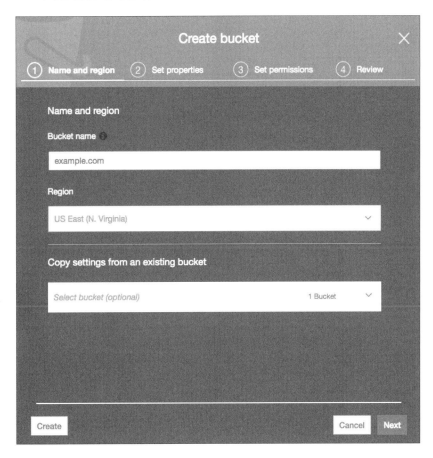

3. **속성 설정**(Set properties) 화면에서는 버전 관리, 로깅, 태그를 활성화할 수 있다. 그러나 이 샘플에서는 필요가 없기 때문에 설정하지 않고 넘어간다.

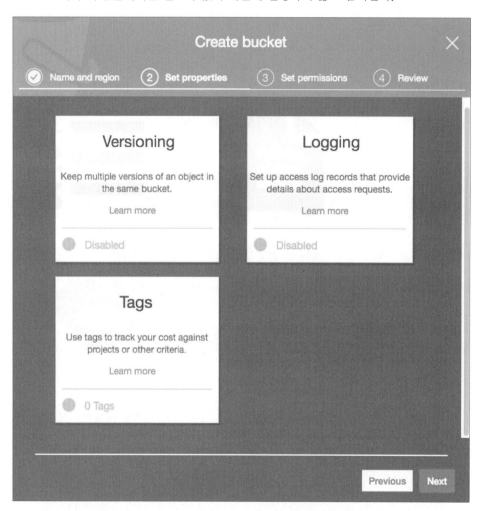

4. **권한 설정**(Set permissions) 화면에서는 **퍼블릭 권한 관리**(Manage public permissions)의 **객체**(Objects) 부분에서 Everyone 그룹의 **읽기**(Read) 옵션을 체크한다. **객체 권한**(Object permissions)은 버킷의 접근 통제 리스트^{ACL}를 공유하기 위한 설정이므로 체크하지 않는다. 계속하기 위해 **다음**(Next)을 클릭한다.

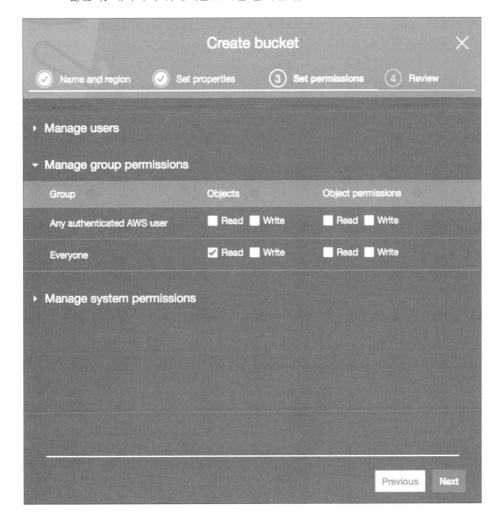

5. 선택한 옵션을 검토하고 **버킷 만들기**(Create bucket) 버튼을 눌러 마무리한다.

웹 호스팅 활성화

다음과 같이 버킷에서 웹 호스팅을 활성화한다.

1. 버킷 네임을 클릭하고 두 번째 탭의 **속성**(Properties)을 선택한다.

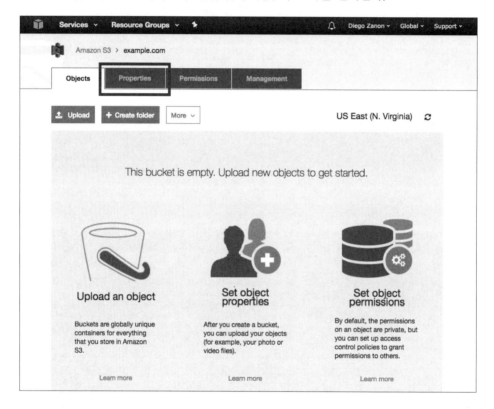

2. **정적 웹사이트 호스팅**(Static website hosting) 카드 안에서 **비활성**(Disabled) 버튼을 클릭

해 옵션을 활성화시킨다.

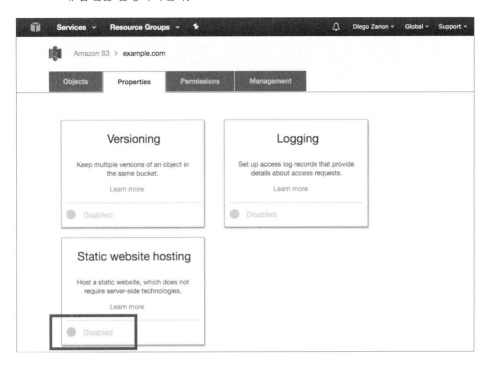

3. 이 버킷을 사용해 웹사이트를 호스팅한다(Use this bucket to host a website) 옵션을 선택하고 **인덱스 문서**(index document)를 index.html로, **오류 문서**(Error document)를 일반적인 오류페이지인 error.html로 설정한다. 이 메뉴에서 버킷의 엔드포인트^{Endpoint} 주소를 확인할 수 있다. 이 예제에서는 http://example.com.s3-website-us-east-1.amazonaws.com이다. 이 주소는 이후에 클라우드프론트 배포를 설정하고 테스트할 때 필요하기 때문에 반드시 적어놓아야 한다.

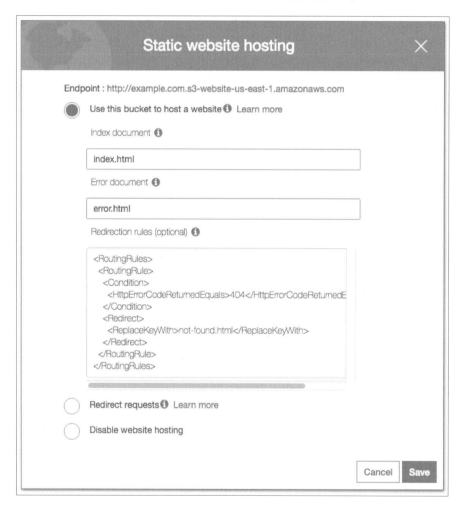

리다이렉션 룰(Redirection rules) 항목에는 404 오류를 not-found.html 페이지로 리다이렉트시킬 수 있다.

```
<RoutingRules>
  <RoutingRule>
      <Condition>
          <HttpErrorcodeReturnedEquals>
              404
          </HttpErrorcodeReturnedEquals>
      </Condition>
      <Redirect>
          <ReplaceKeyWith>
              not-found.html
          </ReplaceKeyWith>
      </Redirect>
  </RoutingRule>
</RoutingRules>
```

4. **Save** 버튼을 클릭해 설정을 마무리한다.

오류 처리

S3를 이용해 오류를 처리하는 방식은 4가지가 있다. 이 옵션을 설명하기에 앞서 오류 처리의 의미를 정의해보자. 사용자가 HTTP 요청을 할 때 S3가 응답에 실패하면 실패를 설명할 수 있는 상태 코드를 리턴할 수 있다. HTTP 500 Internal Server Error는 매우 희귀하게 발생하지만 404 Not Found나 403 Forbidden 오류는 꽤 자주 발생한다.

404 Not Found는 사용자가 웹사이트에 존재하지 않는 페이지를 호출할 때 발생하는 오류다. 예를 들어, company.io/about이라는 페이지가 있는데 사용자가 company.io/abot라고 호출하면 S3는 abot.html 페이지를 찾을 수 없어서 404 error를 리턴한다. 또 다른 예는 싱글 페이지 애플리케이션[SPA]를 만들기 위해서 자바스크립트 프레임워크를 사

용하는 경우다. 프론트엔드 코드가 /about 페이지를 어떻게 제공할지 알고 있더라도 프레임워크는 S3에 업로드하기 위한 about.html 파일을 만들지 않을 것이고, company.io/about을 호출할 때마다 404 오류가 발생한다.

SPA는 5장, '프론트엔드 구축'에서 다룬다. 당분간은 SPA는 index.html 같은 HTML 파일 하나로 여러 페이지를 제공할 수 있는 기술 정도로 이해하자.

403 Forbidden은 버킷의 권한이 제한돼 있을 때 발생하는 오류다. 버킷이 everyone 그룹에 접근이 허용되지 않거나 접근이 제한된 특정 파일이 있다면 403 오류가 리턴된다. 버킷 안의 모든 파일은 공개되는 것이 좋다. 공개해서는 안 되는 페이지가 있더라도, HTML 파일을 보여주는 것 자체는 문제가 되지 않을 것이다. 레이아웃이 아니라 데이터를 보호하는 것이 목적이기 때문이다. 권한과 데이터 가시성을 설정하는 것은 클라이언트가 아니라 서버에서 처리해야 한다. 사진과 같이 반드시 공개되면 안 되는 정적 파일이 있다면, 이런 파일은 웹사이트를 호스팅하기 위해 만들어진 버킷이 아니므로 다른 버킷에 저장할 수 있다. 사진은 데이터와 마찬가지로 백엔드에서 특별한 보호를 받아야 한다.

버킷의 모든 파일이 공개 상태로 유지되면 이상한 S3 오류에 대해 별로 걱정할 필요가 없다. 이제 404 오류만 처리하면 된다.

리다이렉션 이용

SPA에서 404 오류를 처리하는 가장 일반적인 방법은 ReplaceKeyPrefixWith 옵션을 사용해 리다이렉션 룰을 추가하는 것이다.

```
<RoutingRules>
  <RoutingRule>
    <Condition>
      <HttpErrorcodeReturnedEquals>
      404
```

```
            </HttpErrorcodeReturnedEquals>
        </Condition>
        <Redirect>
            <ReplaceKeyPrefixWith>
            #!/
            </ReplaceKeyPrefixWith>
        </Redirect>
    </RoutingRule>
</RoutingRules>
```

이와 같이 설정하고 사용자가 company.io/about를 호출하면, 주소가 company.io/#!/about으로 바뀌면서 index.html이 리턴된다. SPA에서는 이런 방법을 이용해서 어떤 페이지를 표시해야 하는지 식별하고 올바르게 렌더링할 수 있다. 페이지가 존재하지 않는다면 일반적인 404 오류 페이지가 리턴된다. 또한, 페이지 로드 후에 해시뱅 표시(#!)가 남는 것을 막기 위해 HTML5의 pushState를 설정할 수도 있다.

이 방법의 약점은 #!으로 인해 URL이 지저분해지거나 페이지가 열릴 때 깜빡이는 것 중에 하나를 선택해야 한다는 것이다.

오류 문서 이용

리다이렉션 룰뿐 아니라 index.html에도 오류 문서를 설정할 수 있다. 이것은 SPA에서 404 오류를 처리하는 가장 쉬운 방법이다. 사용자가 실제 about.html 파일을 가지고 있지 않는 /about 페이지를 요청하면 index.html 파일이 로딩되고 SPA는 주소를 읽어 /about 페이지의 내용을 제공한다.

이 설정은 URL이 #!으로 지저분하게 되지 않고 로딩될 때 페이지가 깜빡이는 것 없이 아주 잘 동작한다. 그러나 검색 엔진에서 이런 웹사이트를 정확히 인덱싱하기는 쉽지 않다. /about 페이지를 호출하면 그 결과의 바디^{body} 메시지는 올바른 페이지로 세팅되나, 상태 코드^{status code}는 404로 설정되어 있기 때문이다. 만약 구글 크롤러^{crawler}가 404 오류를 발견하면, 그 페이지는 존재하지 않고 페이지 내용은 일반적인 오류 페이지라고 판단할 것이다.

클라우드프론트에 위임

오류 문서를 index.html에 설정할 때, 이전 방법처럼 S3가 아닌 클라우드프론트를 이용해 설정할 수도 있다. 클라우드프론트는 응답(response) 객체의 상태 코드를 변경할 수 있는 사용자 정의 오류 응답(custom error response)을 제공한다. 클라우드프론트에서 404 오류를 S3의 index.html 내용으로 교체하고 상태 코드를 200 OK로 수정하도록 설정할 수 있다.

이 방법을 선택하면, 정적 웹사이트 호스팅을 설정할 때 리다이렉션 룰 항목을 비워 둘 수 있다.

사전 렌더링 페이지

사전 렌더링 페이지를 이용하는 방법은 5장에서 자세히 살펴본다. 사전 렌더링 기술은 SPA 라우트를 위해 실제 페이지를 생성한다. 예를 들어, SPA에서 /about 페이지는 실제 about.html 파일을 가지고 있지 않지만, 사전 렌더링을 통해서 이 파일을 생성할 수 있다.[1]

가능한 모든 페이지를 사전 렌더링하고 S3에 파일들을 업로드하면 404 오류는 걱정할 필요가 없다. 이 경우 오류 문서를 error.html 같은 일반적인 오류 페이지로 설정하고 실제 404 오류는 not-found.html 페이지로 리다이렉트하도록 설정할 수 있다. 이것은 앞에서 단계별로 해왔던 설정이다.

---

1 사전 렌더링의 또 다른 개념은 웹페이지를 빠르게 로드하기 위해 사용자가 다음에 방문할 수 있는 페이지를 미리 로드하도록 브라우저에 요청하는 것이다. – 옮긴이

www 앵커

www 앵커anchor 없는 도메인 네임은 보통 네이키드naked 도메인으로 불린다. www.example.com은 www 앵커가 있는 도메인이고, example.com은 네이키드 도메인이다. 어떤 형식의 주소를 메인 주소로 사용할지는 선택 사항이다.

두 가지 방식에는 각각 장단점이 있다. 네이키드 도메인을 사용할 때 문제는 사이트에서 쿠키를 가지고 있고 static.example.com과 같은 서브도메인에 정적 파일이 있으면, 정적 파일에 대한 각 브라우저 요청이 example.com을 위해 만들어진 쿠키를 자동으로 보내기 때문에 죄직화가 안 된다는 것이다. www.example.com을 사용하면 쿠키 식성 없이 정적 내용을 static.exmple.com 안에 위치시킬 수 있다.

이 문제는 다른 도메인을 생성하거나 정적 파일을 검색하는 CDN를 이용해 완화시킬 수 있다. 이런 문제가 있지만 현재 트렌드는 www 앵커를 떼는 것이다. 예전처럼 www.company.com 포맷을 사용하는 것보다 company.io처럼 기술 회사를 브랜드화하는 것이 좀 더 현대적으로 보인다.

여기에서는 메인 주소를 선택하고 두 가지 포맷을 모두 지원해보자. 어떤 사람들은 주소에 www를 붙이고, 또 다른 사람들은 www를 넣는 것을 잊어 버린다. 앞의 예제에서 www 없이 도메인을 생성했다. 지금은 www.example.com이라는 이름의 버킷을 생성할 것이다. 그리고 **정적 웹사이트 호스팅**(Static website hosting) 설정에서 **리다이렉트 요청**(Redirect requests) 옵션을 www 없는 주소로 설정할 것이다.

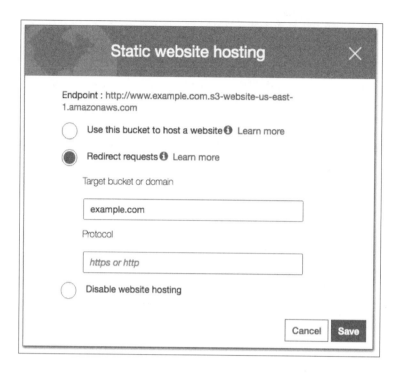

정적 파일 업로드

업로드는 매우 간단하다. 정적 파일을 업로드하는 방법은 다음과 같다.

1. 먼저, 테스트를 위해서 간단한 index.html 파일을 생성한다.

```
<!DOCTYPE html>
<html>
    <title>My Page</title>
<body>
    <h1>Hosting with S3</h1>
</body>
</html>
```

2. 메인 버킷 네임을 클릭하면 **업로드**(Upload) 버튼이 나타난다. 이 버튼을 클릭한다.

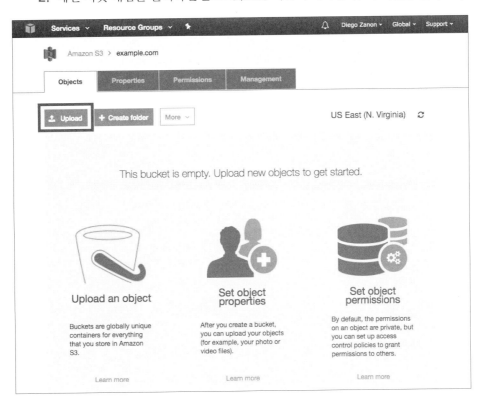

3. 다음 화면은 단순하다. **파일 추가**(Add files) 버튼을 클릭해서 index.html 파일을 선택하고, Next 버튼을 클릭한다.

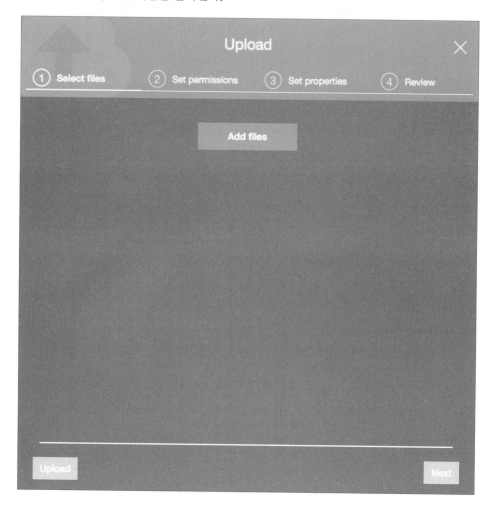

4. 권한 설정(Set permissions) 단계에서 Everyone 그룹의 Objects 아래 Read 박스를 체크한다.

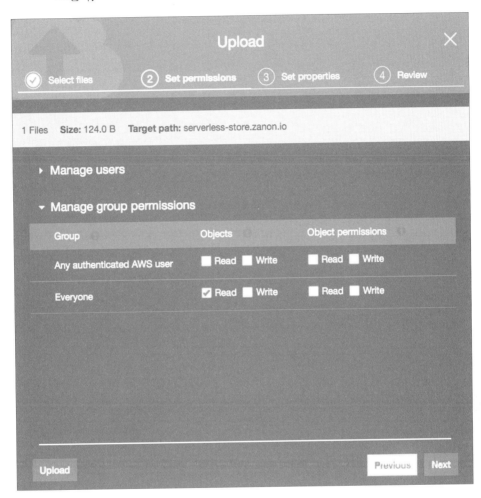

5. **속성 설정**(Set properties) 단계에서 파일들이 자주 접근될 수 있도록 **스토리지 클래스**
   (Storage class)를 기본 옵션인 Standard으로 그대로 둔다. 또한, 모든 파일이 공개
   되도록 하기 위해 **암호화**(Encryption)를 **없음**(None)으로 설정한다. 별도의 보안 레이
   어를 추가하지 않아도 되지만, 응답 속도가 느려질 수 있다. **메타데이터**(Metadata)
   항목은 별도로 설정할 내용이 없다.

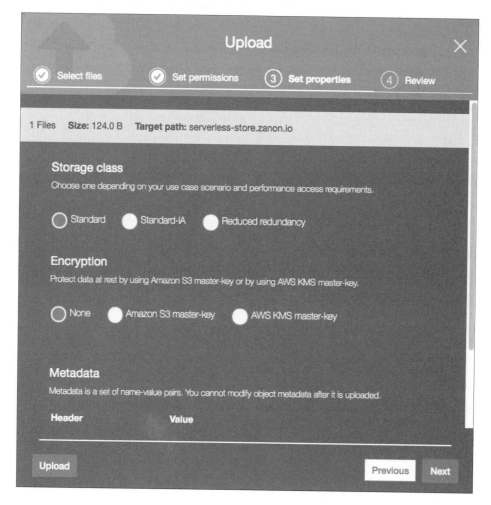

6. 마지막으로, 옵션을 검토하고 **업로드**(Upload) 버튼을 클릭한다.

7. 이제 버킷의 엔드포인트를 호출해 잘 동작하는지 확인해보자. 버킷의 엔드포인트는 예를 들면, http://example.com.s3-website-us-east-1.amazonaws.com 같은 형태의 주소다.

> ⓘ 첫 시도가 제대로 동작하지 않으면, 브라우저의 캐시를 지우고 다시 시도한다. 파일을 업로드하기 전에 주소를 호출한 적이 있다면, 브라우저는 그 주소가 유효하지 않다는 정보를 캐시에 저장했을 것이다. 이 캐시는 잠시 동안 추가 요청을 막을 수 있다.

웹사이트 자동 배포

지금까지 S3를 사용해 사이트의 프론트엔드를 업로드하는 데 필요한 단계를 배웠다. 수동으로 하는 것도 쉽고 빠르지만, 자동으로 하는 것은 더 쉽다. 2장, 'AWS로 시작하기'에서 배운 AWS CLI를 설정하지 않았더라도 지금 설정해보면 파일 업로드를 자동화하는 것이 얼마나 유용한지 알 수 있다. 사실 지금 하려는 것은 로컬의 폴더와 버킷의 내용을 동기화하는 것이다. CLI는 수정된 파일만 업로드하기 때문에 나중에 사이트가 커지더라도 빠르게 업로드할 수 있다.

error.html과 not-found.html을 만들어야 한다. 이 파일들을 간단한 HTML 페이지로 만든 후 다음 명령어로 업로드한다.

```
aws s3 sync ./path/to/folder s3://my-bucket-name --acl public-read
```

일반적으로 오류 페이지를 테스트하는 것은 까다롭지만 not-found.html 페이지는 존재하지 않은 주소를 호출함으로써 쉽게 테스트할 수 있다. 예를 들면, http://example.com.s3-website-us-east-1.amazonaws.com/nonexistent-page 같은 주소다.

gzip 사용

gzip 파일 포맷은 파일 압축을 통해 전송되는 파일 크기를 줄여서 다운로드 속도를 향상시키기 위해 사용되는 표준 포맷이다. 이는 서비스 제공자와 사용자에게 좀 더 작은 크기의 파일을 제공함으로써 네트워크 대역폭 부담을 줄여준다. 이 방법은 웹사이트를 열어볼 때 체감 성능에 큰 영향을 준다.

gzip 파일 포맷은 현재 모든 주요 브라우저에서 지원된다. 기본적으로 브라우저는 모든 요청에 대해서 `Accept-Encoding: gzip` 헤더를 붙인다. 서버에서 gzip을 지원하면 그 파일은 압축된 형태로 보내진다.

다음 그림은 gzip을 사용하지 않는 HTTP 요청을 보여준다.

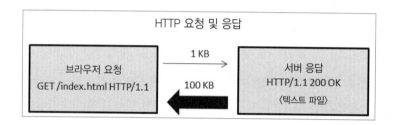

다음 그림은 gzip이 얼마나 대역폭을 줄여줄 수 있는지 보여준다. 압축된 응답은 보통 10배 정도 작아진다.

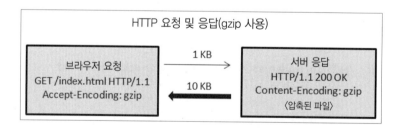

이 포맷을 사용하면 서버에서는 파일을 압축하는 CPU 시간이 필요하고, 사용자의 브라우저에서는 그 파일을 압축을 해제하는 CPU 시간이 필요하다. 그러나 현재의 CPU에서

는 압축/해제하는 시간이 압축되지 않은 파일을 네트워크상으로 보내는 시간에 비해 매우 짧다. 모바일 기기에서도 CPU의 압축/해제 시간이 모바일 네트워크 전송 시간보다 더 빠르다.

그러나 한 가지 문제가 있다. 아마존 S3의 서버쪽 처리방식에는 요청에 대한 응답으로 파일을 자동으로 압축하는 옵션이 없다. 그래서 로컬에서 파일을 업로드하기 전에 파일을 압축하고 Content-Encoding을 gzip으로 식별하도록 메타데이터를 설정해야 한다. 다행스럽게도 클라우드프론트를 사용하면 이런 귀찮은 단계를 건너뛸 수 있다. 나중에 다루겠지만, 클라우드프론트에는 모든 파일을 자동으로 gzip으로 압축해주는 옵션이 있다.

▌ 루트 53 설정

루트 53^{Route 53}은 DNS 관리 서비스다. www.example.com과 같이 서브도메인을 드러내는 것을 원한다면 루트 53을 사용하지 않아도 되지만, example.com과 같은 네이키드 도메인으로 S3이나 클라우드프론트에서 웹사이트를 호스팅하려면 반드시 사용해야 한다. 이는 도메인 루트로 A 레코드 대신 CNAME 레코드를 쓸 수 없다는 RFC^{Request for Comments} 규약 때문이다.

무슨 차이일까? CNAME 레코드와 A 레코드는 둘 다 DNS가 도메인 네임을 IP 주소로 바꾸는 것을 도와주는 레코드 타입이라는 점에서는 같지만, 도메인 네임을 IP 주소로 바꿀 때 CNAME 레코드는 다른 도메인을 참조하고, A 레코드는 IP 주소를 바로 참조한다는 것이 다르다.

루트 53를 사용하고 싶지 않다면, 고대디^{GoDaddy} 같은 도메인 관리 시스템을 이용해 www.example.com이라는 도메인을 S3 엔드포인트인 example.com.s3-website-us-east-1.amazonaws.com로 매핑할 수 있다.

이런 설정은 잘 동작하지만 example.com에는 이렇게 설정할 수 없다. example.com. s3-website-us-east-1.amazonaws.com 도메인의 IP 주소가 자주 바뀌면 고대디 같은 서드파티 도메인 컨트롤러는 이 변경을 반영하지 못하기 때문이다.

루트 53은 example.com.s3-website-us-east-1.amazonaws.com 같은 S3 버킷 엔드포인트를 참조해 A 레코드를 생성할 수 있기 때문에 example.com 도메인을 사용하려면 반드시 루트 53을 사용해야 한다. 이 엔드포인트는 도메인 네임의 별명alias이라고 불리고 루트 53은 DNS 쿼리에 응답하기 위해 올바른 IP 주소를 추직할 수 있다.

호스팅 영역 생성

도메인 주소를 아마존에 등록하면 호스팅 영역은 자동으로 만들어지지만, 도메인 주소를 다른 벤더에 등록하면, 새로운 호스팅 영역을 생성해야 한다.

호스팅 영역을 사용하면 도메인의 DNS 설정을 구성할 수 있다. 네이키드 도메인이 호스팅되는 위치를 설정할 수 있고 해당 호스트 구성에서 사용 가능한 하위 도메인에 대해 알 수 있다.

호스팅 영역을 생성하는 방법은 다음과 같다.

1. https://console.aws.amazon.com/route53 주소로 루트 53 관리 콘솔을 호출한다. 첫 페이지에서 **DNS 관리**(DNS management) 항목의 **지금 시작하기**(Get started now) 버튼을 클릭한다.
2. 다음 화면에서 **호스팅 영역 생성**(Create Hosted Zone) 버튼을 클릭한다.

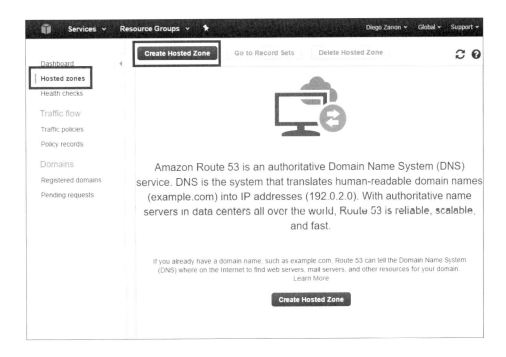

3. 도메인 네임(Domain Name) 항목을 작성하고 생성(Create) 버튼을 클릭한다.

4. 호스팅 영역이 NS^Name Server와 SOA^Start Of Authority라는 이름의 두 개의 레코드 타입으로 생성된다.

☐	example.com	NS	ns-2486.awsdns-52.co.uk. ns-1349.awsdns-34.org. ns-59.awsdns-09.com. ns-543.awsdns-27.net.
☐	example.com	SOA	ns-2486.awsdns-52.co.uk. awsdns-hostmaster.ama:

5. 도메인 주소가 다른 벤더에 등록되어 있으면, 도메인 관리를 루트 53으로 이관해야 한다. 이관은 도메인 등록 대행자 네임 서버^NS records를 아마존의 네임 서버로 변경하면 된다.

6. 도메인 등록 대행자가 **DNS 관리**(Manage DNS)와 같은 옵션을 이용해 도메인의 제어판을 제공할 수 있다. 제어판에서 네임 서버 설정을 아마존 서버로 수정한다.

레코드 셋 생성

example.com과 www.example.com 두 개의 레코드 셋을 생성해보자. 다음 단계를 실행한다.

1. **레코드 셋 생성**(Create Record Set)을 클릭한다.

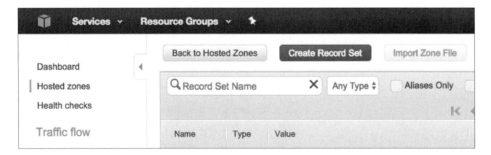

2. 첫 번째 레코드(example.com)에 다음 파라미터를 설정한다.

- ○ **네임**(Name): 이 항목은 비워둔다.

- ○ **타입**(Type): A – IPv4 address를 선택한다.

- ○ **별칭**(Alias): Yes에 체크한다.

- ○ **별칭 타겟**(Alias Target): 이 항목은 S3 버킷의 엔드포인트를 선택할 수 있도록 드롭다운 목록을 제공한다.

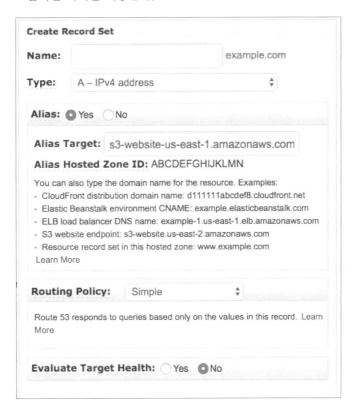

3. 두 번째 레코드(www.example.com)에 다음 파라미터를 설정한다.

- ○ **네임**(Name): www로 설정한다.

- ○ **타입**(Type): CNAME – Canonical name을 선택한다.

- ○ **별칭**(Alias): No에 체크한다.

○ **값**(Value): 이 항목에 S3 버킷의 엔드포인트를 작성한다.

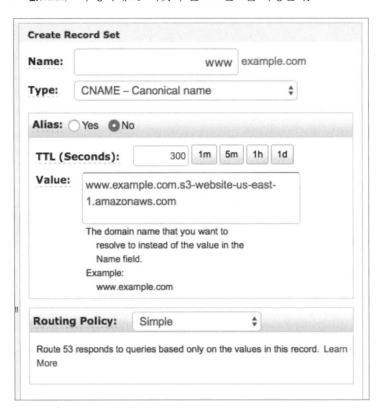

4. 브라우저 주소창에 도메인 네임을 넣어 테스트해보자. 브라우저 화면에서 S3 버킷에 업로드했던 index.html 파일을 확인할 수 있다.

> ⓘ DNS 관리를 다른 벤더에서 AWS로 바꿨다면, DNS 캐싱 때문에 변경이 완료될 때까지 수분에서 몇 시간 정도 기다려야 할 수도 있다. 이 변경이 완료되기 전에는 아마존 S3에서 호스팅되는 파일에 브라우저로 접근할 수 없다.

▎ 클라우드프론트 설정

클라우드프론트는 콘텐츠 전송 네트워크^{CDN, Content Delivery Network}의 일종으로 정적 파일을 배포하는 기능을 제공한다. 파일 복사본을 사용자 근처에 두는 것은 전송지연을 줄이고 웹사이트의 체감 성능을 높인다. 나중에 해당 내용을 다루겠지만, HTTPS 기능도 제공할 수 있다.

다음 절에서 클라우드프론트 배포를 생성하고 클라우드프론트를 S3 버킷 대신 사용하기 위해 루트 53 설정을 수정하는 방법에 대해 다룬다.

클라우드프론트 배포 생성

클라우드프론트 배포는 클라우드프론트가 정적 콘텐츠를 배포하기 위해서 DNS 서비스 (루트 53)와 연동하는 것을 가능하게 해준다. 배포를 하려면 오리진^{origin} 서버를 설정해 파일이 어디에 저장돼 있는지 알아야 한다. 여기에서는 오리진 서버를 이전에 설정했던 S3 버킷으로 설정할 것이다.

다음과 같이 클라우드프론트 배포를 생성한다.

1. 브라우저로 클라우드프론트 관리 콘솔(https://console.aws.amazon.com/cloudfront)에 접속해서 **배포 생성**(Create Distribution)을 클릭한다.

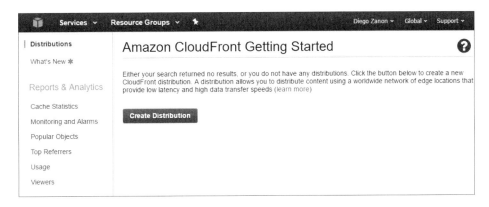

2. 다음 단계는 배포 타입을 선택하는 것이다. 웹사이트에 대한 배포이므로 **Web** 옵션 아래에 있는 **시작하기**(Get Started) 버튼을 클릭한다.

Select a delivery method for your content. ❓

Web

Create a web distribution if you want to:

- Speed up distribution of static and dynamic content, for example, .html, .css, .php, and graphics files.
- Distribute media files using HTTP or HTTPS.
- Add, update, or delete objects, and submit data from web forms.
- Use live streaming to stream an event in real time.

You store your files in an origin - either an Amazon S3 bucket or a web server. After you create the distribution, you can add more origins to the distribution.

Get Started

RTMP

Create an RTMP distribution to speed up distribution of your streaming media files using Adobe Flash Media Server's RTMP protocol. An RTMP distribution allows an end user to begin playing a media file before the file has finished downloading from a CloudFront edge location. Note the following:

- To create an RTMP distribution, you must store the media files in an Amazon S3 bucket.
- To use CloudFront live streaming, create a web distribution.

Get Started

Cancel

3. 다음 화면을 보면 입력해야 할 항목이 많다. 첫 번째로 입력해야 할 곳은 오리진 세팅(Origin Settings)이다. **오리진 도메인 네임**(Origin Domain Name) 옵션은 S3 엔드포인트의 드롭다운 목록을 제공한다.

> 오리진 도메인 네임에 작성한 주소를 사용할 때, 여기서 드롭다운 목록으로 제공된 엔드포인트는 리다이렉션이나 오류 메시지 같은 일부 S3 구성을 사용할 수 없기 때문에 사용하면 안 된다.

대신 **정적 웹사이트 호스팅**(Static Website Hosting) 설정의 버킷 속성에서 사용할 수 있는 엔드포인트를 사용한다. 이 엔드포인트와 드롭다운 목록으로 제공되는 엔드포인트의 차이는 주소에 버킷 리전을 포함하는지 여부다(예를 들면, example.com. s3.amazonaws.com과 example.com.s3-website-us-east-1.amazonaws.com). **오리진 ID**(Origin ID)는 **오리진 도메인 네임**(Origin Domain Name)을 설정하면 자동으로 설정될 것이다. **오리진 경로**(Origin Path)와 **오리진 고객 헤더**(Origin Custom Headers)는 비워둔다.

4. 기본 캐시 동작 설정(Default Cache Behavior Settings)에서 다음 파라미터를 설정한다.

- **뷰어 프로토콜 정책**(Viewer Protocol Policy) 항목은 **HTTP and HTTPS**를 선택한다.

- **허용된 HTTP 메소드**(Allowed HTTP Methods) 항목은 GET, HEAD, OPTIONS, PUT, POST, PATCH, DELETE를 선택한다.

- **캐시된 HTTP 메소스**(Cached HTTP Methods) 항목은 OPTIONS를 선택한다.

- **객체 캐싱**(Object Caching) 항목은 **오리진 캐시 헤더 사용**(Use Origin Cache Headers)을 선택한다.

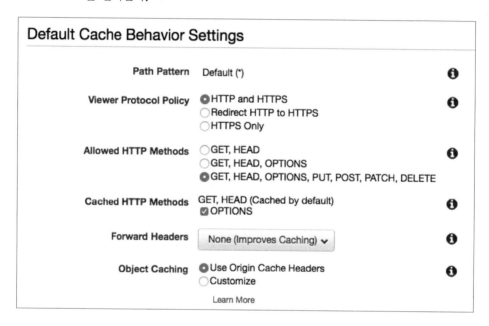

5. 자동으로 객체 압축(Compress Objects Automatically) 옵션은 gzip를 이용한 파일 압축이 필요한 경우 사용된다. 앞에서 살펴본 바와 같이 아마존 S3는 자동 압축 기능을 제공하지 않지만 클라우드프론트는 이 항목을 Yes로 설정하면 자동 압축 기능을 제공한다. 나머지 항목은 기본값 그대로 둔다.

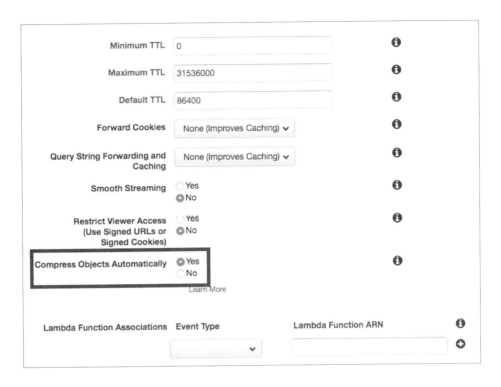

6. **배포 설정**(Distribution Settings)에서 다음 파라미터를 설정한다.

　○ **가격 등급**(Price Class) 항목은 서비스 대상 고객과 지불할 비용을 고려해 선택한다(성능을 더 좋게 하려면 더 많은 비용이 필요하다).

　○ **대체 도메인 네임**(Alternate Domain Names) 항목은 네이키드 도메인과 www 도메인을 쉼표(,)로 구분해 작성한다.

　○ **SSL 인증서**(SSL Certificate) 항목은 **기본 클라우드 프론트 인증서**(Default CloudFront Certificate)를 선택한다. 나중에 자체 인증서를 발급받으면 다시 설정해줘야 한다.

　○ 나머지 항목은 기본값 그대로 둔다.

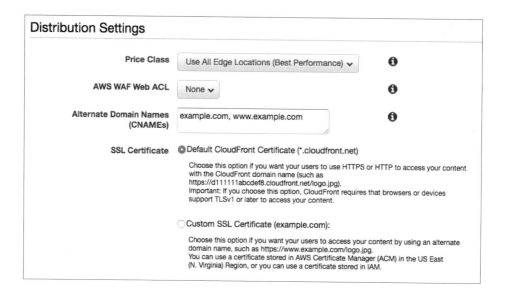

7. 이제 배포 생성(Create Distribution)을 클릭한다.

8. 클라우드프론트 배포가 구성되는 데 몇 분이 걸리지만, 클라우드프론트 콘솔 메인 페이지에서 상태를 바로 확인할 수 있다. 구성이 완료되면 상태가 Deployed로 표시된다. 다음 화면에서 클라우드프론트 배포 주소를 확인할 수 있다. 이 주소를 브라우저에 복사해 제대로 동작하는지 확인한다.

클라우드프론트 캐싱 관리

기본적으로 클라우드프론트는 모든 파일을 24시간 동안 캐싱한다. 이 때문에 S3 버킷에서 파일을 수정해도 클라우드프론트 배포를 통해서 제공되는 웹 화면에는 변화가 없다. 서버 캐시이기 때문에 브라우저 캐시를 강제로 리셋시켜도 소용이 없다. 그렇다면 캐싱을 관리하는 효율적인 방법은 무엇일까? 다음 두 가지 옵션이 있다.

1. **서버**: 캐시 무효화 요청을 수행한다.
2. **클라이언트**: 내용을 변경할 때 모든 정적 파일에 접미사[suffix]를 추가한다.

서버 캐시 무효화

클라우드프론트에서 캐시 무효화 요청을 수행하게 되면 클라우드프론트가 모든 콘텐츠 저장 장소에 접속해서 각각의 캐시를 무효화하기 위해 수 분의 시간이 소요된다. 캐싱을 관리하는 캐시 무효화 요청은 반복적인 작업이다. 이런 이유로 클라우드프론트 콘솔보다는 CLI를 이용하는 것이 좋다. 클라우드프론트에 대한 CLI 지원이 현재는 미리보기 단계에서만 제공되기 때문에 다음 명령어를 실행해 활성화시켜야 한다.

```
aws configure set preview.cloudfront true
```

모든 파일(/* 경로)의 캐시 무효화 요청을 수행하려면 다음 명령어를 실행한다.

```
aws cloudfront create-invalidation --distribution-id=DISTRIBUTION_ID --paths /*
```

CloudFront 배포의 DISTRIBUTION_ID는 CloudFront 콘솔에서 찾거나 다음 CLI 명령어를 실행해 확인하면 된다.

```
aws cloudfront list-distributions
```

위 명령어에 --query DistributionList.Items[0].Id를 추가하면 첫 번째 배포의 distribution ID만 출력된다.

서버 캐시 무효화 방법은 캐시를 무효화하는 데 오랜 시간이 소요될 뿐 아니라 클라이언트 캐시 문제를 해결할 수 없다.

클라이언트 캐시 무효화

브라우저는 웹페이지를 열면 그 페이지에 포함된 모든 파일(HTML, CSS, 자바스크립트, 이미지 등)을 캐싱해 재요청으로 인한 성능 지연을 방지한다. 그럼, 파일의 내용이 변경됐을 때는 어떻게 브라우저에 캐싱된 내용을 무효화시킬 수 있을까? 서버 캐시처럼 무효화 요청을 수행하는 것이 아니라 수정된 파일의 이름을 변경해 브라우저가 새로운 요청을 하도록 한다. 예를 들어 파일명을 script.js에서 script.v2.js로 변경하고 HTML 페이지에 새로운 파일명을 사용한다.

```
<script src="script.v2.js"></script>
```

다음과 같이 HTML 페이지에서 파일명에 쿼리 문자열을 추가할 수도 있다.

```
<script src="script.js?v=2.0"></script>
```

이 경우 파일명은 바뀌지 않았지만 참조가 변경된다. 이렇게 해도 브라우저는 기존 캐시를 무효화하고 새로 요청한다.

위 두 방법의 문제점은 HTML 페이지 자체가 캐싱되면 제대로 동작이 안 된다는 것이다. HTML 페이지 자체가 캐싱되면 HTML 페이지 안에서 호출하는 파일명을 수정해도 반영이 안 되기 때문이다.

HTML 파일이 캐싱되지 않게 하려면 Cache-Control 헤더를 no-cache로 설정해서 업로드해야 한다. 테스트를 위해 만들어 놓은 버킷과 로컬 폴더를 동기화한 후 index.html을 업로드한다. 그리고 cp^{copy} 명령어를 사용해 Cache-Control 헤더를 붙인다.

```
aws s3 cp index.html s3://my-bucket-name \ --cache-control no-cache --acl public-
read
```

이 방법은 아주 잘 작동한다. 그러나 변경된 모든 파일의 파일명 또는 쿼리 문자열 매개변수를 변경하려면 빌드 프로세스를 자동화해야 한다. 5장에서는 '리액트 앱 생성' 도구를 사용해 리액트 앱을 만든다. 감사하게도 이 툴은 `main.12657c03.js`와 같이 무작위로 문자열을 추가함으로써 모든 배포의 파일명이 변경되도록 설정돼 있다.

클라우드프론트 사용을 위한 루트 53 설정 변경

앞에서 루트 53의 레코드 셋을 S3 버킷으로 설정했다. 클라우드프론트를 사용하려면 루트 53 설정 페이지에서 레코드 셋을 클라우드프론트 배포로 변경해야 한다. A 레코드 타입을 사용하는 네이키드 도메인의 경우 Alias 옵션에서 Yes를 선택하고 드롭다운 메뉴에서 클라우드프론트 배포를 선택한다.

CNAME 레코드 타입을 사용하는 www 도메인의 경우에는 Alias 옵션에서 No를 선택하고 A 레코드에서 사용 가능한 클라우드프론트 배포 주소를 CNAME 레코드 박스 안에 작성한다.

▌ HTTPS 지원 설정

불행하게도 아마존 S3는 HTTPS를 지원하지 않고 HTTP만 지원한다. 앞서 클라우드프론트 배포를 사용하기 위해 루트 53 레코드 설정을 변경했는데, 현재 설정으로는 HTTPS를 지원하지 않는다.

왜 HTTPS 지원이 필요할까? 많은 이유가 있지만 그 중에 몇 가지만 살펴보자.

- 여기서 구축하고 있는 온라인 쇼핑몰에서는 로그인 및 결제 거래를 다뤄야 한다. 이런 정보를 암호화하지 않고 통신을 하면 네트워크가 도청돼 민감한 정보가 탈취되기 아주 쉽기 때문에 위험하다.

- HTTP/2는 예전 HTTP/1.1 버전에 비해 아주 빠른 최신 프로토콜이다. 현재 HTTP/2를 지원하는 주요 브라우저들은 HTTPS 연결을 필요로 한다. 따라서, 암호화되지 않은 HTTP 연결로는 HTTP/2가 지원되지 않는다.

- 암호화된 HTTP/2 통신이 암호화되지 않은 HTTP/1.1 통신보다 빠르다. 트로이 헌트^{Troy Hunt}는 본인의 웹페이지(https://www.troyhunt.com/i-wanna-go-fast-https-massive-speed-advantage)에서 흥미로운 데모를 보여주고 있다. 수백 개의 작은 파일을 웹사이트에 업로드하는 테스트에서 TLS^{Transport Layer Security}를 이용한 HTTP/2가 80% 더 빠른 것을 확인할 수 있다. 이는 새로운 프로토콜의 멀티플렉싱 기능 때문에 가능한 일이다.

- HTTPS를 어디서 사용하든 안전하게 브라우징할 수 있다. 방문하는 웹사이트의 도메인 네임은 지속적으로 노출되어 있기 때문에 100% 안전하다고 할 수는 없지만 방문한 페이지와 읽고 쓰는 모든 것을 항상 암호화해 전송하기 때문에 손쉽게 보안 위협을 막아준다.

앞에서 살펴본 이유 때문에 HTTPS 지원을 원한다면 다음 단계를 수행한다.

1. 루트 53에 메일 익스체인지 레코드를 생성한다.
2. AWS에 무료 SSL/TLS 인증서 발급을 요청한다.
3. 새로운 인증서를 사용할 수 있도록 클라우드프론트 배포 설정을 수정한다.

AWS에서는 발급 요청자가 도메인을 소유하고 있다는 것을 확인한 후에 무료 SSL/TLS 인증서를 발급한다. 인증서 확인은 admin@example.com 같은 도메인 이메일 주소로 보내진 링크를 접속하는 것으로 이루어지기 때문에 해당 메일 계정부터 생성해야 한다.

메일 익스체인지 레코드 생성

AWS에 무료 인증서를 요청하기 전에 이메일을 처리할 수 있는 서비스가 필요하다. 이메일 서비스로는 5GB까지 무료로 용량을 제공해주는 조호 메일^{Zoho Mail}을 추천한다. 다음과 같이 서비스를 구성한다.

1. 먼저, www.zoho.com/mail에 접속해 계정을 생성한다. 이 계정은 소유하고 있는 도메인과 연동될 것이다. 관리자 계정은 admin이라는 이름을 선택한다. AWS에서 도메인 소유 확인을 위해 admin@example.com으로 메일을 보내기 때문에 계정명은 반드시 admin으로 해야 한다.
2. 계정을 생성하면 연동 도메인에 대한 소유권 확인을 요청받을 것이다. 소유권을 증명하는 방법은 여러 가지가 있지만 CNAME Method를 사용하는 것을 추천한다. Select your domain's DNS Manager(DNS Hosting provider) from the list 항목에서 AWS는 리스트에 없기 때문에 Others를 선택한다. 그리고 CNAME Method를 선택하면 CNAME과 Destination 항목의 값이 보일 것이다. 이 값으로 새로운 루트 53 레코드 셋을 구성해야 한다. Proceed to CNAME Verification 버튼을 클릭한다.

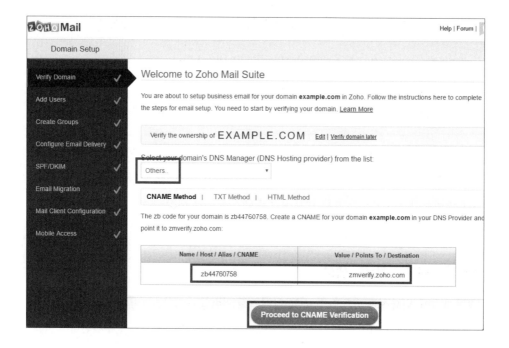

3. 확인 후에 user@example.com과 같은 새로운 계정을 추가한다.

4. 다음 단계는 루트 53에 MX^{mail exchange}를 구성하는 것이다. 조호에서 제공되는 값
   을 복사한다.

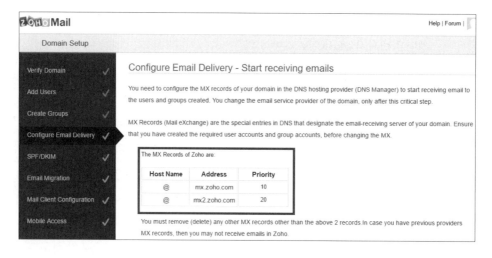

5. 루트 53 설정 화면으로 이동한다. 조회 계정을 확인하기 위해 생성한 CNAME 레코드 셋은 더 이상 필요 없기 때문에 삭제한다. 이제 이전 단계에서 복사해놓은 값을 이용해서 MX 타입의 새로운 레코드 셋을 생성한다.

Create Record Set

Name: [   ] example.com.

Type: MX – Mail exchange ▼

Alias: ○ Yes ● No

TTL (Seconds): 300 | 1m | 5m | 1h | 1d

Value:
```
10 mx.zoho.com
20 mx2.zoho.com
```

A priority and a domain name that
specifies a mail server. Enter multiple
values on separate lines.
Format:
[priority] [mail server host name]
Example:
10 mailserver.example.com.
20 mailserver2.example.com.

Routing Policy: Simple ▼

Route 53 responds to queries based only on the values in this record. Learn
More

6. 설정이 완료됐다. 새로운 메일 주소로 이메일을 보내서 제대로 동작하는지 테스트해볼 수 있다. 메일을 보내고 나서 조호 이메일 계정으로 메일이 도착하는지 확인해본다.

AWS 인증서 관리자에게 무료 인증서 요청하기

AWS 인증서 관리자에게 무료 인증서를 요청하려면 다음 단계를 수행한다.

1. https://console.aws.amazon.com/ac1.m/home?region=us-east-1에서
   TLS 인증서를 요청한다.

 CloudFront는 us-east-1 지역에서만 인증서를 사용하기 때문에 지역은 us-east-1로 해야
한다.

2. 첫 화면에서 **시작하기**(Get started)를 클릭한다. 다음 화면에서 네이키드 도메인
   example.com과 www 도메인을 입력하고 **리뷰와 요청**(Review and Request) 버튼
   을 클릭한다.

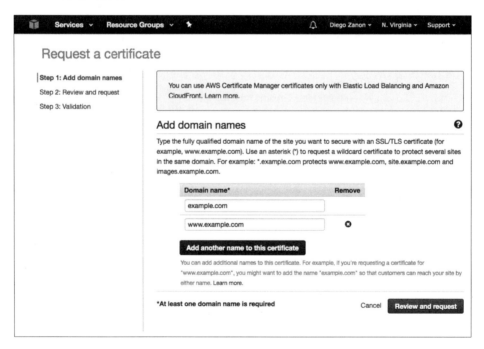

3. 다음 화면에서는 **확인과 요청**(Confirm and Request) 버튼만 클릭하면 된다. 아마존에서는 admin@example.com에 이메일을 보내 도메인 소유권을 확인할 것이다. 앞에서 이메일 구성을 제대로 했다면, 조회 이메일 박스에서 확인 메일을 확인할 수 있다.

4. 이메일에 포함된 확인 링크를 클릭해 도메인 소유권을 증명해야 한다. 증명이 완료되면 아마존은 신규 TLS 인증서를 발급해준다.

 인증서 만료일을 걱정할 필요는 없다. AWS에서 자동으로 갱신할 것이다.

HTTPS 사용을 위한 클라우드프론트 구성

HTTPS를 지원하기 위한 마지막 단계는 새로운 인증서를 사용하도록 클라우드프론트 배포 설정을 수정하는 것이다. 이를 위해 다음 단계를 수행한다.

1. https://console.aws.amazon.com/cloudfront로 접속해 배포 설정 화면을 연다.

2. **일반**(General) 탭 밑에 **편집**(Edit) 항목을 클릭한다.

3. **고객 SSL 인증서**(Custom SSL Certificate) 항목을 선택하고 드롭다운 버튼을 활용해 도메인 인증서를 선택한다.

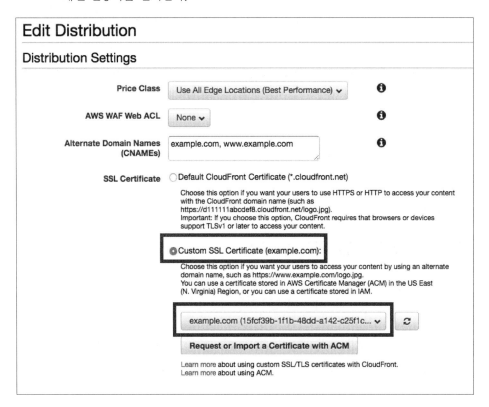

4. 이전 페이지로 돌아가기 위해 저장하고, 세 번째 탭인 **행동**(Behaviors)을 클릭한 후 **편집**(Edit) 버튼을 클릭해 기존 행동을 편집한다.

5. 이제 **뷰어 프로토콜 정책**(Viewer Protocol Policy) 파라미터를 사용자가 항상 HTTPS
   를 강제로 사용하도록 HTTP를 **HTTPS로 리다이렉트**(Redirect HTTP to HTTPS)로 변
   경한다.

6. 설정을 변경하면 클라우드프론트는 새로운 구성을 모든 엣지 노드에 자동으로
   배포한다.

7. 몇 분 정도 기다린 후 브라우저에 도메인을 입력해 HTTPS가 지원되는지 테스
   트해볼 수 있다.

▌ 요약

4장에서는 서버리스 프론트엔드 솔루션을 호스팅하기 위해 S3, 클라우드프론트, 루트 53을 구성하는 방법을 배웠다. 이제 AWS를 통해서 안전하면서도 속도가 빠른 웹사이트를 구축할 수 있게 되었다.

5장에서는 SPA 기술인 리액트^{React}를 이용해 서버리스 쇼핑몰 애플리케이션의 프론트엔드를 구축한다.

05

프론트엔드 구축

5장에서는 데모 애플리케이션의 웹페이지를 구축한다. 여기서는 프론트엔드 개발 방법보다는 서버리스와 함께 최신 도구를 이용해 프론트엔드를 구축하는 방법을 보여준다. 예제에서는 리액트^React^를 사용하지만 앵귤러^Angular^, Vue.js[1] 또는 다른 도구를 사용해도 서버리스 기능을 사용할 수 있다. 또한, 서버리스 관점에서 단일 페이지 애플리케이션^SPA, Single-Page Application^의 장단점에 대해 논의하고 검색 엔진 최적화^SEO, Search Engine Optimization^를 위해 SPA 페이지를 사전 렌더링하는 방법을 살펴본다.

---

1   리액트(React)는 페이스북에서 개발한 유저인터페이스 라이브러리로 개발자가 재사용 가능한 UI를 생성할 수 있게 도와준다. 현재 페이스북, 인스타그램, 야후, 넷플릭스 등에서 사용되고 있다. 앵귤러(Angluar)는 웹개발을 구조적으로 할 수 있는 환경을 제공해주는 자바스크립트 프레임워크로 SPA(Single Page Application) 형태의 웹 애플리케이션을 빠르게 개발할 수 있도록 도와준다. Vue.js는 앵귤러, 벡본(Backbone), 리액트에 비해 작고 가벼우며 복잡도도 낮으며, 사용하기 매우 간편하고 시작하기 쉬운 프론트엔드 자바스크립트 프레임워크다. 그 외에도 많은 양의 컨벤션을 제공하는 엠버(Ember) 프레임워크, Vue.js가 영감을 받은 구글 프로젝트 폴리머(Polymer), 작고 아름답게 디자인된 API를 제공하는 컴포넌트 기반 개발 모델을 제공하는 라이엇(Riot) 등이 있다. – 옮긴이

5장에서 다루는 내용은 다음과 같다.

- 리액트를 사용해 웹페이지를 구축하는 방법
- SPA의 장단점
- 검색 엔진 최적화SEO, Search Engine Optimization를 위한 사전 렌더링 페이지

이 장을 마치면, 서버리스 온라인 상점의 프론트엔드를 구축할 수 있게 될 것이다.

▌ 리액트 시작하기

프론트엔드 도구를 가르치는 것은 이 책의 목적에서 벗어난다. 예제를 통해 서버리스가 최신 프론트엔드 개발을 처리하는 방법을 살펴보자. 여기서는 현재 가장 인기 있는 프론트엔드 개발 도구 중 하나인 리액트를 사용한다. 리액트가 무엇인지 어떻게 사용하는지 모른다면 지금부터 기본 개념을 이해하면 된다.

리액트 원리

먼저 리액트는 프레임워크가 아니라 라이브러리라는 점을 유의해야 한다. 차이점은 라이브러리는 특정 문제를 해결하기 위해 일련의 기능을 제공하고, 프레임워크는 특정 방법론을 중심으로 일련의 라이브러리를 제공한다는 점이다. 리액트는 애플리케이션에 대해서만 책임을 진다. Ajax를 호출하거나 페이지 경로를 처리해야 하는 경우 부가적인 라이브러리를 추가해야 한다. 사용자 인터페이스는 간단한 컴포넌트로 구성되며 각 컴포넌트에는 내부 상태와 HTML 정의가 들어 있다. 리액트를 사용하면 웹페이지를 직접 조작하지 않는다. 컴포넌트의 상태를 변경하면 리액트가 현재 상태와 일치하도록 다시 렌더링한다. 이 방법은 예측 가능성을 높여준다. 주어진 상태의 경우 컴포넌트가 어떻게 렌더링되는지 항상 알 수 있다. 이는 복잡한 애플리케이션을 테스트하고 유지보수하는 데 매우 중요하다.

또 다른 중요한 개념은 가상 DOM^{Virtual DOM}이다. DOM^{Document Object Model}은 HTML 페이지의 모든 노드를 나타낸다. 페이지가 변경돼 화면을 다시 렌더링해야 하는 경우 DOM이 변경돼야 한다. HTML 페이지가 수백 개의 노드를 가지고 있는 경우에는 전체 화면을 다시 만들면 사용자의 체감성능을 떨어뜨리는 문제가 있다.

가상 DOM은 실제 DOM의 추상적인 버전이다. 리액트는 모든 컴포넌트의 상태를 추적해 컴포넌트 중 하나가 변경되면 바로 알 수 있다. 전체 화면을 다시 렌더링하는 대신 수정된 가상 DOM을 실제 DOM과 비교해 차이점만으로 작은 패치를 만든다. 이 패치는 훨씬 더 나은 성능으로 적용된다.

요약하면, 리액트는 화면 레이어^{view layer}를 다루는 라이브러리다. 컴포넌트^{component}를 기반으로 하고, 각 컴포넌트는 내부 상태^{state}와 화면^{view} 정의를 가진다. DOM은 가상 DOM에서 수정되기 때문에 직접 수정할 수 없다.

플럭스 패턴

플럭스^{Flux}는 애플리케이션 상태 관리를 위한 패턴이며, 리덕스^{Redux}는 가장 널리 사용되는 플럭스 구현체다. 복잡한 리액트 애플리케이션을 작성하는 경우 리덕스 또는 다른 플럭스와 유사한 프레임워크를 배워야 한다. 그러나 리덕스는 필요하지 않을 수 있다. 리덕스의 창시자인 댄 아브라모프^{Dan Abramov}는 "사람들이 종종 리덕스를 필요하지도 않는데 선택한다"라는 글을 블로그(https://medium.com/@dan_abramov/you-might-not-need-redux-be46360cf367)에 올렸다.

리덕스는 매우 좋은 프레임워크지만 복잡하다. 여기서는 작은 규모의 프론트엔드 애플리케이션을 개발할 것이므로 사용하지 않을 것이다. 컴포넌트 트리가 짧고 높이가 낮은 애플리케이션에서는 굳이 사용하지 않아도 된다. 다시 한 번 말하면, 이 책의 목적은 서버리스이지 프론트엔드 개발이 아니다. 따라서, 리덕스는 이 책의 범위가 아니다. 실제 애플리케이션을 개발할 때는 리덕스의 장단점을 고려해야 한다. 대부분 리덕스를 사용하는 것이 좋지만 항상 그런 것은 아니다.

리액트 기본 예제

리액트는 자바스크립트와 XML의 문법인 JSX[2] 사용을 권장한다. JSX를 꼭 사용할 필요는 없지만, 이를 사용하면 코드의 가독성을 향상시킬 수 있다. 예를 들어 다음 JSX를 살펴보자.

```
class HelloReact extends React.Component {
  render() {
    return <div>Hello, {this.props.name}!</div>;
  }
}

ReactDOM.render(
  <HelloReact name="World"/>,
  document.getElementById('root')
);
```

이 예제는 <HelloReact/> HTML 엘리먼트[element]를 정의하고 렌더링된 출력은 name 속성의 값을 사용한다. 입력값이 World인 경우 렌더링된 결과는 <div>Hello, World!</div>가 된다.

그러나 브라우저는 JSX가 기본적으로 지원되지 않기 때문에 이 코드를 실행할 수 없다. 따라서 이 코드를 JSX 변환기를 사용해 자바스크립트 코드로 변환해줘야 한다.

---

2 JSX는 자바스크립트 코드안에 XML 스타일 구문을 작성할 수 있게 해주는 React.js의 선택적 자바스크립트 구문 확장으로, 컴파일링되면서 최적화되기 때문에 빠르며 HTML과 유사해 더 쉽고 빠르게 템플릿을 작성할 수 있는 특징이 있다. - 옮긴이

```
class HelloReact extends React.Component {
  render() {
    return React.createElement (
      "div", null,
      "Hello, ", this.props.name, "!"
    );
  }
}

ReactDOM.render(
  React.createElement(HelloReact, { name: "World" }),
  document.getElementById(root')
);
```

HTML을 포함한 자바스크립트 코드는 처음에는 이상하게 보이겠지만 금방 익숙해질 것이다. 대부분의 사람들이 결국은 이 방식이 더 즐겁고 유지보수하기 쉽다는 것을 알게 될 것이다.

이 코드를 작동시키려면 React와 ReactDOM이라는 두 가지 종속성을 추가해야 한다. React는 컴포넌트를 만들 수 있는 핵심 요소이고, ReactDOM은 컴포넌트를 렌더링하고 HTML 노드에 첨부하는 라이브러리다.

이 종속성에 대한 코드는 https://unpkg.com/react/와 https://unpkg.com/react-dom/에서 찾을 수 있다. 필요한 파일은 dist 폴더 안에 있다.

다음 코드는 작동 가능한 hello-world 예제다.

```
<!DOCTYPE html>
<html>
  <head>
    <title>Hello, World!</title>
  </head>
<body>
    <div id="root"> <!-- this is where we'll hook React -->
```

```
      </div>
      <script src="react.min.js"></script>
      <script src="react-dom.min.js"></script>
      <script type="text/javascript">
        class HelloReact extends React.Component {
          render() {
            return React.createElement(
              "div", null,
              "Hello, ", this.props.name, "!"
            );
          }
        }

        ReactDOM.render(
          React.createElement(HelloReact, { name: "World" }),
          document.getElementById('root')
        );
      </script>
    </body>
  </html>
```

장바구니 만들기

리액트를 이해하려면 속성과 상태가 어떻게 작동하는지 알아야 하고, 다른 컴포넌트와의
인터페이스를 구성하는 방법을 알아야 한다. 이를 위해 실질적인 예제로 장바구니를 만들
어볼 것이다. 이 예제는 서버리스 상점^{Serverless Store}의 기초가 될 것이다. 이 예제의 목적은
다음 결과를 얻는 것이다.

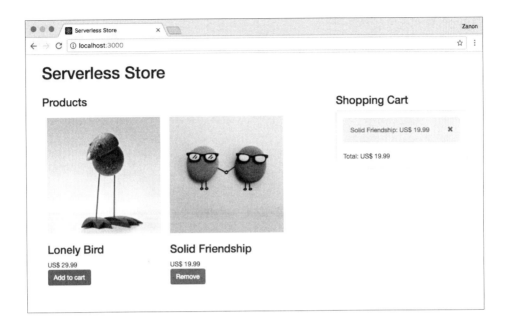

개발 환경 준비

리액트의 단점 중 하나는 개발을 하려면 외부 도구가 필요하다는 것이다. 일반 자바스크립트를 사용해도 상관없지만, JSX를 이용하면 코드를 읽고 이해하기가 더 쉽기 때문에 프로젝트에 JSX 변환기부터 추가한다.

리액트로 개발된 웹페이지나 다른 최신 웹페이지를 방문해보면, 바벨Babel(ES6 to ES5 변환기), 웹팩Webpack(모듈 번들러), ESLint(코드 분석기) 같은 많은 도구들을 사용하는 것을 볼 수 있다. 또한 각 도구는 많은 경쟁 제품이 있다. 예를 들면, 웹팩보다는 브라우저리파이Browserify가 선호된다. 이런 도구들을 이해하고 구성하는 데에는 많은 시간이 필요하다. 하지만 리액트는 작동방법만 이해하면 되고, 환경이 어떻게 구성되는지는 이해할 필요가 없다.

크리에이트 리액트 앱Create React App 도구는 잘 정리된 도구와 사례를 사용하는 독창적인 구성을 제공한다. 더 이상 환경에 대해 걱정할 필요가 없다. 다른 사람들이 제안한 것을 따르면 된다.

크리에이트 리액트 앱 도구를 이용해서 새로운 프로젝트를 시작하려면 다음 단계를 수행한다.

1. 다음 npm 명령어를 사용해 크리에이트 리액트 앱 도구를 설치한다.

```
npm install create-react-app@1.3.1 --global
```

 @1.3.1은 이 책의 예제에 사용된 정확한 버전을 다운로드한다는 것을 의미한다. 최신 버전을 설치할 수도 있지만, 예제를 크게 변경해야 할 수도 있다.

2. 다음 명령어를 사용해 새로운 애플리케이션을 생성한다.

```
create-react-app react-shopping-cart
```

3. 다음 명령어를 사용해 새로운 폴더로 이동해 애플리케이션을 시작한다.

```
cd react-shopping-cart
npm start
```

4. 다음 화면을 통해 http://localhost:3000에서 애플리케이션이 실행 중인 것을 확인할 수 있다.

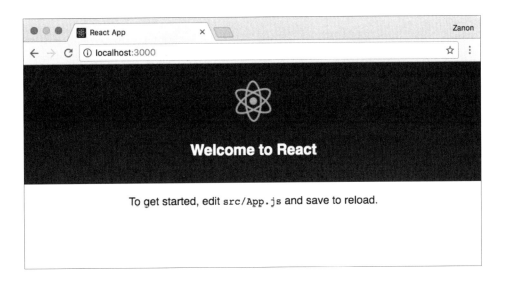

솔루션 구성하기

이 애플리케이션은 다음 구조로 생성된다.

```
node_modules
public
  |- favicon.ico
  |- index.html
  |- manifest.json
src
  |- App.css
  |- App.js
  |- App.test.js
  |- index.css
  |- index.js
  |- logo.svg
  |- registerServiceWorker.js
.gitignore
package.json
README.md
```

public/manifest.json과 src/registerServiceWorker.js 파일은 PWA(Progressive Web App)를 지원하기 위해 사용된다. PWA는 정적 콘텐츠를 캐시하고 오프라인 액세스를 허용해 빠르고 안정적인 웹페이지를 구축하는 데 매우 유용한 기능이다. 그러나 온라인 상점에는 유용하지 않기 때문에 이 예제에서는 삭제하고 진행한다.

이 예제를 프로젝트에 적용하기 위해 다음과 같이 변경한다.

1. **PWA 지원 제거**: public/manifest.json과 src/registerServiceWorker.js 파일을 삭제한다.

2. **사용하지 않을 src 파일 제거**: App.css, App.js, App.test.js, index.css, logo.svg 파일을 삭제한다.

3. **디렉토리 생성**: src/ 디렉토리 밑에 css/, components/, images/ 디렉토리를 생성한다.

4. **컴포넌트 추가**: components/ 디렉토리 밑에 App.js, ShoppingCart.js, ShoppingCartItem.js, Product.js, ProductList.js 파일을 추가한다.

5. **CSS 추가**: css/ 디렉토리 밑에 사용자 정의 스타일로 사용할 site.css 파일을 생성한다.

6. **이미지 추가**: 프로젝트에 사용될 이미지 파일 두 개를 추가한다.

 5장의 팩트 리소스를 검색해 최종 결과를 볼 수 있다. 이 프로젝트는 react-shopping-cart 라는 폴더 아래에 있다.

이제 다음과 같은 프로젝트 트리를 확인할 수 있다.

```
node_modules
public
  |- favicon.ico
```

```
    |- index.html

    |- components
      |- App.js
      |- Product.js
      |- ProductList.js
      |- ShoppingCart.js
      |- ShoppingCartItem.js
    |- css
      |- site.css
    |- images
      |- <images>
    |- index.js
.gitignore
package.json
README.md
```

컴포넌트를 코딩하기 전에 index.js 파일을 새 프로젝트 트리에 맞게 약간 변경해야 한다.
다음 코드를 사용한다.

```
import React from 'react';
import ReactDOM from 'react-dom';
import App from './components/App';
import './css/site.css';

ReactDOM.render(
  <App/>,
  document.getElementById('root')
);
```

반응형 웹사이트를 위해, 트위터 부트스트랩 3(https://getbootstrap.com) 스타일을 public/
index.html 파일에 추가한다.

```
<!doctype html>
<html lang="en">
  <head>
    <meta charset="utf-8">
    <title>Serverless Store</title>
    <link rel="shortcut icon" href="%PUBLIC_URL%/favicon.ico">
    <link rel="stylesheet" href="bootstrap.min.css">
  </head>
  <body>
    <div id="root"></div>
  </body>
</html>
```

컴포넌트 구성

유저 인터페이스는 컴포넌트들의 조합이다. 애플리케이션을 만들기 위해 컴포넌트를 구성하는 방법을 보여주는 다음 그림을 보면 이 부분을 명확하게 알 수 있다.

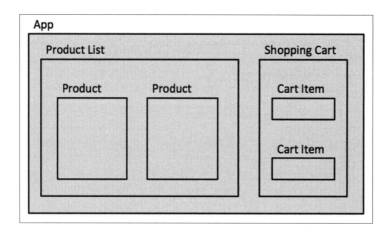

App 컴포넌트는 전체 화면을 가지며 Product List와 Shopping Cart 컴포넌트의 위치를 결정한다. Product List 컴포넌트는 Product 컴포넌트들의 리스트를 가지고, Shopping Cart는 선택한 제품을 Cart Item으로 나열한다.

리액트에서는 부모 컴포넌트에서 자식 컴포넌트로 속성들을 상속하는 것을 제외하고는 컴포넌트 간 상호작용이 없다. 이 속성들을 props라고 부른다. 부모 컴포넌트가 속성으로서 핸들러 함수를 제공한다. 자식 컴포넌트는 이벤트가 발생해 핸들러를 실행하는 경우에만 부모 컴포넌트에게 데이터를 전달할 수 있다. 예를 들어 부모는 버튼을 클릭할 때 자식에 의해 트리거되는 handleClick 함수를 제공할 수 있다.

부모-자식 간 상호작용만 가능하기 때문에 Product List와 Shopping Cart 컴포넌트에는 공통 부모가 필요하다. 여기서는 App 컴포넌트가 공통 부모 컴포넌트가 된다. 제품을 선택하면 Product List에서 함수가 트리거되고 App 컴포넌트에서 다른 함수가 트리거될 것이다. 이 핸들러 함수는 App 컴포넌트의 상태를 변경하고 App 컴포넌트가 속성을 통해 Shopping Cart에 데이터를 전달하도록 정의되어 있기 때문에 Shopping Cart 컴포넌트의 상태도 변경된다.

컴포넌트 구현

컴포넌트의 뼈대는 다음 코드와 같다. 이 포맷은 모든 컴포넌트를 구현하는 데 사용될 것이다. 내용에 집중하기 위해 앞으로 예제에는 constructor( )와 render( )의 구현만 보여줄 것이다. 전체 코드 예제는 이 책과 연동된 팩트 리소스로에서 다운로드받을 수 있다.

```
// 리액트와 다른 종속성을 선언
import React, { Component } from 'react';
import AnotherComponent from './AnotherComponent';

// Component를 클래스로 정의
class MyComponent extends Component {
  // 선천적인 메소드
  constructor() {
    super();
    this.state = {
      // 상태
    };
```

```
  }
  // 이 메소드는 반드시 실행돼야 함
  render() {
    return (
      // HTML 정의
    );
  }
}

// 다른 곳에서 사용될 수 있게 컴포넌트를 익스포트
export default MyComponent;
```

App 컴포넌트

App은 페이지 레이아웃 구성을 책임지는 컴포넌트다. 부트스트랩의 그리드 시스템을 사용해 Product List와 Shopping Cart 두 가지 주요 컴포넌트를 배치한다. 이는 다음과 같이 렌더링돼야 한다.

```
render() {
  return (
    <div className="container">
      <div className="row">
        <div className="col-md-12">
          <h1>Serverless Store</h1>
        </div>
      </div>
      <div className="row">
        <div className="col-md-8">
          <h3>Products</h3>
          <ProductList
            products={this.state.products}
            onSelect={this.handleSelect}/>
        </div>
        <div className="col-md-4">
```

```
        <h3>Shopping Cart</h3>
        <ShoppingCart
          selectedProducts={
            this.state
                .products
                .filter(p => p.isSelected)
          }
          onDeselect={this.handleDeselect}/>
      </div>
    </div>
  </div>
  );
}
```

 JSX를 사용할 경우 className 속성을 사용해 HTML 엘리먼트에 클래스를 추가한다. 예를
들면 다음과 같다.

```
<div className="container"></div>
```

코드를 보면 Product List 컴포넌트에 products와 onSelect 속성이 설정돼 있다.

```
<ProductList
  products={this.state.products}
  onSelect={this.handleSelect}/>
```

products 속성은 App 컴포넌트의 상태에 의해 제어되는 제품 목록을 받을 것이다.
onSelect 속성은 제품이 선택될 때 부모 컴포넌트를 트리거하기 위해 자식 컴포넌트가 사
용할 핸들러 함수를 받는다.

Shopping Cart 컴포넌트에는 selectedProducts와 onDeselect 속성이 설정돼 있다.

```
<ShoppingCart
  selectedProducts={
    this.state
        .products
        .filter(p => p.isSelected)
  }
  onDeselect={this.handleDeselect}/>
```

selectedProducts 속성은 선택된 제품의 목록을 받는다. onDeselect 속성은 제품이 선택 취소될 때 Shopping Cart 컴포넌트에 의해 트리거될 핸들러 함수를 정의한다. 제품의 초기 목록은 다음 코드에서 정의된다.

```
import lonelyBird from '../images/lonely-bird.jpg';
import solidFriendship from '../images/solid-friendship.jpg';

const products = [{
    id: 1,
    name: 'Lonely Bird',
    image: lonelyBird,
    price: 29.99,
    isSelected: false
}, {
    id: 2,
    name: 'Solid Friendship',
    image: solidFriendship,
    price: 19.99,
    isSelected: false
}];
```

 위 코드는 단순화된 예다. 나중에 람다 함수로부터 이 리스트를 다시 가져올 것이다.

초기 상태는 클래스 생성자 내에 정의된다. 컴포넌트의 this 인스턴스는 콜백 함수에 바인딩돼야 한다. 그렇지 않으면 함수가 다른 컴포넌트에서 호출될 때 this.state를 찾을 수 없게 된다.

```
constructor() {
    super();
    this.state = {
      products: products
    };

    // 컴포넌트의 this 인스턴스는 콜백 함수에 바인딩
    this.handleSelect = this.handleSelect.bind(this);
    this.handleDeselect = this.handleDeselect.bind(this);
}
```

handleSelect 함수는 클래스 내부에서 정의되어야 하며 isSelected 상태를 설정하기 위한 인자로 product 값을 받는다.

```
handleSelect(product) {
  // 제품 배열의 복사본 생성
  const products = this.state.products.slice();

  // 수정하기 위해 제품의 인덱스 확인
   const index = products.map(i => i.id)
                         .indexOf(product.id);

  // 선택 상태를 수정
  products[index].isSelected = product.isSelected;
  // 상태가 바뀐 것을 React에 알림
  this.setState({products: products});
}
```

이 예제에서 주의 깊게 봐야 할 사항이 두 가지 있다. 현재 배열을 직접 변경하는 대신 slice( )를 통해 products 배열을 복사해 다른 배열을 만들었고, 제품 참조를 직접 변경하는 대신 setState( )를 사용해 상태 변화를 감지하게 했다. 이렇게 하는 이유는 변하지 않는 객체로 작동하는 것이 성능상 이점이 있기 때문이다. 참조가 변경됐는지 여부를 확인해 수정된 객체를 식별하는 것이 모든 속성 값을 조사하는 것보다 쉽다. setState( )는 리액트에게 컴포넌트를 다시 렌더링해야 하는지 여부를 알려주는 데 사용된다.

끝으로 handleSelect 함수가 속성이 true인지 false인지 여부에 관계없이 isSelected 속성을 가져오고 상태를 설정할 것이기 때문에 handleSelect 함수를 사용해 handleDeselect 함수를 정의할 수 있다.

```
handleDeselect(product) {
  this.handleSelect(product);
}
```

Product List 컴포넌트

이 컴포넌트는 props 변수를 통해 부모가 제공한 데이터에 접근한다. 제품 배열을 사용해 배열의 각 항목에 대해 Product 컴포넌트를 반복적으로 생성한다. 또한 부모에 의해 전달된 함수인 onSelect 핸들러를 설정한다.

```
render( ) {
  const onSelect = this.props.onSelect;
  const productList =
    this.props.products.map(product => {
      return (
        <div key={product.id}
          className="product-box">
          <Product
            product={product}
            onSelect={onSelect}/>
```

```
        </div>
      )
    });

  return (
    <div>
      {productList}
    </div>
  );
}
```

Product 컴포넌트

Product 컴포넌트는 이미지, 설명, 가격, 사용자가 장바구니에 제품을 추가할 수 있는 버튼과 같은 제품의 세부정보를 렌더링하는 것을 책임진다. 보다시피 버튼의 onClick 이벤트는 isSelected 상태를 변경하고 onSelect 함수를 트리거한다.

```
render() {
  return (
    <div>
      src={this.props.product.image}/>
      <div>
        <h3>{this.props.product.name}</h3>
        <div>US$ {this.props.product.price}</div>
        <div>
          <button onClick={() => {
            const product = this.props.product;
            product.isSelected = !product.isSelected;
            this.props.onSelect(product);
          }}>
            {this.props
                .product
                .isSelected ? 'Remove' : 'Add to cart'}
          </button>
        </div>
```

```
      </div>
    </div>
  );
}
```

Shopping Cart 컴포넌트

Shopping Cart 컴포넌트는 선택된 제품을 렌더링하고 총 가격을 보여주는 것을 책임진다. 이를 어떻게 구현하는지 다음 코드를 살펴보자.

```
render() {
  const onDeselect = this.props.onDeselect;
  const products =
    this.props.selectedProducts.map(product => {
      return (
        <ShoppingCartItem key={product.id}
                          product={product}
                          onDeselect={onDeselect}/>
      )
    });
  const empty =
    <div className="alert alert-warning">
      Cart is empty
    </div>;

  return (
    <div className="panel panel-default">
      <div className="panel-body">
        {products.length > 0 ? products : empty}
        <div>Total: US$ {this.getTotal()}</div>
      </div>
    </div>
  );
}
```

getTotal 함수는 map/reduce 연산을 사용해 집계된 총 가격을 가져온다. map 연산은 입력을 변환해 숫자 배열을 만들고 reduce 연산은 모든 값을 합산한다.

```
getTotal() {
  return this.props
          .selectedProducts
          .map(p => p.price)
          .reduce((a, b) => a + b, 0);
}
```

Cart Item 컴포넌트

마지막 컴포넌트는 Cart Item이다. 선택한 각 제품에 대해 카트 항목이 Shopping Cart 컴포넌트에 추가된다. 이 컴포넌트는 X 표시 아이콘에 대한 글리피콘[Glyphicon3]과 함께 제품 이름 및 값으로 렌더링된다. 글리피콘은 부트스트랩을 통해 사용할 수 있는 아이콘 집합이다. 또한 사용자가 아이콘을 클릭하면 onDeselect 함수를 트리거해야 한다. 이를 어떻게 구현하는지 다음 코드를 살펴보자.

```
render() {
  const product = this.props.product;
  return (
    <div>
      <span>
        {product.name}: US$ {product.price}
      </span>
      <a
        onClick={() => {
          product.isSelected = false;
```

---

3 글리피콘(Glyphicons)은 부트스트랩에서 지원하는 컴포넌트로 약 200개의 반응형을 지원하는 아이콘을 제공한다. 다음과 같은 구문으로 삽입된다.

`<span class="glyphicon glyphicon-name"></span>`

name 부분은 적절한 이름으로 대체하면 된다. 이 예제에서는 remove로 대체됐다. – 옮긴이

```
        this.props.onDeselect(product);
      }}>
      <span className="glyphicon glyphicon-remove">
      </span>
    </a>
  </div>
  );
}
```

데모 게시하기

정적 파일을 게시하려면 JSX를 사용해 리액트 데모를 작성했기 때문에 몇 가지 처리 단계가 필요하다. 이 경우 크리에이트 리액트 앱 모듈이 다시 도움이 될 것이다.

데모를 게시하는 방법은 다음과 같다.

1. 게시하기 전에 다음 명령을 사용해 모든 것이 예상대로 작동하는지 로컬에서 테스트한다.

   ```
   npm start
   ```

2. 다음 명령을 사용해 프론트엔트 프로젝트를 공개되도록 준비한다.

   ```
   npm run build
   ```

3. 결과 파일은 빌드되면서 최소화되고 묶음처리된다. 빌드 폴더 안에 있는 모든 파일이 포함된다. 이제 다음 명령을 사용해 아마존 S3에 업로드한다.

   ```
   s3 sync ./build s3://my-bucket-name --acl public-read
   ```

4. 다음 명령을 사용해 index.html에 Cache-Control: no-cache 헤더를 추가한 후 다시 업로드한다.

```
s3 cp ./build/index.html s3://my-bucket-name --cache-control no-cache
--acl public-read
```

Ajax 요청

리액트는 화면[view] 레이어만 담당한다. 리액트는 서버에서 데이터를 가져오는 방법과는 관련이 없다. 따라서 제한 없이 다양한 방법을 사용해 서버 데이터를 검색할 수 있다. 리덕스는 비동기 액션과 Relay를 사용하는 패턴을 제공한다. 이 패턴은 그래프QL[GraphQL][4]을 사용해 데이터를 처리하는 또 다른 자바스크립트 프레임워크다.

예제 애플리케이션에서는 가장 간단한 방법인 Root 컴포넌트[5]를 사용한다. 이 패턴은 간단하며 컴포넌트 트리가 얕은 소규모 프로젝트에 매우 유용하다. 모든 Ajax 요청을 단일 컴포넌트에 집중시키는 가장 좋은 방법은 Root 컴포넌트를 사용하는 것이다. Root 컴포넌트가 모든 컴포넌트와 통신할 수 있는 유일한 컴포넌트이기 때문이다. Root 컴포넌트가 서버에서 데이터를 가져올 때 하위 컴포넌트는 속성을 통해 업데이트되고 리액트는 예상대로 변경된 컴포넌트만 다시 렌더링한다. 그리고 컴포넌트가 동작을 수행해야 할 때마다 부모 컴포넌트가 속성으로 전달한 함수를 실행한다. 이 정보는 루트 레벨에 도달할 때까지 올라가서 서버로 보내질 수 있다.

 예제에서는 App 컴포넌트를 Root 컴포넌트로 간주한다. index.js 파일은 첫 번째로 호출되는 파일이기 때문에 기술적으로는 루트에 해당하지만, 리액트 애플리케이션을 HTML 페이지에 추가하는 역할만 수행한다. index가 App 컴포넌트를 호출하고 다른 모든 컴포넌트의 공통 상위이므로 루트로 정의된다.

---

4 그래프QL은 서버가 데이터를 노출하는 방법을 정의한 서버 사이드 기술 표준으로 페이스북에서 A query language for your API로 공식 홈페이지에서 설명하고 있다. REST API에서는 클라이언트가 표시하는 형태와 API 프로토콜이 일치하지 않는 경우가 있지만, 그래프QL은 쿼리를 클라이언트의 UI 계층 구조와 유사하게 구성할 수 있다. 서버 사이트 기술로 그래프QL과 파이어베이스(Firebase) 등이 있다. – 옮긴이

5 컴포넌트는 트리 계층 구조로 이루어져 있으며, 그 중에서 가장 상위에 위치한 컴포넌트를 루트(root) 컴포넌트라고 한다. – 옮긴이

서버에서 데이터 가져오기

다음 예제에서는 불러올 제품 목록을 요청하는 페이지를 작성한다. 이 요청은 Root 컴포넌트에서 수행되지만 정확히 실행될 위치를 정의해야 한다. render 함수는 항상 순수 함수(주어진 입력에 대해 출력이 동일하고 부작용이 허용되지 않는 함수)로 간주되기 때문에 좋은 선택이 아니다.

render 함수를 제외하면 componentWillMount와 componentDidMount의 두 후보가 있는데, 둘 다 첫 번째 렌더링 실행 전(componentWillMount) 또는 그 후(componentDidMount) 한번 실행된다. 비동기 호출은 실행하는 데 약간의 시간이 걸리고 결과가 수신되기 전에 컴포넌트가 렌더링되므로 componentWillMount 옵션을 사용하는 데 도움이 되지 않는다. 첫번째 렌더링은 항상 빈 데이터로 수행된다. 따라서 componentWillMount 함수를 사용해 초기 상태를 비어있는 것으로 설정하고(속성에서 정의되지 않은 값은 사용하지 않는 것이 좋다) componentDidMount 함수를 사용해 서버에서 데이터를 가져오는 것이 좋다.

그렇다면 초기 상태는 생성자 함수 또는 componentWillMount 함수 중 어디에 설정해야 할까? 기술적으로는 어디에 설정하든 상관없지만 일반적으로 생성자 함수가 많이 사용된다. componentWillMount 함수는 거의 사용되지 않는다.[6]

마지막으로 결정해야 할 것은 Ajax 라이브러리의 사용 여부다. Ajax 라이브러리 사용을 권장하지만 원하는 경우 Fetch 또는 SuperAgent 같은 라이브러리를 사용할 수도 있다. jQuery를 사용해 Ajax를 호출하고 싶어하는 사람도 있지만 굳이 하나의 작업을 위해 완전한 기능을 갖춘 라이브러리를 추가할 필요는 없다.

---

6 리액트에서 컴포넌트가 생성되거나, 렌더링 전후에 실행되는 라이프사이클 메소드를 LifeCycle API라고 한다. LifeCycle API 함수를 사용해 각 이벤트가 일어날 때 유용하게 사용할 수 있다.
   - 컴포넌트를 생성할 때에는 constructor ▶ componentWillMount ▶ render ▶ componentDidMount 순서로 메소드가 실행된다.
   - 컴포넌트를 제거할 때에는 componentWillUnmount 메소드만 실행된다.
   - 컴포넌트의 stat가 변경될 때(setState)에는 shouldComponentUpdate ▶ componentWillUpdate ▶ render ▶ componentDidUpdate 순서로 메소드가 실행된다.
   - 컴포넌트의 props가 변경될 때에는 componentWillReceiveProps ▶ shouldComponentUpdate ▶ componentWillUpdate ▶ render ▶ componentDidUpdate 순서로 메소드가 실행된다. – 옮긴이

axios[7]를 설치하기 위해 다음 명령을 실행한다.

```
npm install axios --save
```

컴포넌트에 axios를 포함시키기 위해 다음 명령을 실행한다.

```
add: import axios from 'axios';
```

예제의 첫 번째 부분은 생성자 함수에서 초기 상태가 정의되는 방법을 보여준다. products 변수는 빈 배열로 설정하고 부울 변수 ready를 false 값으로 설정한다. 이 부울 변수는 요청이 완료되면 true로 설정된다. 이 방법을 사용하면 페이지가 데이터를 가져오는 동안 렌더링 상태를 제어하고 불러오기 상태라는 것을 표시하는 아이콘을 표시할 수 있다.

```
constructor() {
  super();

  // 빈 초기 상태
  this.state = {
    products: [],
    ready: false
  };
}
```

ready: false 상태를 확인하면 제품 목록 대신 glyphicon-refresh 아이콘을 표시할 수 있다.

---

7 axios는 Promise 기반의 Ajax 요청 HTTP 클라이언트 라이브러리다. jQuery를 사용해 HTTP 클라이언트를 받을 필요 없이 비동기 작업을 수행할 수도 있으나, HTTP 클라이언트만을 위해서 jQuery 기능을 사용하는 건 낭비일 수 있어서 오직 Ajax 기능만을 위해 만들어진 라이브러리 axios를 사용한다. - 옮긴이

다음 코드에서 componentDidMount 구현을 확인해보자. API 주소는 람다 함수를 트리거
하는 데 사용된다.

```
componentDidMount() {
  const apiAddress =
    'https://abc123.execute-api.us-east-1.amazonaws.com';
  const stage = 'prod';
  const service = 'store/products';
  axios
    .get(`${apiAddress}/${stage}/${service}`)
    .then(res => {
    this.setState({
      products: res.data.products,
      ready: true
    });
  })
  .catch(error => {
    console.log(error);
  });
}
```

결과를 얻은 후 준비 상태를 true 값으로 설정하고 수신된 제품 목록을 렌더링한다.

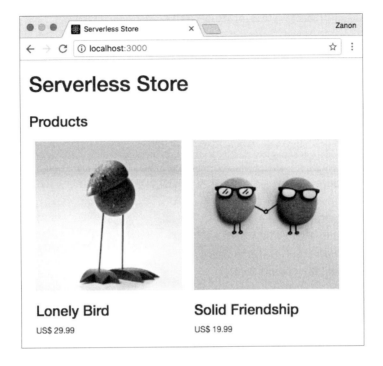

서버로 데이터 보내기

앞의 예제에서 페이지를 불러올 때 데이터를 원했기 때문에 Ajax 요청을 componentDidMount 함수에 배치했다. 그러나 다음 예제에서는 버튼을 클릭하면 Ajax 요청이 실행되므로 동일한 제한이 적용되지 않는다. 프로세스를 단계별로 설명하는 다음 내용을 확인해보자.

1. 요청은 컴포넌트의 기능으로 정의된다.

```
handleSave(products) {
  axios
    .post(`${apiAddress}/${stage}/${service}`,
      products) // data to send
```

```
      .then(res => {
        this.setState({
          products: this.state.products,
          hasSaved: true
        });
      })
      .catch(error => {
        console.log(error);
      });
  }
```

2. HandleSave 함수는 속성을 통해 자식 컴포넌트로 전달된다.

```
<ShoppingCart
  products={this.state.products}
  hasSaved={this.state.hasSaved}
  onSave={this.handleSave}/>
```

3. 끝으로, 버튼을 클릭할 때 자식 컴포넌트가 Save 함수를 트리거한다. 요청이 완료되면, 부모 컴포넌트의 hasSaved 속성 상태가 true로 바뀌고, 이 값을 이용해 자식 컴포넌트는 메시지를 출력할 수 있다.

```
return (
  <div>
    {products}
    <div>Total: US$ {this.getTotal()}</div>
    <button
      onClick={() => {this.props.onSave();}}>
      Save
    </button>
    {this.props.hasSaved ? <div>saved</div> : ''}
  </div>
);
```

4. 저장 후 saved라는 단어가 버튼 밑에 표시된다.

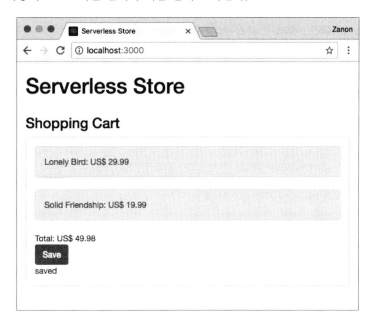

페이지 경로 처리

이 장의 뒷부분에서 단일 페이지 애플리케이션 SPA의 장단점을 설명하지만, SPA를 구축하는 방법부터 살펴보자. SPA는 하나의 HTML 파일만 불러오는 애플리케이션이지만 사용자와 상호작용하는 동안 해당 페이지를 동적으로 업데이트한다. 또한 URL과 일치하도록 내용이 다르게 렌더링된다. 예를 들어 example.com 주소를 탐색하면 Home 컴포넌트가 렌더링되고 example.com/about을 탐색하면 About 컴포넌트가 렌더링된다. 이를 구현하기 위해 React Router 모듈을 사용할 것이다. 다음과 같이 SPA를 구축한다.

1. 크리에이트 리액트 앱 도구를 사용해 새 애플리케이션을 만들거나 이전 Shopping Cart 애플리케이션을 수정한다.

2. 다음 명령을 실행해 리액트 라우터^{React Router} 모듈을 설치한다.

```
npm install react-router-dom@4.x --save
```

 @4.x는 이 책의 예제에 사용된 버전과 호환되는 버전을 다운로드한다는 것을 의미한다.

3. App.js 파일은 애플리케이션 경로를 정의하도록 수정한다. 먼저, 리액트 라우터 모듈 컴포넌트를 import해야 한다.

```
import React, { Component } from 'react';
import {
  BrowserRouter as Router, Route, Switch
} from 'react-router-dom';
```

4. 그다음 App 컴포넌트를 import한다. 예제에서는 다음 컴포넌트를 사용한다.

   ○ Header: 모든 페이지에 Serverless Store 텍스트를 렌더링하는 컴포넌트다.

   ○ Footer: 모든 페이지에 바닥글 텍스트를 렌더링하는 컴포넌트다.

   ○ ProductList: 각 제품이 Product 컴포넌트에 링크되어 있는 제품 목록 컴포넌트다.

   ○ Product: 특정 제품의 세부 사항을 제공하는 컴포넌트다.

   ○ ShoppingCart: 사용자가 선택한 제품 목록이다.

   ○ NoMatch: Page not found 텍스트를 렌더링하는 컴포넌트다.

5. App 컴포넌트는 다음 컴포넌트를 사용해 페이지를 렌더링한다.

   ○ Router: 페이지 라우팅을 위한 Root 컴포넌트다.

   ○ Switch: URL 경로와 일치하는 첫 번째 자식 경로를 렌더링한다. 일치하는 항목이 없으면 NoMatch 컴포넌트를 렌더링한다.

   ○ Route: 지정된 경로의 컴포넌트를 렌더링한다.

다음 코드에서 앞에서 언급한 컴포넌트를 살펴보자.

```
render() {
  return (
    <Router>
      <div>
        <Header/>
        <Switch>
          <Route path="/" exact
            component={ProductList}/>
          <Route path="/product/:id"
            component={Product}/>
          <Route path="/shopping-cart"
            component={ShoppingCart}/>
          <Route component={NoMatch}/>
        </Switch>
        <Footer/>
      </div>
    </Router>
  );
}
```

6. 애플리케이션을 실행하고 URL을 테스트해본다. 일치하는 경로가 없으면
   NoMatch 컴포넌트가 렌더링되고 Page not Found 메시지가 표시된다.

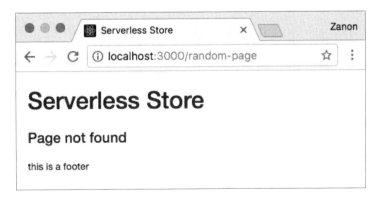

페이지 링크

한 페이지를 다른 페이지에 연결하려면 React Router Link 컴포넌트를 사용한다.

```
import { Link } from 'react-router-dom';
```

링크는 HTML 앵커 엘리먼트의 포장일 뿐이다. 특정 제품의 페이지를 링크하는 Product List 컴포넌트의 구현 방법은 다음 예제와 같다.

```
render() {
  return (
    <div>
      <ul>
        <li>
          <Link to='/product/1'>
            Product 1
          </Link>
        </li>
        <li>
          <Link to='/product/2'>
            Product 2
          </Link>
        </li>
      </ul>
    </div>
  );
}
```

이 컴포넌트는 다음과 같이 렌더링된다.

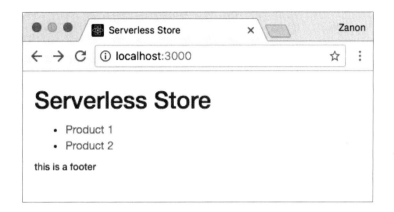

쿼리 파라미터 사용

애플리케이션의 경로가 결정되면 Product 컴포넌트의 경로가 다음과 같이 정의된다.

```
<Route path="/product/:id" component={Product}/>
```

콜론 기호는 관련 컴포넌트에서 사용할 수 있는 파라미터를 정의한다. 이 예제에서 :id는 id라는 이름의 파라미터를 정의한다. 다음과 같이 사용한다.

```
render() {
  return (
    <div>
      <h4>
        Product Details for ID: {this.props.match.params.id}
      </h4>
    </div>
  );
}
```

Product 컴포넌트는 다음 화면과 같이 렌더링된다.

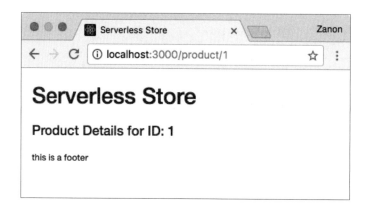

`localhost:3000/product/1` 경로는 id 파라미터의 값을 1로 만드는 것을 확인할 수 있다.

▍ SPA

기존의 다중 페이지 웹사이트에서는 각 URL이 서로 다른 HTML 페이지를 불러온다. example.com 페이지에서 example.com/about으로 이동해야 하는 경우 전체 화면을 다시 불러오면서 깜박이는 것처럼 느껴진다. 일반적으로 두 페이지는 페이지 머리글과 바닥글과 같은 유사한 콘텐츠를 공유하므로 페이지를 새로 불러오는 것은 시간 낭비다. 또한, CSS와 자바스크립트의 경우에도 마찬가지다.

단일 페이지 애플리케이션 SPA에는 모든 URL에 대해 불려지는 기본 HTML 파일이 있으며 지정된 URL에 따라 내부 내용이 주소와 일치하도록 동적으로 변경된다. 또한 URL 탐색은 자바스크립트를 사용해 클라이언트 측에서 제어된다.

한 URL에서 다른 URL로 변경해도 전체 페이지가 다시 불려지지는 않는다. 전체 새 파일을 불러오는 대신 서버에 요청해 새 주소에 필요한 것만 검색하고 페이지의 일부만 다시 렌더링한다.

SPA의 장단점

SPA는 더 나은 사용자 경험을 제공한다는 목표를 가진 현대적인 접근방식이지만 완벽한 것은 아니다. SPA를 사용하기 전에 알아야 할 장단점이 있다. 이 주제는 광범위할 수 있지만, 가장 관련성이 높은 항목만 살펴보자.

장점

SPA의 주요 장점은 다음과 같다.

- **페이지 새로 고침 없음**: 이것은 명확한 장점이다. 사용자가 다른 화면을 보려고 할 때, 페이지가 깜박이지 않는다. 웹페이지 탐색이 부드러운 화면 전환으로 더욱 즐거워진다.
- **결합도 감소**: 프론트엔드와 백엔드 코드의 결합도를 낮출 수 있다.
- **서버 측 코드 줄이기**: 서버리스 웹사이트를 구축할 때, 백엔드에서의 콜드 스타트 지연이 사용자 경험에 영향을 미칠 수 있다는 것을 고려해야 한다. SPA에서는 역동성을 살리기 위해 클라이언트 측에 기존보다 훨씬 더 많은 로직을 포함시킨다. 이 방법을 사용해 서버 측 코드의 크기를 줄이고 백엔드에 대한 요청 수를 줄임으로써 성능을 향상시킬 수 있다.

단점

SPA에는 몇 가지 단점이 있다.

- **더 큰 파일 크기**: 클라이언트 측에서 더 많은 로직을 가지고 있기 때문에, 일반적으로 자바스크립트 의존성이 더 크다. 이는 네트워크 상태가 나쁜 모바일 클라이언트의 경우 큰 문제가 된다. 파일이 크기 때문에 사이트를 처음 불러올 때 시간이 더 오래 걸리기 때문이다.

- **자바스크립트 필요**: 보안상의 이유로 자바스크립트를 사용하지 않는 경우가 아니면, 화려한 기능이 필요 없는 단순한 사이트에서도 SPA는 자바스크립트를 강제로 실행시킨다.
- **검색 엔진 최적화**: SPA 애플리케이션은 자바스크립트에 크게 의존한다. 구글 크롤러는 특수 조건에서 일부 자바스크립트 코드를 실행할 수 있지만, 일반적으로는 실행할 수 없다. 검색 엔진에서 웹사이트를 제대로 인식하게 하려면 해당 콘텐츠를 미리 렌더링해야 한다.

고려 사항

자바스크립트 코드의 양이 증가함에 따라 저 사양의 모바일 기기에서 SPA를 사용하면 성능이 좋지 않을 수 있다는 주장이 있다. 과거에는 맞는 말이었지만, 현재나 미래에는 맞는 말이 아닐 수 있다. 요즘은 저 사양 장치도 대부분 연산을 끊김 없이 완벽하게 실행할 수 있는 강력한 CPU를 갖추고 있다. 모바일 장치의 실제 문제는 계산 능력이 아니라 더 큰 코드를 다운로드하는 네트워크 성능이다.

이 책에서는 SPA를 고수할 것이다. 그 주된 이유는 SPA가 서버리스 방식에 잘 맞기 때문이다. SPA는 웹사이트를 실행하는 데 필요한 일부 컴퓨팅 비용을 클라이언트에게 부담시키는 현대적인 접근방식이다.

람다는 싸지만 무료는 아니다. 반면에 클라이언트에서 실행하는 것은 제한이 없다. 클라이언트에서 더 많은 로직을 처리하는 것이 성능에 큰 타격을 미치지 않는다면 애플리케이션의 상태를 처리하는 것은 람다에 요청하지 않는 것이 좋다. 람다는 UI 로직을 제어할 때가 아니라 데이터를 검색하거나 저장할 때 사용해야 한다.

그러나 IT 영역의 대부분의 기술과 마찬가지로 각 사례에 따라 다르게 적용해야 한다. 다중 페이지 애플리케이션의 이점도 많기 때문에 이를 사용하는 것이 잘못된 것은 아니다. 3장, '서버리스 프레임워크' 예제에서 봤듯이 다중 페이지에서는 JSON 데이터 대신 HTML 내용을 반환하도록 람다 함수를 구성하면 된다.

사전 렌더링 페이지

예제에서 사용한 프론트엔드 접근법은 레이아웃 전체가 React 컴포넌트를 사용한 자바스크립트 코드로 구성되어 있다. 웹페이지 사전 렌더링은 자바스크립트 코드를 실행하고 결과 HTML 파일을 저장하는 것을 의미한다.

대부분의 크롤러가 자바스크립트를 실행할 수 없기 때문에 앞 장에서 설명한 것처럼 검색 엔진 최적화SEO를 향상시키기 위해서는 페이지를 사전에 렌더링해야 한다. 구글 크롤러는 자바스크립트를 실행할 수는 있지만 모든 종류의 코드를 실행할 수는 없다.

팬텀JS 사용

팬텀JSPhantomJS는 HTTP 요청을 하고 HTML 결과를 저장하는 데 사용할 수 있는 웹킷 기반의 헤드리스headless 웹브라우저[8]다. 팬텀JS는 Node.js 모듈은 아니지만 Node.js 모듈을 사용할 수 있다. 노드 런타임 프로세스와 별개로 자체 프로세스에서 실행된다. 다운로드는 다음 공식 사이트에서 할 수 있다.

http://phamtomjs.org

4장에서 설명한 것처럼 HTTP 404 Not Found 오류가 발생할 때마다 index.html 페이지를 반환하도록 S3 버킷을 구성할 수 있다. 예를 들어, 사용자가 example.com/page1 주소를 탐색하면 S3에서 page1.html 파일을 찾고 page1.html 파일이 없으면 index.html 파일을 불러온다. SPA로 개발하면 브라우저 주소를 example.com/page1로 유지하면서 해당 page1 파일의 내용을 렌더링할 수 있나.

page1 파일을 미리 렌더링하면 결과 HTML을 S3 버킷에 업로드해야 한다. 그렇게 해서 다음 번에 example/page1 주소를 가져오려고 하면 page1.html 파일을 찾아 직접 불러온다. 실제 사용자를 위해 미리 렌더링된 페이지를 호출하는 것은 문제가 되지 않으며, 성

---

8 헤드리스(headless) 웹브라우저는 화면없이 테스트할 수 있는 웹브라우저로 커맨드라인 인터페이스(CLI)를 통해 실행하고 제어할 수 있는 브라우저다. 팬텀JS가 가장 유명하며, 자바로 작성된 HtmlUnit도 있다. – 옮긴이

능 측면에서는 훨씬 좋다. 사용자는 리액트 의존성을 가진 HTML 파일을 불러온다. 이 페이지는 곧바로 리액트 애플리케이션에 의해 제어되고 추가 요청은 일반 SPA로 처리된다.

페이지를 미리 렌더링하는 스크립트는 아주 간단하다. 다음 예제를 따라해보자.

```
const fs = require('fs');
const webPage = require('webpage');
const page = webPage.create();

const path = 'page1';
const url = 'https://example.com/' + path;
page.open(url, function (status) {

  if (status != 'success')
    throw 'Error trying to prerender ' + url;

  const content = page.content;
  fs.write(path, content, 'w');

  console.log("The file was saved.");
  phantom.exit();
});
```

팬덤JS 바이너리를 PATH에 추가하고 다음 명령을 실행해 테스트해본다.

```
phantomjs prerender.js
```

이 방법의 문제점 중 하나는 애플리케이션의 모든 페이지를 추적해야 한다는 것이다. 새 페이지가 추가되면 처리할 페이지 목록에 이 페이지를 포함시켜야 한다. 또한 애플리케이션의 루트 파일(index.html)을 미리 렌더링하고 S3 버킷에서 교체해야 한다.

결과 HTML 파일을 검색하면 모든 웹 크롤러에서 콘텐츠를 볼 수 있다.

람다 함수를 이용한 사전 렌더링

애플리케이션이 정적 웹사이트인 경우에는 모든 페이지를 한 번만 렌더링하면 된다. 그러나 서브리스 스토어 같은 동적 애플리케이션의 경우 크롤러에 예전 콘텐츠를 제공하지 않도록 페이지를 사전 렌더링하는 루틴이 필요하다. 예를 들어, 론리 버드^{Lonely Bird} 제품의 세부 정보는 https://serverless-store.com/products/lonely-bird 페이지에 표시된다. 제품이 수정되거나 삭제된 경우에는 /products/lonely-bird.html 파일에 변경 사항을 적용해야 한다. 이를 위해 다음 두 가지 옵션이 있다.

- 일부 콘텐츠가 수정될 때마다 람다 함수를 트리거해 페이지를 업데이트한다.
- 매일 실행해 모든 페이지를 업데이트하도록 람다 함수를 스케줄링한다.

두 경우 모두 람다 함수가 사용된다. 노드 모듈을 사용하지 않고 팬텀JS 바이너리를 호출하기 위해 Phantomjs-lambda-pack을 설치할 수 있다. 이 패키지는 람다에서 실행되는 아마존 리눅스 AMI 시스템과 호환되는 바이너리 파일을 제공하며 팬텀JS를 실행하는 하위 프로세스를 생성하기 때문에 노드 모듈처럼 사용할 수 있다. 다음 예제에서 사용되는 prerender.js 파일은 앞에서 구현한 코드다. 이 파일은 serverless.yml 파일과 동일한 폴더에 있어야 한다.

다음 코드는 람다 핸들러로 사용할 수 있다.

```
const phantomjsLambdaPack =
  require('phantomjs-lambda-pack');
const exec = phantomjsLambdaPack.exec;

exports.handler = (event, context, callback) => {
  exec('prerender.js', (err, stdout, stderr) => {
    console.log(err, 'finished');
    callback(err, 'finished');
  });
};
```

팬덤JS 코드는 최소한 1,024MB의 메모리와 180초의 타임아웃을 사용하는 람다 함수가 필요하다. 따라서 각 페이지마다 람다 함수를 요청하는 대신 여러 페이지를 처리하는 람다 함수를 호출하는 것이 좋다.

즉석에서 렌더링하기

웹페이지를 사전 렌더링하는 대신 즉석에서 렌더링할 수도 있다. 그렇게 하기 위해서는 요청이 크롤러에 의한 요청인지 확인하고 HTML 페이지를 렌더링하는 로직을 실행해야 한다. 크롤러 감지는 사용자 에이전트 문자열을 확인하고 이를 알려진 크롤러 목록과 비교해 수행한다. 이 방법은 효과가 있긴 하지만 정기적인 유지관리가 필요하며 모든 크롤러를 포괄하지는 못한다.

https://prerender.io라는 웹사이트는 크롤러가 탐지되면 즉석에서 사이트를 미리 렌더링하는 서비스를 제공한다. 서버에 관련 미들웨어를 설치하면 크롤러에 의한 요청을 확인하고 캐싱된 사전 렌더링된 페이지를 제공한다. 이 책의 예제에서는 서버없이 CloudFront/S3를 사용해 프론트엔드를 호스팅하고 있으므로 이 방법을 사용할 수 없다.

이런 문제를 해결하기 위해 AWS는 Lambda@Edge[9]라는 새로운 서비스를 출시했다. 현재 미리보기 단계에 있는 이 서비스는 모든 페이지 요청에 대해 edge 위치[10]에서 람다 함수를 실행한다. AWS는 이 람다 함수를 실행하는 데 빠른 수행 시간을 보장한다. 이 서비스는 에이전트가 크롤러인 경우 즉석 렌더링을 가능하게 하고, 응답 헤더를 수정하거나 에이전트, IP 주소, 참조자에 따라 내용을 추가하는 등의 경우 사용할 수 있다.

즉석에서 렌더링하는 것은 응답이 더 느리다는 단점이 있지만 람다 함수가 데이터베이스에 직접 액세스할 수 있기 때문에 렌더링된 페이지가 항상 최신 버전을 유지할 수 있다.

---

9 2017년 7월 Lambda@Edge가 정식 출시되었다. – 옮긴이
10 edge 위치는 AWS에서 클라우드프론트 서비스를 제공하는 실제 물리적인 위치를 의미한다. – 옮긴이

▌온라인 상점 구축

지금부터는 앞서 만든 Shopping Cart 데모를 응용해서 온라인 상점을 구축한다. 앞의 데모를 통해서 페이지 경로를 설정하는 방법과 Ajax 요청을 작성하는 방법을 알고 있으므로 이제 그 방법들을 이용해서 구축하면 된다. 이전 데모와 중요한 차이점은 Shopping Cart 컴포넌트와 Product List 컴포넌트가 서로 다른 페이지에 있다는 것이다. 다음은 필요한 페이지 목록이다.

- **홈페이지**: 사용자가 Shopping Cart 컴포넌트에 추가할 수 있는 사용 가능한 제품 목록을 표시한다.
- **제품 상세 페이지**: 이 페이지는 특정 제품의 세부 정보를 제공하는 전용 페이지다. 사용자가 이 페이지에서 제품의 리뷰를 보거나 새로운 리뷰를 추가할 수 있다.
- **장바구니 페이지**: 선택한 모든 제품을 표시하며 지불 처리를 담당한다.
- **가입 페이지**: 계정 생성을 처리한다.
- **로그인 페이지**: 사용자 로그인을 담당한다.
- **찾을 수 없는 페이지**: 입력한 주소가 없을 때 표시되는 페이지다.
- **오류 페이지**: 오류가 발생할 때 표시되는 페이지다.

이 책은 온라인 상점 예제의 모든 코드를 다루지는 않는다. 전체 코드에는 구현이 간단하거나 서버리스 개념과 관련이 없는 부분이 너무 많다. 팩트 리소스 또는 깃허브 (https://github.com/zanon-io/serverless-store)에서 전체 코드를 찾을 수 있다. https://serverless-store.zanon.io 주소로 접속하면 데모를 실행할 수 있다. 여기에서는 모든 코드를 보여주는 대신 중요한 부분에 집중한다. 다음 절에서는 각 페이지가 구현된 내용을 결과 화면과 함께 설명한다.

Navbar 컴포넌트

Navbar 컴포넌트는 모든 페이지에 표시돼야 하는 헤더 컴포넌트와 같다. 이를 구현하기 위해 다음 단계를 수행한다.

1. 먼저, 두 개의 Node 모듈 react-bootstrap과 react-router-bootstrap을 설치해야 한다. 다음 npm 명령을 사용해 설치한다.

```
npm install react-boostrap --save
npm install react-router-bootstrap --save
```

2. 다음 코드를 사용해 필요한 컴포넌트를 임포트한다.

```
import {
  Navbar, Nav, NavItem
} from 'react-bootstrap';
import {
  IndexLinkContainer, LinkContainer
} from 'react-router-bootstrap';
```

3. 다음 코드를 사용해 링크를 설정하는 Navbar 컴포넌트를 구현한다.

```
<Navbar>
  <Nav>
    <IndexLinkContainer to="/">
      <NavItem>Home</NavItem>
    </IndexLinkContainer>
    <LinkContainer to="/shopping-cart">
      <NavItem>Shopping Cart</NavItem>
    </LinkContainer>
  </Nav>
  <Nav pullRight>
    <LinkContainer to="/signup">
      <NavItem>Signup</NavItem>
    </LinkContainer>
    <LinkContainer to="/login">
```

```
      <NavItem>Login</NavItem>
    </LinkContainer>
    <NavItem>
      <span className="glyphicon glyphicon-bell">
      </span>
    </NavItem>
  </Nav>
</Navbar>
```

결과는 다음과 같을 것이다.

위 화면의 맨 오른쪽에 나오는 것은 알림 아이콘이다. 이것은 9장, '서버리스 알림 처리'
에서 다룬다.

홈페이지

홈페이지는 앞서 정의한 Product List 컴포넌트를 렌더링한다. 중요한 부분은 페이지 라
우터가 이 컴포넌트를 선택하는 방법이다. 앞에서 다음 코드를 사용했다.

```
<Route path="/" exact component={ProductList}/>
```

App 컴포넌트가 애플리케이션 상태 관리를 담당하므로 App 컴포넌트에서 Product List
컴포넌트로 일부 속성 값을 전달해야 한다. 여기서는 render 속성을 사용한다.

```
<Route path="/" exact render={
  () => <ProductList
        products={this.state.products}
        onSelect={this.handleSelect}/>
}/>
```

이는 App 컴포넌트와 상태를 공유해야 하는 다른 모든 컴포넌트에 동일하게 적용된다.

다음 화면에서 결과를 확인하자.

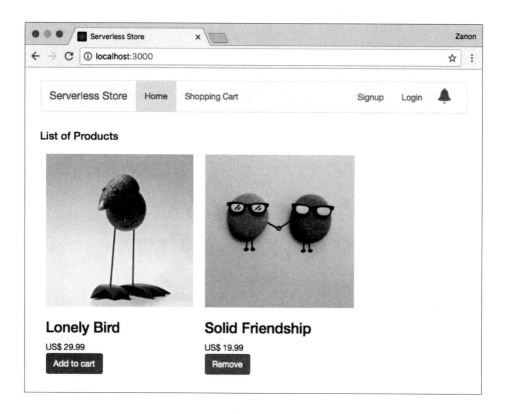

제품 상세 페이지

제품 상세 페이지는 제품 이미지를 클릭해 접근할 수 있다. 이 페이지에서 사용자는 제품과 고객 리뷰를 볼 수 있다.

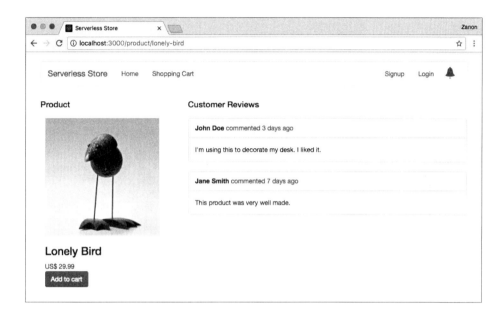

고객 리뷰 기능은 9장, '서버리스 알림 처리'에서 다룬다. 제품 상세 페이지를 표시하려면 다음 코드와 같이 Link 태그를 사용해 제품 이미지에 링크를 추가한다.

```
<Link to={`/product/${this.props.product.id}`}>
  <img src={this.props.product.image}/>
</Link>
```

필요한 또 다른 변경 사항은 페이지 경로가 렌더링할 제품을 식별할 수 있는 방법이다. 여기서는 props.match.param 객체에서 사용할 수 있는 URL 매개변수를 사용해 Product 컴포넌트를 렌더링하도록 Route 컴포넌트를 수정한다.

```
<Route path="/product/:id" render={
  (props) => <Product
            product={
              this.state
                .products
                .find(x =>
                  x.id === props.match.params.id)
            }
            onSelect={this.handleSelect}/>
}/>
```

장바구니 페이지

장바구니 페이지는 앞에서 만들었던 Shopping Cart 컴포넌트처럼 구현된다. 유일한 수정
사항은 결제 요청을 처리하는 데 사용될 Checkout 버튼을 추가하는 것이다.

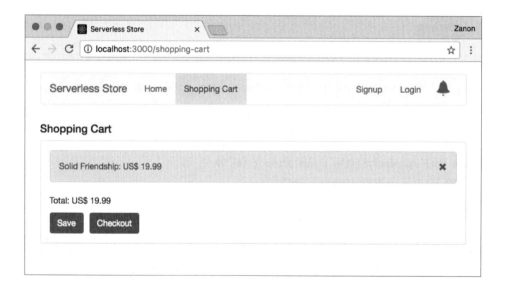

결제 처리는 제한된 사용자에게는 복잡한 기능이므로 여기서 다루지 않는다. 이 서비스가 필요한 경우 Stripe(https://stripe.com)를 확인해보자.

사용자가 이 버튼을 클릭하면 다음 화면과 같이 모달 윈도우가 표시된다.

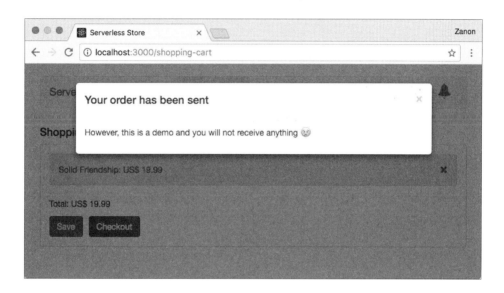

모달 윈도우는 다음 예제와 같이 react-bootstrap 컴포넌트를 사용해 구현된다.

```
<Modal show={this.state.showModal} onHide={this.closeModal}>
  <Modal.Header closeButton>
    <Modal.Title>Your order has been sent</Modal.Title>
  </Modal.Header>
  <Modal.Body>
    <p>However, this is a demo...</p>
  </Modal.Body>
</Modal>
```

다음 코드에서 closeModal은 showModal 상태를 false로 설정하는 메소드다.

```
closeModal() {
  this.setState({ showModal: false });
}
```

로그인과 가입 페이지

로그인과 가입 페이지는 다음 화면과 같이 간단한 양식으로 구현된다.

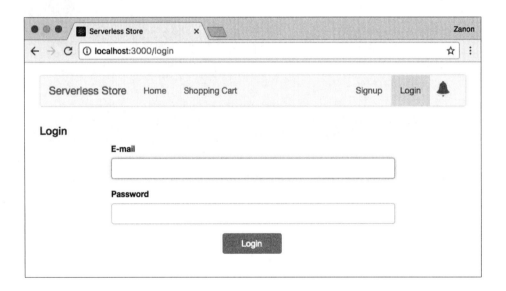

유일한 차이점은 가입 페이지에는 확인을 위해 사용자가 암호를 다시 입력하도록 요청하는 추가 필드가 있다는 것이다.

두 기능은 8장, '서버리스 애플리케이션 보안'에서 다룬다.

오류 페이지

웹 서비스 오류를 보여주려면 HTTP 404 Not Found와 HTTP 500 Internal Server Error 두 가지 상태 코드를 지원해야 한다. Not Found 상태 코드는 URL이 어떤 페이지와도 일치하지 않을 때 렌더링되며, Internal Server Error는 클라우드프론트가 S3에서 올바른 리소스를 가져오지 못하면 렌더링되고 오류 페이지로 리디렉션된다.

두 페이지 모두 경고 메시지를 표시하도록 구현된다.

다음 화면의 오류 페이지를 살펴보자.

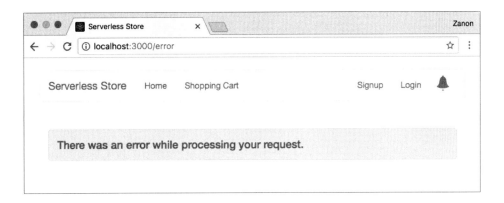

다음 화면에서 Not Found 상태 코드를 살펴보자.

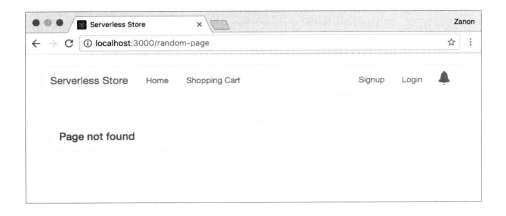

▮ 요약

5장에서는 최신 툴을 사용해 서버리스 프론트엔드를 구축하는 방법을 보여주기 위해 리액트의 기초를 다뤘다. 그리고 SPA와 SEO 개선을 위해 페이지를 미리 렌더링하는 방법도 설명했다. 또한 예제를 통해 서버리스 상점의 프론트엔드 구축 방법을 살펴봤다.

6장에서는 온라인 상점의 서버리스 백엔드를 구축하고 서버리스 아키텍처와 RESTful API에 대해 자세히 배운다.

06

백엔드 개발

서버 없이 백엔드를 개발하는 방법은 서버리스 개념의 주요 목적일 뿐만 아니라 가장 흥미로운 부분이기도 하다. 이런 개발 방법은 하나의 거대한 애플리케이션을 통째로 배포하는 것이 아니라 배포 가능한 작은 로직 조각으로 프로젝트를 분리해 배포하는 방식으로 패러다임을 변화시켰다. 이 장에서는 프로젝트를 분리하는 방법과 다음 REST 원칙을 사용해 백엔드를 구축하는 서버리스 온라인 스토어의 개발을 계속해서 해나간다.

6장에서 다루는 내용은 다음과 같다.

- 서버리스 아키텍처 개요
- 프로젝트 코드 구성
- RESTful 서비스 만드는 방법

이 장을 마치면 서버리스 온라인 상점의 백엔드를 구축하게 될 것이다.

▮ 프로젝트 아키텍처 정의

이 장에서는 서버리스 아키텍처를 위한 4가지의 접근법을 다룬다.

- **나노서비스**Nanoservices: 각 기능마다 각자의 람다 함수가 있다.
- **마이크로서비스**Microservices: 각 람다가 단일 자원의 모든 HTTP 요청을 처리한다.
- **모놀리스**Monolith: 모놀리스는 하나의 람다 함수가 모든 기능들을 처리한다.
- **그래프**Graph: 그래프는 REST API의 대안인 그래프QL 표준을 사용한다.

앞으로 살펴보겠지만, 각 아키텍처 접근법에는 장단점이 있을 뿐 어느 것도 완벽한 해결책은 아니다. 장단점을 따져본 후에 특정 사용 사례에 가장 적합하다고 생각되는 항목을 선택해야 한다. 아키텍처 접근법의 장단점에 대해 좀 더 자세히 살펴보자.

모놀리스와 마이크로서비스의 차이

서버리스 아키텍처를 선택할 때 애플리케이션이 람다 함수(모놀리스 혹은 그래프)를 하나만 실행하게 할 것인지 혹은 다중 람다 함수를 갖게 할 것인지부터 결정해야 한다. 람다 함수의 수는 배포 단위의 수를 나타낸다.

모놀리스는 모든 기능이 단일 솔루션으로 개발돼 코드 일부를 수정하면 전체 솔루션을 새로 배포해야 하는 독립형 애플리케이션이다.

마이크로서비스 아키텍처는 그 반대 개념이다. 별도로 배포할 수 있는 여러 개의 단위가 있으며, 각 단위는 전체 솔루션의 고유한 부분을 담당한다. 마이크로서비스 아키텍처를 따르려면 애플리케이션에 모듈성을 추가해야 한다. 대규모 애플리케이션에 HTTP 요청을 통해 서로 통신할 수 있는 일련의 작은 서비스로 분해해야 한다. 마이크로서비스는 제한된 컨텍스트의 개념을 사용한다. 예를 들어 온라인 상점에서는 제품 판매와 관련된 모든 비즈니스 규칙을 나타내는 영업을 위한 컨텍스트와, 고객 서비스와 관련된 기능을 포함하는 지원을 위한 컨텍스트가 있다. 비즈니스 규칙이 다르며 독립적으로 진화할 수 있다는 점을 고려해 이런 부분을 분리할 수 있다. 지원 규칙의 수정 사항들은 영업 기능에 영향을 미치면 안 된다. 그래서 다른 서비스들을 배포하지 않고도 하나의 서비스를 배포할 수 있으므로, 여러 팀이 동시에 다른 상황에서 쉽게 작업할 수 있게 만든다.

일반적으로 마이크로서비스의 장점은 다음과 같다.

- 관심사와 모듈성의 분리 개선
- 독립적이 수시 배포
- 팀을 분리해 좀 더 수월하게 개발

다른 모든 것들과 마찬가지로 다음과 같은 단점도 있다.

- 더 많은 데브옵스 노력(서버리스 프레임워크에 의해 완화될 수 있다)
- 분산된 시스템은 더 복잡함
- 여러 서비스 간의 통합 테스트 어려움

나노서비스

나노서비스Nanoservices는 모놀리스 애플리케이션에서 추출할 수 있는 가장 작은 부분이다. 하나의 모놀리스를 여러 개의 마이크로서비스로 분리할 수도 있고, 마이크로서비스를 여러 개의 나노서비스로 다시 나눌 수도 있다.

예를 들어 사용자 마이크로서비스는 사용자와 관련된 생성, 검색, 업데이트, 삭제, 암호 복구 등과 같은 모든 작업을 처리하는 사용자 마이크로서비스를 가질 수 있다. 사용자 검색은 10줄 미만의 코드로 매우 간단하게 구현할 수 있는 단일 기능이다. 단지 이 단순 로직 부분만 람다 함수를 생성하면 나노서비스가 생성된다.

다음 그림은 노출된 각 기능에 자체 람다 함수와 HTTP 엔드포인트가 있음을 보여준다.

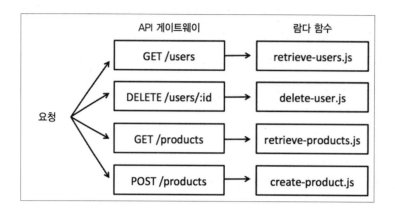

다음과 같은 애플리케이션을 빌드하려면 serverless.yml 파일을 구성해 각 기능에 고유한 엔드포인트를 설정해야 한다.

```
functions:
  retrieveUsers:
    handler: handlers.retrieveUsers
    events:
      - http: GET users
  deleteUser:
    handler: handlers.deleteUser
    events:
      - http: DELETE users
  retrieveProducts:
    handler: handlers.retrieveProducts
    events:
      - http: GET products
  createProduct:
    handler: handlers.createProduct
    events:
      - http: POST products
```

단순성 때문에, 이 예제는 솔루션에서 요구되는 옵션(OPTIONS) 요청 방법을 무시했다. 이 유는 교차점(Cross-Origin) 요청 시 브라우저는 POST, PUT, PATCH, DELETE를 실행하기 전 CORS 헤더를 확인하기 위해 OPTIONS을 사전 조사하기 때문이다. 뒷부분에서 이 부분에 대해 더 자세히 다룬다.

나노서비스 아키텍처의 장단점은 다음과 같다.

장점:

- 관심사의 분리aspect는 시스템의 다른 부분에 영향을 주지 않고 기능 하나를 수정할 수 있다. 자율 운영팀은 갈등을 최소화할 수 있는 혜택을 얻는다.
- 함수가 단일 책임을 가지면 문제를 디버깅하는 것이 훨씬 쉽다.

단점:

- 성능이 저하될 수 있다. 일부 기능이 거의 트리거되지 않기 때문에 콜드 시작 지연이 더 자주 발생한다.
- 큰 프로젝트에서는 수백 가지 기능을 사용할 수 있다. 거대한 수의 논리적 부분이 있다면 혜택보다는 불이익이 많다.

마이크로서비스

마이크로서비스Microsevices 패턴은 애플리케이션의 제한된 컨텍스트와 관련된 기능에 모듈화를 추가한다. 이 아키텍처에서 각 람다 함수는 단일 리소스의 모든 HTTP 요청 방법을 처리한다. 일반적으로 각 함수당 5개의 처리 방법(GET, POST, PUT, DELETE, OPTIONS)이 있다.

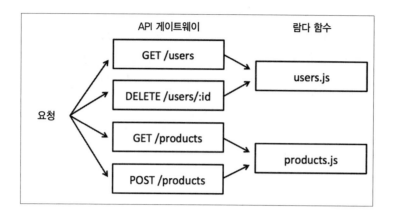

앞의 시스템은 serverless.yml 파일에 의해 두 개의 제한된 컨텍스트로 정의할 수 있다. 여기서 지정된 컨텍스트의 모든 HTTP 메소드는 동일한 람다 함수를 참조한다.

```
functions:
  users:
    handler: handlers.users
    events:
      - http: GET users
      - http: DELETE users
  products:
    handler: handlers.products
    events:
      - http: GET products
      - http: POST products
```

마이크로서비스 아키텍처의 장단점은 다음과 같다.

장점:

- 관리할 람다 함수의 수를 줄일 수 있다.
- 콜드 스타트가 적으면 성능이 나노서비스보다 약간 더 좋을 수 있다.

단점:

- 각 함수에는 더 많은 옵션과 가능한 결과가 있기 때문에 디버깅은 조금 더 복잡하다.
- 각 요청을 올바르게 처리하려면 라우팅 메커니즘을 구현해야 한다.

라우팅 메커니즘은 람다 이벤트를 사용해 HTTP 메소드 및 REST 리소스를 찾는 간단한 switch ... case 문으로 구현할 수 있다.

```javascript
module.exports.users = (event, context, callback) => {

  switch(`${event.httpMethod} ${event.resource}`) {
    case 'GET /users':
      users.retrieveUsers(callback);
      break;
    case 'DELETE /users':
      let id = JSON.parse(event.body).id;
      users.deleteUser(id, callback);
      break;
    default:
      // 예상하지 못한 결과 처리
  }
};
```

모놀리스

모놀리스Monolith 패턴은 단지 하나의 람다 함수를 사용해 애플리케이션의 기능을 모두 처리한다. 이 경우에 동일한 람다 함수를 트리거하는 모든 애플리케이션의 엔드포인트를 갖게 된다.

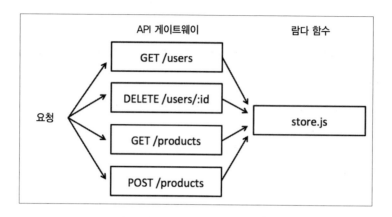

위의 예제는 다음과 같이 나타낼 수 있다.

```
functions:
  store:
    handler: handler.store
    events:
      - http: GET users
      - http: DELETE users
      - http: GET products
      - http: POST products
```

모노리스 아키텍처가 반드시 나쁜 것은 아니다. 콜드 딜레이^{cold delay}를 최소화해야 하는 소형 애플리케이션의 경우, 실제로 최상의 선택일 수 있다. 장단점을 살펴보자.

장점:

- 모든 엔드포인트(서비스가 접근하는 방법)가 동일한 람다 함수를 사용할 때, 코드는 지속적으로 캐싱되고 시스템에서 콜드 스타트[1]가 거의 일어나지 않는다.
- 하나의 리소스이기 때문에 빠르게 배포할 수 있다.

---

1 콜드 스타트는 캐시되는 데이터가 없는 상태다. – 옮긴이

단점:

- 대규모 애플리케이션 경우 각 요청을 처리하기 위해 복잡한 라우팅 시스템을 구축해야 하며, 이것은 아키텍처를 인지할 수 없게 변형될 수 있다.
- 코드 베이스가 지나치게 많은 의존성으로 커지면 단일 실행 성능이 저하된다.
- 디버깅 문제들이 훨씬 더 어려워질 것이다.
- 각 코드마다 고유한 실행이 있기 때문에 메모리 프로비저닝과 시간 제한 설정은 훨씬 어렵다.

그래프

그래프Graph 패턴은 페이스북에서 제안된 그래프QL 표준을 기반으로 한다. RESTfull APIs에 대한 대안을 제공하는 최신 기술로 서버리스 프로젝트들 사이에서 인기가 증가하고 있어, 이 책에서 다룬다.

이 패턴에는 단일 엔드포인트[2]에서 하나의 람다 함수가 수행된다. 이 엔드포인트는 클라이언트가 요청하는 모든 형식의 데이터를 가져오는 GraphQL을 트리거하는 쿼리다.

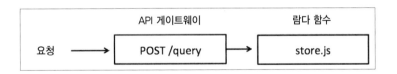

 단 하나의 엔드포인트[2]만 사용할 수 있는 것은 아니다. 엔드포인트가 많을 수도 있다. 이 패턴의 목적은 인터페이스 수를 줄이는 것이다.

---

2 엔드포인트는 서비스에 접근하는 방법을 말하는 것으로, 프로토콜 주소 등에 대한 정보가 포함된다. – 옮긴이

Serverless.yam 파일은 매우 단순하다.

```
functions:
  store:
    handler: handler.store
    events:
      - http: POST query
```

여기에서 람다 함수 내부에 그래프QL API를 구축하는 간단한 예를 다음 단계를 통해 살펴보자.

1. 그래프QL 모듈(npm install graphql --save)을 설치하라. Handler.js 함수 안에 이 함수가 필요하다.

```
const { graphql, buildSchema }
  = require('graphql');
```

2. 다음 단계는 데이터 구성 방법을 설명한다. 다음 예제는 사용자가 구매하고자 하는 제품 목록이 들어있는 장바구니 엔티티(ShoppingCart Entity)이다. 객체 키는 속성 이름이고 값은 데이터 유형이다. 스키마는 buildSchema 함수에 의해 컴파일된 문자열 입력이다.

```
const schema = buildSchema(`
  type Query {
    cart: ShoppingCart
  }

  type ShoppingCart {
    products: [Product],
    promotionCode: String,
    discountPercentage: Int
  }
```

```
  type Product {
    name: String,
    code: String,
    quantity: Int,
    price: Int
  }
`);
```

 decimal 데이터 유형은 내장형 데이터 형식은 아니지만 integer 타입의 달러($1,$2) 방식 대신 페니 단위(0.1(페니), 0.25(쿼터) 등)로 계산할 수 있다. 그래프QL은 float 데이터 유형을 제공하지만, 통화 처리가 가능할 정도의 신뢰성은 없다.

3. 정의된 스키마를 따르는 JSON 객체를 살펴보자.

```
const data = {
  "cart": {
    "products": [
      {
        "name": "Lonely Bird",
        "code": "FOO",
        "quantity": 1,
        "price": 2999
      },
      {
        "name": "Solid Friendship",
        "code": "BAR",
        "quantity": 1,
        "price": 1999
      }
    ],
    promotionCode: null,
    discountPercentage: 0
  }
};
```

이 예제에서는 data 변수를 통해 전체 데이터 세트가 그래프QL 함수에 대한 입력으로 제공된다. 그러나 실제 애플리케이션에서는 전체 데이터베이스를 메모리에 로드하는 것은 불가능하다. 이 사례에서 수행한 내용은 그래프QL 엔진이 필요한 데이터를 어떻게 가져오는지 알려주는 스키마 정의에서 리졸버(Resolver) 함수를 정의하는 것이다. 이는 데이터베이스에 질의하는 방법을 의미한다.

4. 데이터가 어떻게 구성됐는지, 어디에 있는지 정의한 후 graphql을 사용해 데이터를 조회할 수 있다. 이 쿼리는 클라이언트에 의해 정의되며, 람다 함수 event 입력에 사용할 수 있다. 예를 들어 클라이언트가 전송한 이 쿼리를 고려해보자.

```
const query = `{
  cart {
    products {
      name
      quantity
      price
    }
    discountPercentage
  }
}`;
```

이 쿼리에서 클라이언트는 선택된 제품 목록을 알고 싶어 하지만, 클라이언트가 관심이 없는 일부 정보도 있다. 예를 들어 클라이언트는 제품의 code나, promotionCode가 이 장바구니에 연결되어 있는지는 알고 싶어 하지 않는다.

5. 람다 함수를 사용하려면 schema, query, data 인수를 전달하는 graphql 함수를 호출한다.

```
module.exports.store = (event, context, callback)
  => {
```

246

```
    const query = JSON.parse(event.body);

    graphql(schema, query, data)
      .then((resp) => {

      const response = {
        statusCode: 200,
        body: JSON.stringify(resp)
      };

      callback(null, response);
    });
  }; ?
```

6. 이 함수에 대한 요청은 다음 JSON 객체를 반환한다.

```
{
  "data": {
    "cart": {
      "products": [
        {
          "name": "Lonely Bird",
          "quantity": 1,
          "price": 2999
        },
        {
          "name": "Solid Friendship",
          "quantity": 1,
          "price": 1999
        }
      ],
      discountPercentage: 0
    }
  }
}
```

클라이언트가 필요한 것을 정확히 요청하고, 해당 데이터를 원하는 형식으로 수신할 수 있는 단순한 구문이라야 그래프QL의 장점이 극대화된다. 이 모델에서는 단일 요청으로 여러 자원에 대한 데이터를 가져 올 수 있다. RESTful APIs의 흥미로운 대안이 될 수 있지만, 이것도 한계가 있다. REST와 관련된 장단점을 무시하고, 다음 목록에서는 서버리스 아키텍처를 위한 솔루션으로 그래프 패턴의 장단점을 비교한다.

장점:

- 그래프 쿼리는 모놀리스 접근의 라우팅 매커니즘을 대체할 수 있다.
- 모든 엔드포인트가 동일한 람다 함수를 사용할 때, 코드는 지속적으로 캐싱되고 콜드 스타트는 거의 일어나지 않는다.
- 하나의 함수와 하나의 엔드포인트로 빠른 배포가 가능하다.

단점:

- 실행해야 하는 소스코드의 종속성이 너무 많아지는 경우 람다 크기는 성능을 저하시킬 수 있다.
- 각 쿼리마다 고유한 실행이 있기 때문에 메모리 프로비저닝과 시간 제한 설정은 훨씬 어렵다.

그 밖에도 그래프QL의 기능은 많이 있으며, http://graphql.org/learn을 참고해 이 책에서 다루는 내용뿐 아니라 더 많은 기능을 배울 수 있다.

서로 다른 명명

서버리스 프레임워크 팀은 서버리스 아키텍처와 관점이 비슷하다. 이 아키텍처는 https://serverless.com/blog/serverless-architecture-code-patterns에서 확인하자.

서버리스 프레임워크 팀은 '나노서비스'를 '마이크로서비스'라고 부르지만, 나의 견해로는 모든 단일 기능이 하나의 마이크로서비스로 간주되는 아키텍처 스타일을 설명하기에 마이크로서비스가 적절한 용어는 아니다. 마이크로서비스의 개념은 기능의 진화와 관리의 편의성을 위해 몇 개의 고유한 부분으로 나눠진 모놀리스 애플리케이션을 처리하기 위해 등장했다. 고유한 영역을 너무 잘게 나누면 원칙 적용이 쉽지 않다. 다행스럽게 서버리스 프레임워크는 수십 개의 서비스를 다루기 쉽게 만들지만, 전통적인 애플리케이션의 경우 마이크로서비스가 너무 세부적으로 나눠질 때, 유지보수 및 커뮤니케이션 오버헤드가 증가해 장점보다 커지게 된다. 이런 부분의 차별화를 위한 것이 나노서비스다.

또한 나노서비스는 내가 '마이크로서비스'라 부르는 패턴을 '서비스'로 명명했다. 이런 패턴은 원하는 대로 지정할 수 있지만, 그 용어가 혼란스러울 수 있다는 점을 이해해야 한다.

다음 그림은 모놀리스와 마이크로서비스, 나노서비스 아키텍처의 차이점을 보여준다.

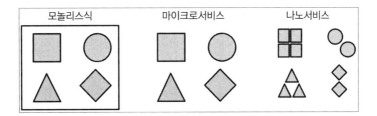

▌ 백엔드 개발

이 장의 아키텍처를 개략적으로 살펴본 후에, 백엔드 구축을 시작할 수 있다. 이 샘플은 간단한 예제이며, 콜드 스타트 지연을 줄일 수 있고 백엔드 로직이 매우 적은 모놀리스 아키텍처를 선택했다. 독자들은 솔루션의 사용 사례에 대해 생각해보고 각 옵션의 장단점을 생각해볼 필요가 있다.

기능 정의

5장에서 프론트엔드를 개발하고 정적 페이지를 만들기 위해 일부 데이터를 하드코딩했다. 지금부터 프론트엔드에서 사용하게 될 필요한 정보를 공개하는 백엔드를 만들려고 한다. 프론트엔드와 백엔드에서 어떤 기능이 필요한지 살펴보자.

1. Home Page: 이 페이지에는 표시 가능한 모든 제품의 목록이 필요하다.
2. Product details: 이 페이지는 사용자의 코멘트^{Comments}가 포함된 제품에 대한 상세한 정보가 필요하다.
3. Shopping Cart: 이 페이지는 선택한 제품들이 표시되고 사용자들이 저장하거나 체크아웃할 수 있게 해야 한다.
4. Signup page: 이 페이지 로직은 8장, '서버리스 애플리케이션 보안'에서 구현한다.
5. Login page: 이 페이지 로직은 8장, '서버리스 애플리케이션 보안'에서 구현한다.
6. Page not found: URL이 유효하지 않은 경우 백엔드에 요청할 필요가 없다.
7. Error page: 이 페이지는 오류가 발생했을 때 백엔드에 어떤 추가 요청도 하지 않는다.

이런 페이지들 이외에도 모든 페이지를 보여줄 수 있는 Navbar 구성요소가 있으며 알림 아이콘도 있다. 이 기능은 9장, '서버리스 알림 처리'에서 구현한다.

요약하면 다음과 같은 기능을 구현해야 한다.

1. 판매할 수 있는 모든 제품 검색
2. 특정 제품의 세부정보 검색
3. 장바구니 컴포넌트에서 선택된 제품 목록 검색
4. 선택된 제품 목록 저장
5. 장바구니 체크아웃

간단히 말하면 두 번째와 세 번째 기능은 첫 번째 기능의 결과로 제공된다. 즉, 사용자에게 필요한 제품 목록을 요청하면, 응답 객체는 각 제품의 정보뿐 아니라 제품이 장바구니에 있는지 여부도 알려준다. 이런 접근방법은 제품 데이터가 많지 않기 때문에 가능한 것이다. 판매하는 제품이 수백 개나 되는 실제 온라인 매장이라면 요청을 분리해야 한다.

코드 구성

프로젝트의 파일을 구성하는 방법은 개인의 선택이다. 하지만 파일에 유의미한 이름을 사용해야 나중에 파일을 찾기 쉽다. 이 프로젝트에서는 다음과 같은 구조를 사용한다.

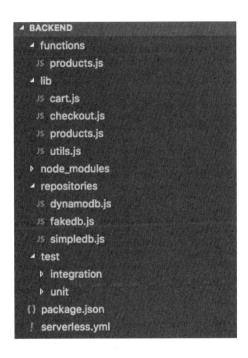

다음은 위 화면에 표시된 각 폴더에 대한 간략한 설명이다.

- functions: AWS에 직접 배포할 람다 함수들이다. 모놀리스 애플리케이션은 하나의 함수만 가지고 있다. 이 함수는 제품과 관련된 모든 것을 처리한다. 사용자 생성이나 인증 처리를 위해 코그니토를 사용하기 때문에 람다 함수를 사용하지 않는다.
- lib: 서로 다른 람다 함수가 사용할 수 있는 일반적인 애플리케이션 로직이다.
- node_modules: 프로젝트 폴더에 설치된 노드 종속성이며 package.json 파일에 의해 참조된다. 람다 함수에 의해 압축될 것이다.
- repositories: 이 폴더에는 데이터베이스와 연결하고 쿼리를 정의하는 인프라스트럭처 코드가 있다. 이것은 7장, '서버리스 데이터베이스의 관리'에서 구현한다. 또한, 화면을 보면 심플DB와 다이나모DB의 쿼리를 구현할 것임을 알 수 있다. 이 장에서는 테스트를 할 때 FakeDB를 이용해 하드코딩된 데이터를 제공한다.
- test: 이 폴더에는 유닛 및 통합 테스트 파일이 들어 있다. 10장, '테스트, 배포, 모니터링'에서 구현한다.

다른 폴더에서 람다 함수 참조

서버리스 프레임워크를 사용해 새 서비스를 만들면 serverless.yml 파일이 만들어져 샘플 함수를 참조한다.

```
functions:
  hello:
    handler: handler.hello
```

여기에서 주의할 것은 handler.hello는 서버리스 프레임워크가 serverless.yml 파일과 같은 폴더에 있는 handler.js 찾으려고 하고, 내보내진 Hello 함수를 찾는 것을 의미한다. 대형 프로젝트에서는 하위폴더에서 처리^{handler} 함수를 분리하는 것이 좋다. foldername/file.function처럼 구문은 아주 직관적이다.

다음 예제를 살펴보자.

```
functions:
  hello:
    handler: subfolder/handler.hello
  goodbye:
    handler: lambdas/greetings.bye
```

이 프로젝트에서는 다음 코드를 사용했다.

```
functions:
  products:
    handler: functions/products.handler
```

다양한 서비스 이용

그 외에 주의할 점은 서버리스 프레임워크는 serverless.yml 파일의 같은 레벨 혹은 그 이하 레벨에 있는 내용만으로 ZIP 폴더를 만들 것이다. serverless.yml 파일의 상위 레벨의 종속성을 포함시킬 수 없다. 이 함축적 의미는 만약 프로젝트에서 고유한 serverless. yml 파일을 각각 가진 서로 다른 두 개의 서비스를 사용하는 경우, 해당 서비스 간 직접적인 종속성을 공유할 수 없다.

다음 화면은 이런 이슈가 있는 프로젝트의 예제다.

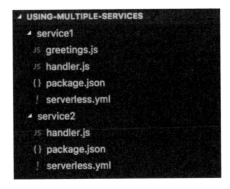

greetings.js 파일은 단 한 줄의 코드로 구성된 간단한 Node.js 모듈이다.

```
module.exports.saySomething = () => 'hello';
```

service1과 service2의 두 개의 handler.js 파일은 greeting 모듈을 사용해 메시지를 반환하도록 구현됐다.

```
const response = {
    statusCode: 200,
    body: JSON.stringify({
        message: greetings.saySomething()
    })
};
```

두 개의 handler.js 파일에서 유일한 다른 점은 greeting 모듈이 로드되는 방법이다. 동일한 레벨에 있는 첫 번째 서비스에서 다음 코드를 사용해 로드한다.

```
const greetings = require('./greetings');
```

두 번째 서비스에서 service1 파일을 참조한다.

```
const greetings = require('../service1/greetings');
```

service2 함수를 로컬에서 테스트하면(serverless invoke local --function hello), 실행에는 문제가 없지만, AWS 배포에는 실패할 것이다. 이유는 ZIP 파일은 종속성과 함께 배포되지 않기 때문이다.

이 문제를 해결하기 위해 두 가지 해법이 있다.

- 여러 가지 사용을 피한다. 단일 서비스에 이들을 집계하고, 병합된 severless. yml 파일을 프로젝트 루트 파일에 위치시킨다.
- 공통적인 종속성을 관리하려면 로컬 npm 패키지를 사용한다.

나는 첫 번째 옵션을 선호하지만, 두 번째 옵션도 유효하다. 로컬 npm 패키지를 생성하기 위해서 공통적인 종속성을 포함하는 담고 있는 폴더를 찾은 후 아래 명령을 실행한다.

```
npm pack
```

이 명령은 공개된 npm 모듈을 위해 생성한 것과 정확히 같은 형식의 압축 패키지를 생성한다.

지금 서버리스 서비스가 포함된 폴더에서 다음 명령어를 사용해 패키지를 로컬에 설치한다.

```
npm install ../path/to/pack.tgz
```

 공통적인 종속성이 변경될 때마다 프로세스를 반복해야 한다. 지속적으로 업데이트되는 경우, 이 단계를 빌드 워크플로우(build workflow)에 포함시켜야 한다.

엔드포인트 설정

이미 알고 있듯이, 서버리스 기능을 공개하려면 API 게이트웨이 엔드포인트를 생성해야 한다. 이 작업은 serverless.yml 파일에서 수행되고, 다음 예제는 서버리스 저장소를 위한 엔드포인트가 어떻게 생성되는지를 보여준다.

```
functions:
  products:
    handler: functions/products.handler
    events:
      - http: GET products
      - http: PUT cart
      - http: OPTIONS cart
      - http: POST checkout
      - http: OPTIONS checkout
```

 교차점 요청에서 POST, PUT, PATCH, 혹은 DELETE 요청을 지원하는 경우 OPTIONS 엔드포인트 설정은 필수다. 그 이유는 브라우저에 의한 보안 조치다. 자원을 변경할 수 있는 HTTP 요청이 만들어지기 전, OPTIONS 요청을 통해 사전 점검을 한다. 이 요청은 CORS 여부와 HTTP 요청이 허용되는지 여부를 확인한다.

RESTful API

RESTful API가 익숙하지 않다면, 최소한 다음과 같은 공통 HTTP 요청방법과 그 사용법을 알아야 한다.

- GET: 서버에 데이터를 요청할 때 사용된다.
- POST: 자원을 생성하거나 수정하는 데 사용된다.
  - POST/Resources: ID없이 새로운 엘리먼트가 생성된다.
  - POST/resource/id: ID를 알고 있어서 요청에 전달하면, 엘리먼트는 업데이트된다. 일반적으로 리소스를 만들 때 사용하고, 업데이트할 때 사용하지 않는다.
  - POST/resource/new-id: 주어진 ID를 위한 자원이 없으면, 이 요청은 오류로 반환된다.

- PUT: 자원을 생성하거나 수정할 때 사용된다.
  - PUT/resource: ID가 필요하기 때문에 에러가 반환된다.
  - PUT/resource/id: 제공된 데이터와 함께 전체 객체가 대체된다.
  - PUT/resource/new-id: 리소스를 위해 주어진 ID가 없다면 생성된다.
- PATCH: 주어진 데이터와 함께 전체 리소스를 대체하는 대신 부분 업데이트에 사용된다. 입력과 일치하지 않는 속성들을 업데이트하거나 제거하지 않는다.
- DELETE: 자원을 삭제 시 사용되며, ID는 제공돼야 한다.
- OPTION: 허용된 HTTP 요청을 반환하고, CORS 사용 가능 여부를 알려준다.

HTTP 요청 라우팅

라우팅 전략을 위해 이미 예시한 것처럼, 경로 식별을 위해 httpMethod와 resources를 사용해 swich..case 문을 사용할 수 있다. 나는 여기에 try..catch 문을 추가하는 것을 제안한다. 이는 람다가 에러 메시지를 삼키는 대신 예상하지 못한 에러에 대해 경고할 수 있다.

다음 예제는 products 함수의 경로를 구현하는 방법을 보여준다.

```
module.exports.handler = (event, context, callback) => {
  try {
    switch(`${event.httpMethod} ${event.resource}`) {
      case 'GET /products':
        products.retrieveAll(callback);
        break;
      case 'PUT /cart':
        const id = JSON.parse(event.body).id;
        cart.saveCart(id, callback);
        break;
      case 'OPTIONS /cart':
        utils.optionsHandler(callback);
```

```
      break;
    case 'POST /checkout':
      checkout.processCheckout(callback);
      break;
    case 'OPTIONS /checkout':
      utils.optionsHandler(callback);
      break;
    default:
      utils.notFoundHandler(callback);
    }
  } catch (err) {
    utils.errorHandler(err, callback);
  }
};
```

 기억해야 할 것은 서버리스를 배포하려면 람다 함수와 엔드포인트[3]를 생성해야 한다. 그러나 그 이후에 서버리스 배포 함수 명령어 --function 함수를 사용하면 더 빠르게 배포할 수 있다.

다음 절에서는 응답을 처리하기 위해 utils 모듈 작성에 대해 설명한다.

HTTP 응답 처리

일반적으로 최소한 네 가지 응답 유형을 처리해야 한다.

1. Success: 요청이 성공적으로 처리되는 경우 HTTP 200 ok가 리턴된다.

2. Error: 백엔드에서 에러가 발생한 경우 HTTP 500 Internal Server Error가 리턴된다.

3. Not found: 클라이언트 요청이 존재하지 않는 경우 HTTP 200 OK가 리턴된다.

---

3 엔드포인트는 서비스에 접근하는 방법이다. – 옮긴이

4. Options: 이 리소스에 허용된 방법과 함께 처리되는 경우 HTTP 200 OK가 리턴된다.

클라이언트에서 필요한 파라미터 없이 요청을 보낼 때 400 Bad Request와 같은 HTTP 상태 코드가 많이 있다. 그러나 광범위한 상태 코드 목록을 다루는 것은 이 책의 범위에서 벗어나고, 대부분 주요 애플리케이션에서 사용되지 않는다.

다음 코드는 해당 처리를 구현하는 방법을 보여준다.

```javascript
const corsHeaders = {
  'Access-Control-Allow-Origin': '*'
};

module.exports.successHandler = (obj, callback) => {
  callback(null, {
    statusCode: 200,
    headers: corsHeaders,
    body: JSON.stringify(obj)
  });
};

module.exports.errorHandler = (err, callback) => {
  callback(null, {
    statusCode: 500,
    headers: corsHeaders,
    body: JSON.stringify({
      message: 'Internal Server Error',
      error: err.toString()
    })
  });
};

module.exports.notFoundHandler = (callback) => {
  callback(null, {
    statusCode: 404,
```

```
    headers: corsHeaders,
    body: JSON.stringify({ message: 'Not Found' })
  });
};?
```

OPTIONS 명령어와 관련해 상태 코드 200 OK 요청에 응답하고, 허용된 메소드와 헤더를 설정해야 한다.

```
module.exports.optionsHandler = (callback) => {
  callback(null, {
    statusCode: 200,
    headers: {
      "Access-Control-Allow-Origin": "*",
      "Access-Control-Allow-Methods":
        "GET, POST, PUT, PATCH, DELETE, OPTIONS",
      "Access-Control-Allow-Headers":
        "Accept, Content-Type, Origin"
    }
  });
};
```

람다 함수 구현

이 절에서는 백엔드의 기능 구현 방법을 살펴본다. 람다 함수들을 구현하고 배포한 후, 프론트엔드 코드를 수정해 백엔드에 Ajax 요청을 할 수 있다.

모든 제품 검색

이 기능은 다음 세 가지의 기능이 있다.

- 제품 테이블로부터 모든 제품 검색
- 모든 사용자 의견/등급을 검색하고 제품 목록에 등록

260

- 사용자 장바구니를 검색하고 제품 목록과 병합해 어떤 제품이 이미 선택돼 있는
  지 식별

이런 쿼리는 repository에 의해 생성되고 실행되며, 7장, '서버리스 데이터베이스의 관
리'에서 정의된다.

지금부터 FakeDB를 사용해 하드코드된 값들을 반환하자.

```
const db = require('../repositories/fakedb');
const utils = require('./utils');

module.exports.retrieveAll = (callback) => {
  db.retrieveAllProducts((err, res) => {
    if (err) utils.errorHandler(err, callback);
    else utils.successHandler(res, callback);
  });
};
```

이 경우에는 FakeDB가 제품 목록만 반환한다.

```
module.exports.retrieveAllProducts = (callback) => {
  const comments = [{
    id: 1,
    username: "John Doe",
    age: "3 days ago",
    text: "I'm using this to decorate my desk. I liked it."
  }];

  const products = [{
    id: "lonely-bird",
    name: "Lonely Bird",
    image: 'https://s3.amazonaws.com/...',
    price: 29.99,
    isSelected: yes,
```

```
        comments: comments
    }];

    callback(null, products);
};
```

장바구니 저장

이 요청은 ShoppingCartID 필드와 제품 목록을 입력받는다. ShoppingCartID는 UserID 필드와 동일할 수 있다. 사용자가 로그인하면 클라이언트는 ID를 알고 있다.

그러나 클라이언트로부터 입력된 ID를 받을 수 없으며, 정보가 유효하다는 것을 신뢰하는 행동을 취해야 한다. 클라이언트의 자바스크립트 코드가 수정될 수 있고 다른 사용자의 ID가 대신 전달될 수 있는 것을 알고 있다.

신뢰할 수 있는 운영을 위해, 로그인된 사용자의 모든 요청의 헤더를 통해 전달되는 인증 토큰을 분석해야만 하고 ID가 정확한지를 확인해야 한다. 이 단계는 8장, '서버리스 애플리케이션 보안'에서 다룬다.

체크아웃

지불 처리는 이 책에서 다루지 않는 복잡한 기능이다. 사용자가 장바구니를 체크아웃하려고 할 때, 메시지는 데모 애플리케이션임을 나타내는 메시지를 표시한다.

그러나 이 기능으로 서버리스 알람 기능을 학습한다. 사용자가 지불 프로세스를 시작할 때 백엔드는 신용카드 정보를 받을 것이고, 지불 처리 절차를 요청한다. 이 단계에서 클라이언트가 반복적인 폴링Polling 요청을 하면 오래 시간이 걸려, 응답이 가능할 때 웹소켓을 통해 사용자에게 알림을 줄 수 있다. 서버리스 알림은 9장, '서버리스 알림 처리'에서 IoT를 사용해 다룬다.

요약

6장에서는 나노서비스, 마이크로서비스, 모놀리스, 그래프 같은 서버리스 아키텍처에 대해 학습했다. 서버리스 저장소로 모놀리스 아키텍처를 사용해 백엔드를 구축했다. 또한 프로젝트 코드를 구조화하고, RESTful API를 구축하고, 특정 기능에 권한을 부여하는 방법에 대해 설명했다.

7장에서는 심플DB 서버리스 데이터베이스를 학습한다. 심플DB가 대부분의 애플리케이션에 대해 충분히 적합하지 않기 때문에, 서버리스 데이터베이스는 아니지만 최소한의 관리만 필요한 다이나모DB에 대해서도 살펴본다.

07

서버리스 데이터베이스의 관리

서버리스 데이터베이스는 다른 서버리스 서비스와 마찬가지로 정의된다. 높은 가용성과 높은 확장성이 요구되며 가격 모델은 실제 사용량을 고려해야 한다. 데이터베이스의 핵심 기능이 성능인 것을 생각하면 이런 조건을 만족시키는 것은 매우 어려운 일이다. 예측 가능 및 고성능을 위해서 데이터베이스는 보통 자체 전용 서버로 구성되지만, 서버리스 데이터베이스는 서비스 제공과 관련 없이 데이터베이스가 운영되는 시간 전체에 대한 비용을 고객에게 청구하지 않기 위해 공유 모델을 요구한다. 서버리스에서는 요청이 있을 경우에만 지불하고, 데이터베이스가 동작하지 않을 경우 비용을 지불하지 않길 원한다.

현재는 소스의 서비스들만이 서버리스 모델을 데이터베이스로 가져왔다. AWS는 단 하나의 서비스 심플DB를 제공하지만 그것은 중요 기능이 많이 부족하고 극히 제한적이다. 좀 더 나은 옵션을 위해 파우나DB^{FaunaDB}, 구글 파이어베이스 혹은 구글 클라우드 데이터스토어를 사용할 수 있다. 이 책에서는 AWS 서비스를 사용하기 위해, 서버리스 개념과 기능이 유사한 다이나모DB를 사용한다.

또한 대부분의 경우 미디어 파일 저장을 위해 데이터베이스 서버보다 저렴한 스토리지 시스템에 파일을 저장하는 것이 좋기 때문에 아마존 S3를 어떻게 사용하는지 알아본다. 이 장에서는 다루는 내용은 다음과 같다.

- 심플DB와 다이나모DB 데이터베이스 사용과 관리
- 아마존 S3 이용한 미디어 파일 저장

이 장을 마치면, 온라인 상점의 데이터 접근 레이어를 구축할 수 있고, 서버리스 데이터베이스를 사용하는 데 필요한 지식을 얻을 수 있다.

▌ 아마존 심플DB

심플DB는 이미 2007년 말에 나온 오래된 서비스지만, AWS에서 서버리스 데이터베이스로 불릴 수 있는 유일한 서비스다. AWS는 다이나모DB, RDS 같은 관리형 데이터베이스들을 제공한다. 그러나 이 모든 서비스들은 사용하지 않는 시간까지 포함해 하루 24시간 비용을 모두 지불해야 한다. 예상 트래픽에 맞게 용량 설계를 적절히 잘 했는지 지속적으로 확인해야 하는 경우에도 서버의 확장성에 대해 걱정할 필요가 없다.

심플DB가 서버리스인 이유는 다음과 같다.

- **AWS 전체 관리형 서비스**: DBMS 장비 교체, 설치, 구성이 불필요하다.
- **고가용성**: AWS는 다수의 지리적으로 분산된 장소에 데이터베이스 복제본을 관리해 고가용성과 데이터 내구성을 가능하게 한다.
- **확장성**: 프로비저닝 관련해 걱정 없이 빠른 속도로 크기를 증가시킬 수 있다.

- **비용 효율성**: 저장된 데이터양, 전송된 데이터와 쿼리 수행을 위해 사용된 CPU 사용 시간에 대해서 비용을 지불한다. 아무도 데이터베이스를 사용하지 않았다면 저장된 데이터에 대한 비용만 지불하면 된다.

심플DB는 NoSQL 데이터베이스지만, 불행히도 중요한 기능이 부족하기 때문에 매우 제한적으로 사용된다. 예를 들어, 사용할 수 있는 유일한 데이터 유형은 문자열이다. 이것은 유즈케이스 구현을 더 어렵게 만들지만, 여기서는 가능한 한 사용하기 위해 몇 가지 해킹을 통해서 진행시키겠다. 애플리케이션이 다소 복잡하다면, 심플DB 사용을 피하고 작은 애플리케이션에만 시용하라.

데이터베이스 모델링

먼저 명명법에 대해 조금만 살펴보자. 심플DB 도메인domain은 관계형 데이터베이스의 테이블과 같은 의미이고, 아이템item은 행row과 같은 의미다. 심플DB와 관계형 데이터베이스는 거의 동일하지만, SDK 기능의 의미가 무엇인지 알고 있어야 한다. 또한 심플DB에서 각 아이템은 속성–값 쌍의 목록으로 되어 있다. 속성은 열column과 비슷하고 값은 항상 문자열 데이터 유형이다.

실제 예를 들어 서버리스 상점을 위한 데이터를 모델링할 것이다. 여기서는 Products, ShoppingCart 두 가지 도메인만 사용할 예정이다. 사용자 정보(이메일, 암호, 그 밖의 것들)를 저장하는 도메인은 만들지 않을 것이다. 왜냐하면 8장에서 사용자 정보를 저장하고 관리하는 기능이 있는 아마존 코그니토를 사용할 것이다.

다음 테이블 목록들은 Products 도메인의 속성이다. 심플DB 제약으로 인해 문자열 데이터 유형을 사용해야 하지만 여기서는 이상적인 데이터 유형을 추가했다. 이런 제한을 다루는 방법은 8장에서 살펴보겠다.

속성	적합한 데이터 유형
ID	문자열
Name	문자열
Price	소수형
Image	문자열
Comments	문서 배열

이 모델의 특징은 다음과 같다.

- **ID**: ID 속성은 정수형으로 정의되지만, 여기서는 URL에 ID를 사용하기 때문에 문자열로 정의했다. URL을 store.com/product/123과 같이 표시된 URL 대신 store.com/product/lonely-bird를 사용한다.
- **Price**: Price 속성은 숫자로 저장하려고 할 때에도 문자열로 저장될 것이다.
- **Image**: Image 속성은 문자열로 저장될 것이다. 데이터베이스에 전체 객체를 저장하지 않고 S3 객체의 URL을 저장할 것이다.
- **Comments**: Comments 속성은 하나의 제품에 코멘트가 여러 개 있는 1:M(일대다)의 관계를 가진다. 몽고DB와 같은 일부 NoSQL 데이터베이스는 문서 배열array of documents 데이터 형식을 가지는데, 이것은 1:M의 관계에 도움이 된다.

Comments 필드는 다음 목록과 같다.

속성	데이터 유형
ID	정수형
Username	문자형
Date	날짜형
Text	문자열

이 모델은 다음과 같은 특징들을 요구한다.

- ID 속성은 코멘트 속성이 마지막으로 저장된 코멘트 ID에 1 단위를 더해 정수로 정의할 수 있다. 그러나 심플DB는 필드의 정수를 자동으로 증가시키는 기능을 제공하지 않는다. 따라서 새로운 코멘트를 저장하기 전에 마지막 코멘트 ID를 쿼리하지 않고, 트랜잭션의 특성으로 인해 발생하는 충돌을 피하려면 ID 속성을 정수형에서 UUID[Universally Unique Identifier] 문자열로 변경해야 한다.
- Date 속성은 이후 설명할 것이다.

ShoppingCart 도메인 속성은 다음 표와 같다.

속성	적합한 데이터 유형
UserID	문자열
LastUpdate	날짜형
SelectedProducts	문서 배열

아마존 코그니토를 사용할 예정이므로 UserID를 문자열로 정의했다. 이 모델의 유일한 문제점은 하나의 필드는 DateTime을 저장하고 다른 필드인 SelectedProducts가 ProductID와 Qnantity 쌍의 목록으로 정의되는 데이터 배열의 저장을 원한다는 것이다.

일대다 관계 다루기

앞 모델에서 하나의 상품에 많은 코멘트가 있고, 장바구니에 여러 개의 제품이 담긴 것을 보았다. 관계형 데이터베이스에서는 모든 코멘트 또는 선택된 제품들을 조회하려면 각 다른 테이블을 모델링하고, 특정 제품이나 장바구니를 쿼리할 때 모든 관련 데이터를 검색하기 위해서 결합 연산자 Join을 사용해야 한다. 그러나 NoSQL에서는 Join 연산자를 사용하지 않으므로, 필요한 데이터를 모두 검색하기 위해 두 개의 분리된 쿼리를 사용하거나, 하나의 필드에 모든 관련 데이터를 문서 배열로 저장될 수 있다.

심플DB에서 문서 배열의 데이터 형식은 없으나 두 가지 선택사항은 있다.

- JSON 객체들의 문자열 필드Stringfield 배열 저장
- 다중 값을 가진 속성

첫 번째 선택사항은 자바스크립트 객체 배열을 문자열로 변환하고 단일 속성에 저장할 수 있는 해킹 해법이다. 문제는 이 필드에서 속성을 쿼리할 수 없어서 "ProductID가 7인 제품을 주문한 사용자는 몇입니까?"라는 쿼리의 답을 찾을 수 없다.

두 번째 선택사항은 심플DB가 같은 이름의 다중 속성 값을 가지는 것으로 최상의 해법이다. 다중 값 속성을 사용하는 ShoppingCart의 데이터 세트를 살펴보자.

UserID	LastUpdate	ProductID	QuantityX	ProductID	QuantityY	ProductID	QuantityZ
A	〈Date〉	X	2	Y	2	Z	4
B	〈Date〉	X	3				
C	〈Date〉	X	1	Y	5		

동일한 이름을 가진 ProductID 속성이 여러 번 반복되지만 심플DB가 동일한 이름을 가진 두 개의 속성을 허용하기 때문에 이건 문제가 되지 않는다. 그러나 심플DB는 이름과 값이 같은 두 개의 속성은 허용하지 않는다. 첫 번째 항목(UserID = A)에는 값이 X인 ProductID와 유효한 Y값이 있는 ProductID가 있다. 문제는 Quantity 속성인 두 항목이 같은 값 2를 가지고 있다는 것이다. 이 문제를 해결하기 위해 ProductID는 QuantityX, QuantityY와 같은 속성 이름이 추가됐다.

 심플DB 도메인은 스키마가 없다. 이것이 뜻하는 것은 새로운 아이템이 입력될 때 어떤 속성이 있는지 알려주고, 존재하지 않는 속성 이름을 추가해도 오류를 반환하지 않는다.

숫자 자료형 다루기

심플DB의 가장 큰 문제점은 데이터를 문자열로 어떻게 저장하느냐가 아니다. 이렇게 저장된 문자열로 쿼리를 사용해 어떻게 데이터를 검색하는가이다. 숫자 27을 "27"로 저장할 수 있으나 수량(Quantity) > "5"와 같은 쿼리로 원하는 값을 반환하지 않는다.

문자열을 사용해서 숫자를 다루는 해법은 저장 이전에 수정하는 것이다. "27"을 저장하는 대신 제로패드^{zero-padding} 기능을 사용해 "000027"로 저장하라. 이 상태에서 수량(Quantity) > "000005" 쿼리를 하면 원하는 값을 얻을 수 있다.

얼마나 많은 "0"을 더해야 하는가? 그건 상대적이다. 데이터 집합이 도달할 수 있는 최대 수를 생각하고 다른 모든 수의 문자수와 같아 지도록 제로패드를 생각하라.

이 트릭은 정수에서도 사용 가능하다. 만약 소수점이 있는 가격(Price) 속성이 있다면, 소수점 자리의 숫자를 곱해야 한다. 이 경우에는 값을 저장하기 전에 100을 곱하고 값을 검색할 때 100으로 나눈다.

또 다른 문제는 음수를 처리하는 것이다. 이 경우 오프셋을 추가해야 한다. 이때 오프셋은 전체 데이터 집합의 가장 큰 음수보다 커야 한다. 예를 들어 오프셋이 100,000이면 값 -27을 100,000 추가해야 (결과 99973)하고 6자리 제로패딩을 적용하면 099973이 된다. 숫자 5보다 큰 값인지를 비교할 때 오프셋을 더하고 비교값에 제로패드를 적용해야 하므로 Quantity > "100005"가 된다.

불린 자료형 다루기

불린 값은 true/false 혹은 1/0로 저장할 수 있다. 선호하는 것을 선택할 수 있고, 규칙을 적용하고 모든 불린 속성에 동일한 전략을 사용할 수 있다.

다음 예제를 보자.

```
const boolean = true;

// 데이터베이스에 'True' 저장
const booleanStr = boolean.toString();

// 문자형 'True'를 불린 'True'로 변환
const booleanAgain = Boolean(booleanStr);
```

날짜 자료형 다루기

날짜 시간 변수를 저장할 때, ISO8601 표준 형식을 사용할 수 있다. 예를 들어 5:15:10 PM December 24th 2016 UTC는 2016-12-24T17:15:10+00:00이 된다. 이 형식은 문자열을 사용하여 쿼리할 수 있다. Date > "2016-12-24T00:00:00+00:00"은 이전 예제의 값(2016-12-24T17:15:10+00:00)을 반환할 것이다.

이제 여러분은 LastAccess 속성을 가지고 있고, 지난 5분간 시스템에 접속한 모든 사용자를 쿼리한다고 가정해본다. 이 경우에 현재 시간에서 5분을 뺀 다음 쿼리하기 전에 ISO 문자열로 변환하면 된다.

도메인 생성

도메인을 생성하는 것은 매우 직관적이다. 도메인 이름을 매개변수로 설정하면 createDomain 함수가 만들어질 것이다.

다음 예제를 보자.

```
const AWS = require('aws-sdk');
const simpledb = new AWS.SimpleDB();
```

```
const params = {
  DomainName: 'Products'
};

simpledb.createDomain(params, (err, data) => {
  if (err) console.log(err, err.stack);
  else console.log(data);
});
```

속성들과 관련해, 도메인을 생성할 때 정확히 속성들을 지정할 필요는 없다. 그것에는 연결된 스키마가 없으며 도메인의 각 항목은 다른 항목과 동일할 필요가 없는 자체 속성목록이 있기 때문이다.

제약 사항

심플DB는 작은 워크로드용으로 설계됐고, 그래서 AWS는 애플리케이션을 제한할 수 있는 몇 가지 제한을 적용했다. 다음 테이블은 시스템에서 심플DB를 사용 전에 알고 있어야 하는 가장 중요한 제한을 나열했다. 이것에 대해서 좀 더 알아 볼 수 있는 공식 문서는 http://docs.aws.amazon.com/AmazonSimpleDB/latest/DeveloperGuide/SDBLimits.html에서 찾을 수 있다.

매개변수	제약 사항
Domain size	도메인당 10GB
Domain size	도메인당 10억(1billion) 속성
Attribute value length	1,024bytes
Maximum items in the Select response	2,500개
Maximum query execution time	5초
Maximum response size of Select	1MB

데이터 입력과 쿼리

다음 예제는 심플DB 도메인에 어떻게 데이터를 입력하는지를 보여준다. 동시에 다수 입력을 허용하는 batchPutAttribute를 사용하지만, 단일 항목을 입력할 수 있는 putAttribute을 호출할 수도 있다.

```
const AWS = require('aws-sdk');
const simpledb = new AWS.SimpleDB();

const insertParams = {
  DomainName: 'Products',
  Items: [
    {
      Attributes: [
        {
          Name: 'Name',
          Value: 'Lonely Bird'
        },
        {
          Name: 'Price',
          Value: '2999'
        },
        // 추가 속성
      ],
      // 고유해야 한다.
      Name: 'lonely-bird'
    },
    // 추가 아이템
  ]
};

simpledb.batchPutAttributes(insertParams, (err, data) => {
  if (err) console.log(err, err.stack);
  else console.log(data);
});
```

다음 예제는 이전에 입력된 데이터를 쿼리하는 방법을 보여준다. NoSQL 데이터베이스 임에도 불구하고, 심플DB는 쿼리를 하기 위해 SQL과 유사한 문법을 사용한다.

```javascript
const AWS = require('aws-sdk');
const simpledb = new AWS.SimpleDB();

const selectParams = {
  SelectExpression:
    'select * from products where Name = "Lonely Bird"'
};

simpledb.select(selectParams, (err, data) => {
  if (err) console.log(err, err.stack);?
  else if (data.Items) {
    data.Items.map(item => {
      item.Attributes.map(attr => {
        console.log(attr);
      });
    });
  }
  else console.log('No results');
});
```

위 코드의 결과는 다음과 같다.

```
{ Name: 'Name', Value: 'Lonely Bird' }
{ Name: 'Price', Value: '2999' }
```

성능과 동시성

AWS는 사용자가 만든 모든 속성을 위해 색인을 자동으로 생성 하지만, 문자열로 변환된 날짜 혹은 정수형 데이터를 필터링하여 쿼리하면 성능 이슈를 발생시킬 수 있다. 성능 요구사항과 도메인 크기에 항상 주의해야 한다.

또한 대부분의 NoSQL 데이터베이스과 같이, 심플DB는 트랜잭션을 지원하지 않는다. 그래서 데이터 일관성을 위한 동시성은 실제 문제가 될 수 있다. 트랜잭션 대신 심플DB는 조건부 연산^{conditional operations}을 제안한다. 예를 들어 일부 데이터를 입력해야 하는 경우, 속성이 아직 존재하지 않는 경우에만 작업을 실행할 조건을 만들 수 있다. 다른 사용 사례는 카운터를 구현하는 것이다. 현재의 값이 X인 경우에만 1을 더한 X+1로 업데이트한다. 만약 조건이 만족하지 않으면, 다른 사용자가 이미 값을 증가시켰고, 업데이트는 취소된다.

조건부 연산의 예제를 살펴보자.

```javascript
const AWS = require('aws-sdk');
const simpledb = new AWS.SimpleDB();

const params = {
  Attributes: [
    {
      Name: 'Counter',
      Value: '10', // 새로운 값
      Replace: true
    }
  ],
  DomainName: 'MyCounter',
  ItemName: '123', // 식별자
  Expected: {
    Exists: true,
    Name: 'Counter',
    Value: '9' // 이전 값
  }
};

simpledb.putAttributes(params, (err, data) => {
  if (err) console.log(err, err.stack);
  else console.log(data);
});
```

데이터베이스 관리

AWS CLI 혹은 SDK를 사용해서 관리할 수 있지만, 많은 사람이 사용자 인터페이스를 제공하는 도구 사용을 선호한다. AWS가 심플DB를 위한 사용자 콘솔을 제공하지 않기 때문에 서드파티 도구에 의존해야 한다. 이 경우 SdbNavigator 크롬 확장기능 사용을 추천한다. 매우 간단한 도구이지만 도메인 생성, 아이템 입력, 쿼리 작성 같은 기초적인 기능의 훌륭한 사용자 인터페이스를 제공한다.

데이터베이스 관리를 위한 다음 단계를 살펴보자.

1. 크롬을 사용해 https://chrome.google.com/webstore/detail/sdbnavigator/ddhigekdfabonefhiildaiccafacphgg로부터 확장기능을 추가한다.

2. 설치 이후 AWS 키를 추가하고 연결할 리전을 선택한다. **도메인 추가**(Add domain) 버튼을 사용해 새로운 도메인을 추가한다.

3. 이 도구에는 속성을 추가(Add property)하는 버튼이 있다. 새로운 아이템을 추가할 때, 이런 특성들은 아이템의 속성이 된다.

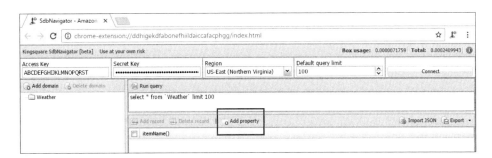

4. 레코드 추가(Add record) 버튼은 도메인 항목을 추가하는 경우 사용된다.

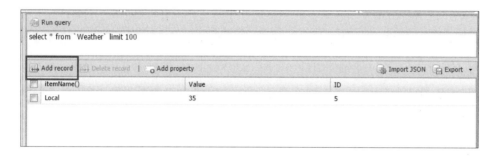

데이터 백업과 복원

불행히도, 심플DB 도메인을 지속적으로 백업하고 복원하는 AWS의 기본 기능은 없다. 해결하는 방법은 필요할 때 저장된 데이터를 입력(복원)하기 위해 모든 데이터(백업)와 스크립트를 읽는 쿼리를 만드는 것이다. 하지만, 여기서 가장 중요한 이슈는 일관성이다. 데이터를 복사하는 동안 애플리케이션이 실행 중이면 백업이 일관성을 유지한다고 보장할수 없다. 애플리케이션에서 삭제 작업을 시작했을 수 있고, 백업에는 삭제된 항목의 일부가 남아 있을 수 있다.

일관성 문제 외에도 AWS는 이 작업에 많은 제한을 두었기 때문에 데이터 복사/입력에 여전히 많은 이슈가 있다. 예를 들어 select에 아이템의 최대 항목 수는 2,500아이템이다. 두 번째 문제 해결을 해결하기 위해서 부담을 완화할 수 있는 여러 서드파티third-party[1]도구 중 하나를 사용해볼 수 있다.

---

1 서드파티(third-party)는 해당 분야에 주요 기업이 아니라, 해당 분야에 호환되는 상품을 출시하거나 타 기업의 주요 기술을 이용한 파생상품 등을 생산하는 회사, 즉 제3자를 말한다. – 옮긴이

사용자 접속 관리

심플DB는 AWS 보안 모델을 신뢰한다. 따라서 접속 관리를 하기 위해서는 IAM 유저[user]와 롤[Role]을 생성해야 한다. 이 컨트롤의 세분화된 정도는 사용자가 접속할 수 있고 실행할 수 있는 도메인에 있다.

람다 함수에서는 명시적으로 사용 권한을 부여해야 한다. 제한 설정 없이 심플DB를 실행할 수 없다. 이 환경 구성은 iamRoleStatements 함수로 serverless.yml 안에서 수행한다. 다음 예제에서는 상품(Products)과 장바구니(ShoppingCart) 도메인에 읽고(sdb:Select) 쓰는(sdb:PutAttributes) 접속 권한을 부여한다. 전체 접속권한을 허용한다면 "*"를 사용해 domain/*: 설정하라.

```
service: simpledb-example

provider:
  name: aws
  runtime: nodejs6.10
  iamRoleStatements:
    - Effect: "Allow"
      Action:
        - "sdb:batchPutAttributes"
        - "sdb:PutAttributes"
        - "sdb:Select"
      Resource: [
        "arn:aws:sdb:us-east-1:*:domain/Products",
        "arn:aws:sdb:us-east-1:*:domain/ShopingCarl"
      ]

functions:
  query:
    handler: handler.query
```

▌ 다이나모DB

다이나모DB는 관리형 서비스로, 기본적으로 고가용성을 갖춘 NoSQL 데이테베이스이며 자동으로 확장 가능하도록 구성할 수 있다. 그럼에도 서버리스 데이터베이스로서 적당하지 않은 이유는 가격 모델 때문이다. 애플리케이션을 사용하지 않더라도 프로비저닝된 자원에 대해 비용을 지불해야만 하기 때문이다.

그러나 다이나모DB는 많은 유용한 기능들을 가진 데이터베이스이며, AWS는 무료 영구 티어를 제공한다. 가격이 싸고, 사용하기가 쉬우며, 예측 가능한 성능을 제공하기 때문에 서버리스 프로젝트에 광범위하게 사용되고 있다. 이 책에서는 다이나모DB를 메인 데이터베이스로 사용한다. 이 장의 코드 파일을 보면 심플DB와 다이나모DB로 구현된 서버리스 상점의 데이터 계층을 보게 될 것이다. 그러나 다이나모DB가 기본값이 될 것이고 다이나모DB 데이터베이스는 서버리스 상점을 위해 어떤 기능을 구현해야 하는지에 대해 의논할 데이터베이스다.

데이터베이스 모델링

다이나모DB에서 아이템(items)의 모음이 테이블(table)이고, 각 아이템은 속성(attributes)이라고 불리는 키/값 쌍의 모음이다. 대부분의 NoSQL 데이터베이스와 마찬가지로, 다이나모DB는 스키마가 없다. 기본키를 정의하면 속성이 다른 아이템을 추가할 수 있다.

다이나모DB는 아래의 데이터 유형을 지원한다.

- Scalar: 단일 값을 저장하는 데이터 유형의 카테고리다.
  - String: 최대 크기는 400KB UTF-8 문자열이다.
  - Number: 최대 38자리 저장하고 음수를 허용한다.
  - Boolean: 진실(true)와 거짓(false)을 저장한다.

- Binary: 바이너리 데이터로 저장된다. 최대 크기는 400KB이고, 많은 애플리케이션에 적합하지 않을 수 있다. 상품 이미지를 S3에 저장하고, 다이나모 DB에 S3 URL을 문자열로 저장한다.
  - Null: 알 수 없거나 정의되지 않은 속성을 나타낸다.
- Document: 여러 값을 저장하는 데이터 유형의 카테고리다.
  - List: 값의 정렬된(ordered) 모음을 저장한다. 어떤 유형의 요소도 저장할 수 있는 배열array와 비슷하다. 예: [5, "foo", 2, -4, "bar"]
  - Map: 값의 정렬되지 않는(unordered) 모음을 저장한다. JSON 객체와 비슷하다. 예: { "name": "foo", "Address": 123 }
- Set: 배열로 데이터를 저장하는 데이터 유형이지만 모든 요소는 고유해야만 하고 같은 데이터 유형이어야 한다. 또한 순서는 보존되지 않는다. 예: 숫자의 집합이 [1, 7, 2, -4]가 될 수 있다.

서버리스 상점을 위해 상품(Products)과 장바구니(ShoppingCart) 두 개의 테이블을 생성해야 한다. 두 개의 테이블은 다음과 같이 정의된다.

- Products: 속성을 묘사한 다음 테이블을 살펴보자.

속성	데이터 유형
ID	문자열
Name	문자열
Price	숫자형
Image	문자열
Comments	맵 리스트

- Comments: 속성을 묘사한 다음 테이블을 살펴보자.

속성	데이터 유형
ID	문자열
Username	문자열
Date	문자열
Text	문자열

- ShoppingCart: 속성을 묘사한 다음 테이블을 살펴보자.

Attribute	데이터 유형
UserID	문자열
LastUpdate	문자열
SelectedProducts	맵 리스트

- SelectedProducts: 속성을 묘사한 다음 테이블을 살펴보자.

Attribute	데이터 유형
ProductID	문자열
Quantity	숫자형

이 모델의 확인된 내용은 다음과 같다.

- Comments와 SelectedProducts 속성은 맵 객체의 목록으로 정의된다. 이 의미는 JSON 객체의 정렬된 목록을 저장하는 것이다.
- 심플DB와 같이 다이나모DB도 자동 증가 필드는 없다. 그래서 코멘트 ID에 UUID를 사용한다.
- 다이나모DB는 datetime의 데이터 유형을 지원하지 않는다. 그래서 Date와 LastUpdate 속성을 ISO 형식을 사용해 문자열로 정의해야 한다.

테이블 만들기

AWS SDK를 사용해 서버리스 상점을 위한 테이블을 생성할 것이다. 다이나모DB는 스키마가 없는 데이터베이스며, 기본키Primary만 설정하면 아이템을 삽입할 때 속성이 선택된다.

다음 예제를 사용해 생성하라.

```
const AWS = require('aws-sdk');
const dynamodb = new AWS.DynamoDB();

let params = {
  TableName: 'Products',
  AttributeDefinitions: [
    {
      AttributeName: 'ID',
      AttributeType: 'S' // 문자열
    }
  ],
  KeySchema: [
    {
      AttributeName: 'ID',
      KeyType: 'HASH'
    }
  ],
  ProvisionedThroughput: {
    ReadCapacityUnits: 5, // 기본값
    WriteCapacityUnits: 5 // 기본값
  }
};

dynamodb.createTable(params, (err, data) => {
  if (err) console.log(err, err.stack);
  else console.log(data);
});
```

ShoppingCart 테이블을 만들기 위해 같은 코드를 사용할 수 있다. 단지 테이블 이름만 ShoppingCart 변경하고 기본키 이름을 UserID로 변경한다.

제약 사항

다이나모DB는 애플리케이션을 구축 전에 고려해야 할 몇 가지 제약을 부과한다. 제약 사항은 다음과 같다.

매개변수	제약 사항
Number of tables	계정당 256개
Table size	테이블 항목수 제약 없음
Provisioned throughput	읽기 용량 단위 40,000, 쓰기 용량 단위 40,000
Item size	최대 항목 크기는 400KB를 초과할 수 없음
Secondary indexes	테이블당 5 로컬, 5 글로벌 보조 인덱스
API BatchGetItem()	최대 100개 항목, 전체 항목 크기는 16MB 초과 불가
API BatchWriteItem()	최대 25개 put 혹은 Delete 요청. 전체 항목 크기는 16MB 초과 불가
API Query or Scan	결과 집합은 호출당 1MB 제한

데이터 입력과 쿼리

이 절에서는 다이나모DB에 어떻게 데이터를 입력하고 쿼리하는지에 대해서 학습한다.

데이터 입력

다이나모DB에서는 데이터를 입력하는 두 가지 방법 putItem( )과 batchWriteItem( )을 제공한다. 두 방식의 차이 점은 putItem은 새로운 아이템을 생성하거나, 존재하고 있는 아이템을 업데이트하는 것을 허용하며, batchWriteItem은 다수의 아이템을 생성하거나 삭제할 수 있는 것을 허용하지만 업데이트 동작은 지원하지 않는다.

다음의 putItem 메소드 예제를 보자.

```javascript
const AWS = require('aws-sdk');
const dynamodb = new AWS.DynamoDB();

const params = {
  TableName: "Products",
  Item: {
    ID: { S: "lonely-bird" },
    Name: { S: "Lonely Bird" },
    Price: { N: "29.99" },
    Image: { S: "https://s3.amazonaws.com/..." },
    Comments: {
      L: [
        {
          M: {
            ID: { S: "ABC"},
            Username: { S: "John Doe"},
            Date: { S: "2016-12-24T17:15:10+00:00" },
            Text: { S: "I liked it." }
          }
        },
        {
          M: {
            ID: { S: "XYZ"},
            Username: { S: "Jane Smith"},
            Date: { S: "2016-12-24T18:15:10+00:00" },
            Text: { S: "I liked it too." }
          }
        }
      ]
    }
  }
};

dynamodb.putItem(params, (err, data) => {
  if (err) console.log(err, err.stack);
```

```
  else console.log(data);
});
```

클라이언트 API 문서

앞의 예제에서 어떻게 단일 아이템을 입력하는지를 보여주지만 구문이 매우 복잡하다. 문자열 속성으로 정의하려면, 키가 "S"(문자열)이고 값을 원하는 데이터인 JSON 객체를 만들어야 한다.

이 작업은 다이나모DB 클라이언트 API 문서의 속성 값을 추상화하면 더 쉬워진다. 이때 읽기와 쓰기 작업은 기본 자바스크립트 유형을 사용한다.

다음 예제는 이 API를 사용해 같은 아이템을 어떻게 입력하는지를 보여준다. 새로운 AWS. DocumentClient( )를 사용해 클라이언트를 검색하고, putItem 대신 put 명령어를 사용해야 한다.

```
const AWS = require('aws-sdk');
const documentClient = new AWS.DynamoDB.DocumentClient();

const params = {
  TableName: "Products",
  Item: {
    ID: "lonely-bird",
    Name: "Lonely Bird",
    Price: 29.99,
    Image: "https://s3.amazonaws.com/...",
    Comments: [
      {
        ID: "ABC",
        Username: "John Doe",
        Date: "2016-12-24T17:15:10+00:00",
        Text: "I liked it."
      },
      {
```

```
        ID: "XYZ",
        Username: "Jane Smith",
        Date: "2016-12-24T18:15:10+00:00",
        Text: "I liked it too."
      }
    ]
  }
};

documentClient.put(params, (err, data) => {
  if (err) console.log(err, err.stack);
  else console.log(data);
});
```

데이터 쿼리

방금 입력한 아이템을 쿼리하기 위해 다이나모DB는 scan( )과 query( )라는 두 가지 방법을 제공한다. 다음 절에 그 쿼리들이 어떻게 동작하는지 살펴볼 것이다. 두 가지 쿼리를 위해 도큐먼트 클라이언트^{Document Client}를 사용할 것이다.

스캔 메소드

스캔(scan) 메소드는 키로 필터링하지 않고 테이블의 모든 항목을 검색하는 데 사용된다. 필터링은 가능하지만 선택 사항이다. scan 메소드의 문제는 대형 테이블의 경우 스캔이 1MB의 이상을 검색할 때 작업이 방해되므로 요청이 여러 번 실행될 수 있도록 만들어야 한다. 스캔작업이 방해될 때, 결과 집합에는 추가 요청에 사용할 수 있는 LastEvaluatedKey 매개변수가 포함된다.

```
const AWS = require('aws-sdk');
const documentClient = new AWS.DynamoDB.DocumentClient();

const params = {
```

```
  TableName: 'Products'
};

documentClient.scan(params, (err, data) => {
  if (err) console.log(err, err.stack);
  else console.log(data);
});
```

쿼리 메소드

쿼리(Query) 메소드는 해시 키 기반으로 항목을 찾는다. 데이터가 1MB보다 크고 LastEvaluatedKey 매개변수가 반환하는 경우 스캔 작업이 방해되는 것과 비슷하다. 그렇지만 query와 scan의 주요 차이점은 query는 데이터를 읽거나 검색하기 전 필터의 조건을 고려한다는 점이고 scan은 테이블을 읽은 이후 필터가 적용된다는 점이다.

다음은 Lonely Bird 제품만 검색하는 경우의 예제다.

```
const AWS = require('aws-sdk');
const documentClient = new AWS.DynamoDB.DocumentClient();

const params = {
  TableName: "Products",
  KeyConditionExpression: "ID = :id",
  ExpressionAttributeValues: { ":id": "lonely-bird" }
};

documentClient.query(params, (err, data) => {
  if (err) console.log(err);
  else console.log(data);
});
```

성능과 동시성

대부분의 NoSQL과 같이 다이나모DB는 트랜잭션을 지원하지 않는다. 원자성^{Atomic}은 아이템 레벨에서만 수행될 수 있는데, 이것은 단일 항목의 두 속성을 원자적으로 변경할 수는 있으나 별개의 두 항목을 한 번의 오퍼레이션으로 업데이트할 수는 없다는 의미다. 심플DB와 마찬가지로 다이나모DB는 조건부 업데이트를 지원해 카운터를 구현한다.

성능 관련해 다이나모DB는 해시 키와 하나의 선택적 범위키를 위해 인덱스를 생성하지만 다른 필드로 데이터 필터링을 쿼리해야 하는 경우 추가로 인덱스를 생성해야 한다. 예를 들어 US$10 이상인 모든 제품을 찾으려면 Price 속성에 대한 인덱스를 작성해야 한다. 해시 키를 이용해 두 테이블을 쿼리하기 때문에 서버리스 상점 모델에는 필요하지 않지만, 인덱스를 추가하는 방법은 설명하겠다.

먼저 다이나모DB에는 다음 두 가지 유형의 인덱스가 있는 것을 이해한다.

- **로컬 보조 인덱스**^{Local secondary index}: 기본 테이블과 동일한 파티션 키를 가지는 인덱스
- **전역 보조 인덱스**^{Global secondary index}: 기본 테이블의 같은 파티션으로 제한되지 않은 인덱스

두 유형의 차이점은 로컬 인덱스는 해시 키의 동일한 프로비저닝된 처리량을 사용하고, 전역 인덱스는 추가 프로비저닝 처리량을 지불해야 한다는 것이다. 전역 인덱스의 이점은 해시 키로 필터를 포함할 필요가 없으며 지정한 키로 직접 필터링할 수 있다는 것이나. 이전 예제에서 US$10 이상의 모든 제품들을 쿼리하기를 원한다면 Price 속성을 위해 전역 인덱스를 생성해야 한다.

이제 OrderID, ProductID, Price, 그밖의 정보를 저장하는 Orders 테이블이 있다고 가정한다. OrderID는 해시 키고, 단일 주문의 경우 많은 아이템을 가지게 된다. 예를 들어 다음 표를 살펴보자.

OrderID	ProductID	Price
1	77	15.99
1	88	18.99
1	23	12.99
2	18	15.00

이 모델에서 OderID를 1로 쿼리하고 Price를 15보다 큰 값으로 필터링하려면, 전역 인덱스가 아닌 Price 속성의 보조 인덱스를 만들어야 한다.

다음 예제는 로컬과 전역 인덱스를 만드는 구문을 보여준다.

```
const params = {
TableName: 'TableWithIndexes',
  AttributeDefinitions: [
    { AttributeName: 'ID', AttributeType: 'S' },
    { AttributeName: 'MyOtherAttribute', AttributeType: 'S' },
    { AttributeName: 'MyLocalAttribute', AttributeType: 'S' },
    { AttributeName: 'MyGlobalAttribute', AttributeType: 'S' }
],
KeySchema: [
  { AttributeName: 'ID', KeyType: 'HASH' },
  { AttributeName: 'MyOtherAttribute', KeyType: 'RANGE' }
],
ProvisionedThroughput:
  { ReadCapacityUnits: 5, WriteCapacityUnits: 5 },
LocalSecondaryIndexes: [
  {
    IndexName: 'MyLocalIndex',
    KeySchema: [
      { AttributeName: 'ID', KeyType: 'HASH' },
      { AttributeName: 'MyLocalAttribute', KeyType: 'RANGE' }
    ],
    Projection: { ProjectionType: 'ALL' }
  }
],
```

```
GlobalSecondaryIndexes: [
  {
    IndexName: 'MyGlobalIndex',
    KeySchema: [
      { AttributeName: 'MyGlobalAttribute', KeyType: 'HASH' }
    ],
    Projection: { ProjectionType: 'ALL' },
    ProvisionedThroughput:
      { ReadCapacityUnits: 5, WriteCapacityUnits: 5 }
  }
  ]
};
```

 테이블을 만든 이후 DynamoDB.updateTable()을 사용해 전역 보조 인덱스를 추가할 수 있다. 그러나 로컬 보조 인덱스는 테이블을 만드는 동안에만 생성이 가능한다. 로컬 인덱스를 추가하기 위해 테이블을 업데이트할 수 없다.

데이터베이스 관리

다이나모DB는 테이블의 용량을 구성하고, 인덱스를 생성하고 클라우드화치 메트릭을 볼 수 있는 관리 콘솔이 있다. 다음은 테이블의 데이터를 보고 조작하는 방법이다.

1. 링크 https://console.aws.amazon.com/dynamodb/로 관리 콘솔을 접속하라.

2. 왼쪽 메뉴에서 Tables를 클릭한다.

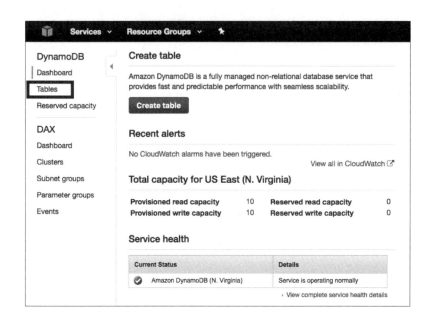

3. 이제 테이블 Name을 클릭하고 Items 탭을 클릭한다. 이 탭에서 아이템을 생성, 삭제 혹은 업데이트할 수 있다. 검색 쿼리가 자동으로 실행되지만, 쿼리 매개변수를 변경해 다른 항목을 볼 수 있다. 아이템 ID를 클릭해 편집 모드로 사용한다.

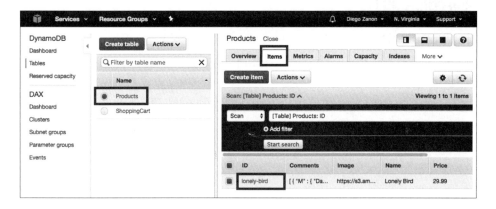

4. Edit item에서 아이템의 모든 속성을 보고 필요한 경우 속성을 업데이트할 수 있다.

할당된 처리량

다이나모DB 성능은 읽기와 쓰기 작업의 할당된 처리량을 기반으로 한다. 크기가 최대 4KB인 객체 하나의 읽기 용량 단위는 초당 하나의 읽기 성능을 가진 강한 일관성strongly consistent 혹은 초당 두 개의 읽기 성능을 가진 최종 일관성eventually consistent을 나타낸다. 하나의 쓰기 용량 단위는 초당 1KB의 객체를 작성할 수 있음을 의미한다. 테이블을 만들 때 값을 정의해야 하지만, 원하는 시점에 값을 업데이트할 수도 있다. 이 장에서 샘플은 테이블 각 키에 대해 5개의 읽기 단위와 5개의 쓰기 단위로 생성됐다.

시스템이 예약된 용량보다 더 많은 읽기/쓰기 작업을 요청했을 경우, AWS는 짧은 시간 동안 작업을 오류 없이 실행할 수 있다. 하지만 지속적으로 할당된 용량을 초과한다면, 일부 요청은 ProvisionedThroughputExceededException 에러와 함께 실패할 것이다. 좋은 소식은 AWS SDK는 자동으로 조절된throttled 요청을 반복하게 되어 있어, 다른 로직을 작성해 이 에러를 처리할 필요는 없다.

오토스케일링

다이나모DB 사용량이 할당된 처리량보다 높을 때 이메일 알람을 보낼 수 있도록 클라우드워치를 구성하고 필요한 경우 수동으로 용량을 업데이트하거나 오토스케일링^{Autoscaling}을 구성할 수 있다. 서버와 확장성에 대해 걱정을 피하고 이런 부담을 처리하기 위해 오토스케일링을 구성할 것이다.

오토스케일링은 할당된 처리량의 증가나 감소를 애플리케이션의 작업부하 증가와 감소에 맞춰 능동적으로 관리한다. 구성해야 하는 것은 읽기와 쓰기 용량 단위를 위한 범위(상하, 하한 제한)와 이 범위 내의 목표 활용 비율이다. 관리 콘솔을 통해 오토스케일링 구성에 접속할 수 있다. 이 설정을 사용하려면 테이블을 클릭하고 용량 탭을 선택한다.

다음 화면은 오토스케일링 구성 예제다.

데이터 백업과 복원

불행하게도 다이나모DB는 백업 및 복원을 위한 기능을 제공하지 않는다. AWS는 백업과 복원을 위해서 AWS 데이터 파이프라인Data Pipeline과 아마존 EMRElastic MapReduce 사용을 제안한다. 관련 내용은 복잡하고 다뤄야 할 것들이 많기 때문에 이 책에서는 다루지 않는다. AWS의 튜토리얼에 따라 이 작업을 구현할 수 있다.

http://docs.aws.amazon.com/ko_kr/datapipeline/latest/DeveloperGuide/dp-importexport-ddb.html

짧게 설명하면, 다이나모DB를 위해 AWS 데이터 파이프라인 템플릿을 사용하고 다이나모DB 테이블을 저장/복원하기 위해 EMR을 하이브Hive와 함께 시작하는 작업을 예약하는 것이다.

사용자 접속 제어

심플DB와 마찬가지로 IAM 역할roles을 통해 다이나모DB 사용자 접속을 관리한다. 요청을 실행하려면 람다 함수에 명시적인 권한을 부여해야 한다. 이 구성은 severless.yml 파일 안에서 iamRoleStatements 함수로 수행된다.

```
service: dynamodb-example

provider:
  name: aws
  runtime: nodejs6.10
  iamRoleStatements:
    - Effect: "Allow"
      Action:
        - "dynamodb:Scan"
        - "dynamodb:Query"
        - "dynamodb:PutItem"
        - "dynamodb:DeleteItem"
        - "dynamodb:BatchWriteItem"
```

```
      Resource: [
        "arn:aws:dynamodb:us-east-1:*:table/Products",
        "arn:aws:dynamodb:us-east-1:*:table/ShopingCart"
      ]

functions:
  query:
    handler: handler.query
```

서버리스 스토어 개선

이 책의 깃허브 저장소는 테스트에 사용될 샘플 데이터와 함께 다이나모DB와 심플DB용 테이블을 만드는 데 사용할 수 있는 스크립트 폴더를 찾을 수 있다. 또한 루트 디렉토리에는 dynamodb.js, simpledb.js와 fakedb.js 파일이 있는 저장소 폴더가 담긴 백엔드 폴더를 찾을 수 있다. 샘플 애플리케이션은 fakedb를 기본 데이터베이스로 사용한다. 왜냐하면 구성이 필요 없고 하드코딩된 데이터만 제공되기 때문이다.

이제 다이나모DB 코드를 구현할 것이다. Lib 폴더에서 const require ('../repositories/fakedb')로부터 const db = require('../repositories/dynamodb')로 종속성을 변경할 것이다. 그리고 dynamodb.js 파일에서 retrieveAllProducts, retrieveCart, saveCart, processCheckout 등 네 가지 메소드를 개발해야 한다.

모든 상품 검색

모든 상품을 검색하는 것은 스캔 작업을 실행하는 단순한 함수다. 이 경우 몇 가지 아이템만 있으므로, 이 경우 1MB 제한에 대해 걱정할 필요가 없다.

```
module.exports.retrieveAllProducts = (callback) => {

  const params = {
```

```
    TableName: 'Products'
  };

  documentClient.scan(params, callback);
};
```

사용자의 장바구니 검색

사용자 장바구니를 검색하는 것은 UserID 필터를 사용하는 단순한 쿼리다.

```
module.exports.retrieveCart = (userId, callback) => {

  const params = {
    TableName: "ShoppingCart",
    KeyConditionExpression: "UserID = :userId",
    ExpressionAttributeValues: { ":userId": userId }
  };

  documentClient.query(params, callback);
});
```

장바구니 저장

saveCart 함수는 userId와 selectedProducts 요소 쌍을 인수로 받는다.

```
module.exports.saveCart = (userId, selectedProducts, callback) => {

  const params = {
    TableName: "ShoppingCart",
    Item: {
      UserID: userId,
      LastUpdate: new Date().toISOString(),
      SelectedProducts: selectedProducts
```

```
    }
  };

  documentClient.put(params, callback);
};
```

결제 진행

지불 데이터 처리는 복잡한 프로세스이며 이 책의 범위에서 벗어난다. 이 경우에서 오류 매개변수로 null을 전달하는 콜백을 실행하는 함수를 구현할 것이다.

```
module.exports.processCheckout = (callback) => {
    // do nothing
    callback(null);
};
```

▍ 아마존 S3(미디어 파일용)

S3는 데이터베이스가 아니다. 스토리지 시스템이다. 데이터베이스로서는 부족하고 많은 스토리지 기능이 있지만 사진, 비디오, 음악 같은 미디어 파일을 저장할 때 매우 유용하게 사용할 수 있다.

이 접근은 이미 굉장히 많이 사용되고 있다. 예를 들어 몽고DB 데이터베이스를 사용하는 애플리케이션을 개발할 때 대용량 바이너리 데이터를 저장하기 위해서는 몽고DB GridFS를 사용한다. 그러나 가장 효율적인 해결 방법은 이런 종류의 데이터를 클라우드 서비스로 오프로드하는 것이다. 왜냐하면 데이터베이스는 보통 가장 비싼 시스템이기 때문이다. 이 의미는 데이터베이스에 기가 바이트당 비용은 일반적으로 S3 클라우드 스토리지 서비스보다 높다는 것이다.

서버리스 상점에서, 상품 이미지를 SimpleDB/DynamoDB에 문자열로 저장한다. 전체 바이너리 데이터를 저장하는 대신에 이미지 파일의 URL만 저장한다. 예를 보자.

https://s3.amazonaws.com/serverless-store-media/product-images/lonely-bird.jpg

프론트엔드에서 이 정보를 받으면 <img> 요소는 이 S3 URL을 참조하는 src 속성을 갖는다.

```
<img src={this.props.product.imageURL} alt="product" />
```

데이터베이스로부터 이미지를 다운로드하는 대신, 사용자들은 S3로부터 이미지를 다운로드할 것이다. 데이터베이스의 부하가 완화된다.

이것은 S3를 사용하는 경우 중 하나다. 두 가지 일반적인 용도가 있다.

- **사용자는 그의 아바타 이미지 업로드가 필요하다**: 데이터베이스에 저장하는 대신 사용자가 파일을 S3에 직접 업로드할 수 있는 임시 사용 권한을 생성할 수 있다.
- **사용자가 개인 앨범을 보기를 원한다**: 이미지를 S3로부터 다운로드하고 람다 함수를 사용해 이미지를 전송하는 대신 파일을 다운로드할 수 있는 위치에서 개인 임시 링크를 생성할 수 있다.

이 절에서는 예제를 다루는 방법과 S3를 사용해 미디어 파일용 데이터베이스 사용법을 설명했다.

파일 업로드와 다운로드

버킷이 공개 파일을 저장하는 경우, 파일 업로드 및 다운로드를 위해 익명 요청을 허용하도록 구성할 수 있다. 그러나 파일이 사설이라면 프라이버시와 보안을 위해 미리 서명된 URL을 클라이언트에 제공해야 한다. 업로드나 다운로드 두 작업에 모두 서명해야 한다.

이 키들은 백엔드에서 생성된다. 왜냐하면 버킷에 대한 자격증명 액세스 권한이 있는 SDK 를 사용해야 하기 때문이다. 파일을 업로드하고 다운로드하려면 다음 단계를 확인한다.

1. 람다 함수를 생성하고 프론트엔드 코드로부터 호출되도록 엔드포인트[endpoint2] S3 객체의 getSignedUrl 함수를 사용해 서명된 URL을 얻는다.

```
const AWS = require('aws-sdk');
 const S3 = AWS.S3();

const params = {
  Bucket: 'bucket',
  Key: 'key'
};

const operation = 'putObject'; // 오퍼레이션 업로드
// const operation = 'getObject'; // 오퍼레이션 다운로드

s3.getSignedUrl(operation, params, (err, url) => {
  // url 반환
});
```

2. 사설 파일을 다운로드하는 작업이라면, href 속성에서 사전 서명된 URL을 사용해 앵커 태그[Anchor Tag]로 HTML을 렌더링한다. 그리고 다운로드를 수행하기 위해 속성 대상을 _black로 설정한다.

```
<a href="PRE-SIGNED-URL" target="_blank">Download</a>
```

3. 파일을 업로드하는 작업인 경우 양식에 사전 서명된 URL을 위치시킨다. HTLM 이 인코딩 유형 enctype="multipart/formdata"을 사용하는지 확인한다. 업로드를 수행하기 위해서 필요하다.

---

2 엔드포인트는 서비스에 접근하는 방법을 말하는 것으로, 프로토콜 주소 등에 대한 정보를 포함한다. – 옮긴이

```
<form enctype="multipart/form-data" method="post"
action="URL">
    <input type="file" name="file-upload" />
    <input type="submit" value="submit" />
</form>
```

4. 이 예제에서 업로드 버튼은 브라우저의 기본 스타일로 렌더링될 것이다. 더 나은 인터페이스를 위해, 훌륭하고 보기 좋은 라이브러리를 사용해야 한다. 부트스트랩 파일 입력의 예는 http://plugins.krajee.com/file-input을 참고한다.

5. 람다 함수를 사용해 사전에 서명된 URL을 생성했으므로 파일 이름과 파일의 저장된 위치를 알 수 있다. 그러나 사용자가 업로드를 수행했을 때에는 파일이 언제 정확히 업로드돼 완료됐는지 알려주지 않는다. 하나의 옵션은 S3 버킷에 의해 트리거되는 업로드 완료 이벤트를 수신하기 위해 다른 람다 함수를 추가하는 것이다.

CORS 사용

위 코드는 S3 버킷에 CORS를 사용하도록 설정한 경우에만 동작한다. 업로드 다운로드 요청을 S3 도메인과 다른 도메인에서 하기 때문에 CORS 헤더가 필요하다. 이 설정은 https://console.aws.amazon.com/s3/home에서 S3 콘솔을 사용해 구성한다. 버킷의 속성을 열고 Permissions을 선택하고, 다음 화면처럼 CORS Configuration을 구성한다.

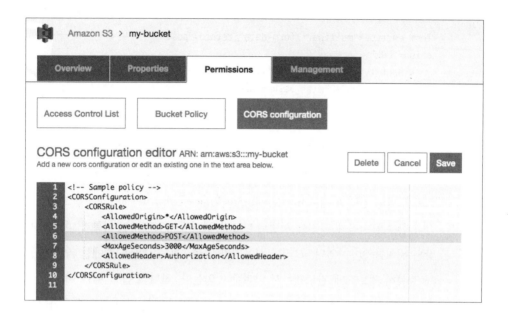

이 명령은 GET 요청에 대한 CORS 구성을 추가한다. 저장하기 전 POST 요청 권한을 포함 시키려면 한 줄을 추가해야 한다.

```
<CORSConfiguration>
  <CORSRule>
    <AllowedOrigin>*</AllowedOrigin>
    <AllowedMethod>GET</AllowedMethod>
    <AllowedMethod>POST</AllowedMethod>
    <MaxAgeSeconds>3000</MaxAgeSeconds>
    <AllowedHeader>Authorization</AllowedHeader>
  </CORSRule>
</CORSConfiguration>
```

데이터 백업과 복구

아마존 S3는 최대 99.999999999%의 내구성을 제공하도록 설계돼 있다. 이 의미는 AWS 는 디스크 오류로부터 S3 데이터의 안전한 보호를 위해 데이터를 복제하는 엄청난 노력 을 하고 있다는 것이다. 다운로드로 로컬 저장소에 백업을 만들거나, 다른 외부 서비스(마이크로 소프트 애저 혹은 구글 클라우드)에서 복사본을 만들 수 있지만, 일반적으로 필요하 지는 않다.

비록 S3에서 데이터가 안전하다는 것에 대해 안심할 수 있지만, 스스로의 실수에 대해서는 안전하지 않다는 것을 명심해야 한다. 예를 들어, S3에 특정 파일을 삭제하는 기능이 있는 경우 실수로 다른 파일을 삭제하는 경우, 심하게 전체를 삭제하는 경우도 있다. 그래서 비 즈니스를 위해 안전한 운영을 위해서는 백업을 만드는 것이 중요하다.

AWS CLI의 명령을 사용해 지정된 시간에 버킷의 모든 파일을 저장할 수 있다.

```
aws s3 sync s3://original-bucket s3://backup-bucket
```

특정 시간에 저장한 모든 파일을 백업 버킷으로 복원하려면 --delete 옵션을 추가해 백업 버킷에 존재하지 않는 대상 파일을 제거해야 한다.

```
aws s3 sync s3://backup-bucket s3://bucket-to-be-restored --delete
```

S3 버전 관리

S3 버전 관리는 데이터를 보호하는 다른 방법이다. 한 번 활성화되면 모든 파일의 수정 혹 은 삭제가 저장된다. 이런 추가 파일이 저장되면, 운영을 위한 추가 비용이 발생하지만, 그 만큼의 가치가 있을 수 있다. S3 버전 관리를 사용하기 위해 다음 단계를 보자.

1. S3 버전 관리를 구성하려면 관리 콘솔로 이동해 버킷 **Properties**를 선택한다. 버전을 활성화하는 옵션을 찾을 수 있을 것이다.

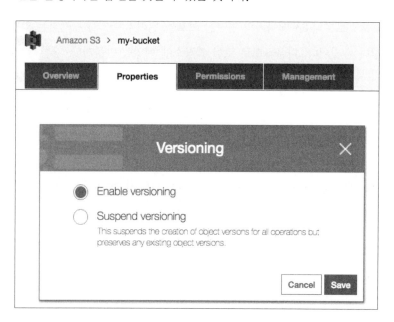

2. 수명주기^{life cycle} 규칙을 구성해 오래된 버전의 파일을 삭제하면 비용을 절감할 수 있다. 이 구성은 **Management Tab** 아래에서 찾을 수 있다.

3. 이 장을 마치기 위한 보안 관찰: AWS 액세스 키가 손상되면 악의적 사용자가 S3 파일들을 삭제하고 또한 버전 파일들도 삭제할 수 있다. 이것을 막기 위해 **MFA Delete**을 활성화해 추가 보호 레이어를 구성할 수 있다. 이 설정을 사용하면, AWS 계정에 접속할 수 있고, 인증된 장치로부터 접속 코드를 제공받는다면 파일을 영구적으로만 삭제할 수 있다.

▌ 요약

7장에서는 서버리스 데이터베이스를 사용해 어떻게 모델링하고, 쿼리하고, 데이터를 삽입하는지 배웠다. 심플DB 작동 방식을 보았고, 심플DB의 기능 부족으로 다이나모DB를 사용하는 방법에 대해서 설명했다. 또한 아마존 S3에 관해 배웠으며, 미디어 파일을 어떻게 저장하는지에 대해서도 배웠다.

8장에서는 AWS에서 인증 및 권한부여 방법을 학습한다. 그리고 서버리스 프로젝트 구축을 위한 표준 보안 실습을 확인한다.

08

서버리스 애플리케이션 보안

보안에 대한 처리는 광범위하고 복잡한 주제다. 보안에 대한 처리가 제대로 다뤄지지 않으면 해킹을 당할 수 있다. 모든 부분을 제대로 처리하더라도 해킹을 당할 수 있다. 따라서 웹사이트가 취약점에 노출되는 것을 피하기 위해서 일반적인 보안 메커니즘을 이해하는 것이 필요하다. 또한 대부분 테스트를 거쳐 강건한 것으로 입증된 권장 사례 및 방법을 항상 준수해야 한다.

8장에서 다루는 내용은 다음과 같다.

- 기본 보안 사례와 개념
- 아마존 코그니토 사용 방법
- 서버리스 상점의 회원 가입과 로그인 페이지 개발
- 백엔드에서 사용자 권한부여와 인증 처리

이 장을 마치면, 서버리스 웹사이트 구축을 위해 AWS에서 보안을 어떻게 다룰 것인지에 대한 기본 사항을 알게 될 것이다.

▌ 보안 기초

보안 전문가의 요구사항 중 하나는 다음과 같다. 자기 자신을 굴리지 마라Don't roll your own. 이 의미는 "실제 프로덕션 시스템에서 사용자가 직접 개발한 알고리즘이나 보안 모델을 사용하면 안 된다"라는 뜻이다. 항상 신뢰된 출처로부터 많이 사용되고, 테스트되고, 권고된 솔루션을 사용하라. 심지어 고급 수학을 필요로 하는 암호화 분야에서 경험 있는 사람들도 오류를 범하고 솔루션을 위험에 노출시킬 수 있다. 그러나 많은 전문가들이 분석하고 테스트한 솔루션은 훨씬 에러가 적다.

보안 세계에서는 은닉을 통한 보안security through obscurity이라는 용어가 있다. 이것은 구현 메커니즘이 공개적으로 알려지지 않은 보안 모델로 정의되기 때문에, 누구도 결함에 대한 사전 정보가 없어 안전하다는 신념이 있다. 이 모델은 실제 안전할 수 있지만, 그것이 유일한 보호의 형태로 사용된다면, 이점 또한 보안이 취약하다고 할 수 있다. 해커가 지속적으로 공격한다면, 내부 코드를 몰라도 결함을 발견할 수 있다. 이 경우에 스스로 만든 것보다 고도로 테스트된 알고리즘을 사용하는 것이 더 좋다.

은닉을 통한 보안은 일반적인 보안 메커니즘의 비유로 은행에 돈을 보관할 때, 어떤 사람이 자신의 돈을 보호하기 위해 돈을 뒤뜰에 묻는 것과 비교할 수 있다. 돈은 묻혀 있을 때는 안전하겠지만, 누군가가 그 존재를 발견하고 그것을 찾기 시작할 때까지만 보호된다.

이런 이유로 보안을 다룰 때, 오픈소스 알고리즘이나 도구를 사용하는 것을 선호한다. 모든 사람이 취약점에 접근하고 발견할 수는 있지만, 수많은 전문가가 취약점을 찾고 해결하고 있기 때문이다.

이 장에서는 시스템을 구축할 때 모든 사람이 알아야만 하는 보안 개념에 대해 설명할 것이다.

정보 보안

보안을 다룰 때 고려해야 할 몇 가지 속성이 있다. 가장 중요한 것들은 다음과 같다.

- **인증**Authentication: 사용자가 자신이 주장하는 사람임을 확인해 신원을 확인하는 속성
- **권한부여**Authorization: 사용자가 요청한 작업을 실행할 수 있는지 결정하는 속성
- **기밀성**Confidentiality: 제3자가 데이터를 이해할 수 없도록 보장하는 속성
- **무결성**Integrity: 감지할 수 없는 변조로부터 메시지를 보호하는 속성
- **부인방지**Non-repudiation: 누군가가 자신의 메시지 진위성을 부정할 수 없도록 보장하는 속성
- **가용성**Availability: 필요할 때 시스템을 사용할 수 있게 하는 속성

위 용어들은 다음 절에서 자세히 설명한다.

인증

인증은 사용자의 신원을 확인하는 기능이다. 이 기능은 사용자에게 사용자 이름과 비밀번호 입력을 요청하는 로그인 양식으로 구현할 수 있다. 해시된 비밀번호가 네이터베이스에 저장된 비밀번호와 일치한다면, 사용자로 인증하는 충분한 자료가 된다. 최소한 이 모델은 전통적인 애플리케이션의 인증방법으로는 충분하다. 사용자가 제공한, 사용자가 무엇을 아는지what they know 확인해 신원을 확인하는 방법이 있다. 그 외에도 사용자가 소유하고 있는 것what they have을 통해 인증을 진행하는 방법도 있다. 이것은 물리적인 장치(동글)이거나 이메일 혹은 전화 번호에 대한 접근일 수 있다.

그러나 사용자의 모든 요청에 대해 자격증명을 입력하도록 요청할 수는 없다. 첫 번째 요청에서 인증하는 동안 다음 요청에 사용될 보안 토큰을 만들어야 한다. 이 토큰은 클라이언트에 쿠키로 저장되며 이후의 모든 요청은 자동으로 서버로 전송된다.

AWS에서 이 토큰은 코그니토 서비스를 사용해 만들 수 있다. 이 장 뒤 부분에서 생성 방법을 설명한다.

권한부여

백엔드에서 요청이 수신되면 사용자가 요청한 작업을 실행할 수 있는지 확인한다. 예를 들어, 사용자가 아이디 1,2,3을 사용해 주문을 체크아웃하려면 데이터베이스에 쿼리를 작성해 누가 주문 소유자인지, 그리고 동일한 사용자인지를 비교한다.

또 다른 시나리오는 애플리케이션에 대한 여러 역할을 가지고 있을 때, 데이터 접근 권한을 제한해야 할 필요가 있다. 예를 들어, 학교 성적을 관리하기 위해 개발된 시스템은 학생student과 교사teacher 두 가지 역할로 구현될 수 있다. 교사들은 성적을 입력하거나 업데이트하기 위해 시스템에 접속할 것이고, 학생들은 그 성적을 읽기 위해 시스템에 접속할 것이다. 이 경우 시스템에 대한 권한부여는 교사 그룹의 일부 사용자만 입력과 업데이트 작업을 할 수 있도록 제한해야 하며, 학생 그룹의 사용자는 자신의 성적을 읽을 수만 있게 제한해야 한다.

대부분의 경우 자체 백엔드에서 권한부여를 처리하지만, 일부 서버리스 서비스들은 백엔드에 요청하지 않고, 서비스 자체로 권한부여의 승인을 체크한다. 예를 들어 이 장에서, AWS에서 서버리스 알림notification을 구현하는 방법에 대해 살펴보겠다. AWS IoT를 사용할 때, 두 사용자 간 사설 통신 채널private channel of communication을 원하고, 두 사용자가 알고 있는 하나의 특정한 자원에 접속하는 권한을 부여해야만 한다. 그리고 다른 사용자들의 접속을 제한해 사설 메시지private message가 노출되는 것을 피해야 한다. 이런 종류의 권한부여는 다음 장에서 자세히 설명한다.

기밀성

4장, '웹사이트 호스팅'에서 AWS 인증서 관리자를 사용해 TLS 인증서를 무료로 요청하고 CloudFront 배포에 추가하는 방법을 배웠다. 모든 요청을 처리하기 위해 HTTPS를 사용해 웹사이트를 개발하는 것이 사용자와 사이트의 통신에 기밀성을 달성하는 주요 기법이다. HTTPS를 사용하는 것은 데이터가 암호화되기 때문에 악의적인 사용자가 내용을 해독하고 이해하는 것이 매우 어렵다.

통신 중간에서 메시지를 가로채고 인증서를 위조하는 중간자man-in-the-middle 공격이 있지만, 중간자 공격을 수행하기 위해서 악의적인 공격자는 희생자의 기계나 네트워크에 접속해야만 한다. HTTPS 사용하는 것이 위험의 가능성을 최소화하는 최선의 방법이다.

무결성

무결성Integrity은 기밀성과 관련이 있다. 기밀성은 다른 사용자가 내용에 접근하지 못하도록 메시지를 암호화하는 데 의존하지만, 무결성은 디지털 서명(TLS 인증서)을 사용해 암호화하며 변조로부터 메시지를 보호한다.

무결성은 낮은 레벨의 네트워크 시스템 설계 시 중요한 개념이지만, 중요한 것은 HTTPS 지원을 추가하는 것이다.

부인방지

부인방지Non-Repudiation는 인증과 자주 혼동되는 용어이다. 두 가지 모두 누가 메시지를 보냈는지를 증명해야 하기 때문이다. 그러나 주요 차이점은 인증은 기술적인 측면과 더 많은 연관이 있고, 부인방지 개념은 법적 용어, 책임, 감사와 더 많은 연관이 있다.

사용자의 이름과 비밀번호가 입력된 로그인 양식이 있을 때, 해당 조합을 통해 사용자가 맞는지 인증할 수 있지만, 서드파티가 자격증명을 정확하게 추측하거나 도난당할 경우 100% 증명할 수는 없다. 반면에 생체 인증 방법처럼 더 진화된 부인방지 메커니즘을 사용하면 접근제한 메커니즘이 훨씬 더 강력해진다. 그러나 이것도 완벽한 것은 아니다.

가용성

가용성Availability은 사용자의 요구를 충족시키기 위해 하드웨어를 프로비저닝하는 방법에만 국한하지 않기 때문에 정보 보안 분야의 중요한 개념이기도 하다. 가용성은 공격자의 공격을 지속적으로 받을 수 있으며, 악의적인 공격자에 의해 중단될 수도 있다. 사이트의 가용성을 방해해 병목 현상을 만드는 것이 목표인 DDoSDistributed Denial of Service와 같은 공격이 있다. DDoS 공격에서 공격자는 목표 웹사이트를 시스템 과부하 상태로 만들기 위해 불필요한 요청을 보낸다. 이것은 일반적으로 봇넷botnet이라는 감염된 시스템의 제어된 네트워크에 의해 수행된다.

AWS에서는 AWS 실드Shield 서비스 아래 실행되는 모든 서비스에 대해 기본적으로 DDoS 공격으로부터 추가 비용 없이 보호되도록 설계됐다. 그러나 매우 크고 중요한 서비스를 운영하는 경우, 더 진화되고 규모가 큰 DDoS 공격의 목표물이 될 수 있다. 이 경우 최악의 경우에도 웹사이트의 가용성을 보장하기 위해 AWS 실드 서비스 프리미엄 등급이 제공된다. 이것은 매달 3,000달러(US)의 비용을 지불해야 하며, 전담 팀이 24X7(연중 무휴) 지원하며 DDoS 공격 완화 및 분석을 위한 다른 도구에 접속이 가능하다.

AWS 보안

이 책에서는 AWS 자격증명, 역할, 정책을 사용하고 있으나 AWS의 보안은 사용자의 인증 및 권한부여를 처리하는 것 이상이다. 이것이 이번 절에서 학습할 내용이다.

공동 책임 모델

AWS의 보안은 공동 책임 모델을 기반한다. 아마존은 인프라를 안전하게 유지할 책임이 있는 반면, 고객들은 소프트웨어 보안 업데이트를 패치하고 자체 사용자 계정들을 보호해야 할 책임이 있다.

AWS의 책임은 다음과 같다.

- 하드웨어 및 시설의 물리적 보안
- 네트워크, 가상화, 및 스토리지 인프라
- 서비스 수준계약^{SLA}을 준수하는 서비스 가용성
- 람다, RDS, 다이나모DB 같은 관리형 서비스의 보안

고객의 책임은 다음과 같다.

- EC2 인스턴스 운영체제의 보안 패지 적용
- 설치된 애플리케이션의 보안
- 사용자 자격증명 공개 방지
- 접속 정책과 역할의 정확한 구성
- 방화벽 구성
- 네트워크 트래픽 보호(민감한 정보 공개를 방지하기 위한 데이터 암호화)
- 서버측 데이터와 데이터베이스 암호화

서버리스 모델에서는 관리형 서비스만 사용한다. 이 경우 운영체계나 런타임에 보안 패치를 적용하는 것에 대해 걱정할 필요는 없다. 그러나 실행되는 애플리케이션에 따라 타사의 라이브러리에 대한 보안은 고려해야 한다. 또한 구성하는 모든 것들(방화벽, 사용자 정책 등), 네트워크 트래픽(HTTPS 지원), 애플리케이션에서 데이터를 조작하는 방법에 대해서도 보안을 고려해야 한다.

트러스티드 어드바이저 도구

AWS는 트러스티드 어드바이저$^{Trusted\ Advisor}$라는 도구를 제공하며 https://console.aws.amazon.com/trustedadvisor를 통해 접속할 수 있다.

이것은 비용 최적화 혹은 성능 향상을 어떻게 하는지 도움을 제공하기 위해 만들어졌지만, 또한 보안 침해와 일반적인 잘못된 구성을 식별하는 데 도움이 된다. 루트 계정에서 다중 요소인증Multi-Factor Authentication이 활성화돼 있고 IAM 사용자가 여러분의 계정에 생성된 경우 EC2 시스템의 특정 포트에 무제한으로 접속되는 보안 위험을 검색할 수 있다.

 비용 최적화 같은 기능을 사용하려면 AWS 프리미엄 지원 비용을 지불해야 한다. 그러나 보안 검사는 무료로 제공된다.

침투 테스트

침투 테스트penetration test 또는 pen test는 모든 대형 웹사이트가 주기적으로 수행해야 한다. 심지어 훌륭한 보안 전문가들로 구성된 좋은 팀이 있더라도 전문적인 회사를 고용해 침투 테스트를 수행하고 취약점을 발견할 것을 추천한다. 이유는 사내 팀에서 시도해보지 않은 도구와 방법을 보유하고 있을 가능성이 높기 때문이다.

여기서 주의해야 할 점은 AWS에 사전 문의를 하지 않고 이런 테스트를 수행할 수는 없다. 사용자 약관에 의해 EC2 인스턴스나 RDS 같은 제한된 서비스에 대해서만 당사자 계정과 자산, 예정된 시간대(시간 동안 자산에 대한 침입 탐지 시스템을 비활성화할 수 있음)에 침투해 취약점을 찾는 테스트를 진행할 수 있다.

AWS 클라우드트레일

AWS 클라우드트레일CloudTrail은 계정에서 실행되는 모든 AWS API 호출을 기록하도록 설계된 서비스다. 이 서비스의 결과물은 API 호출자, 날짜/시간, 호출자의 소스 IP, 요청 매개변수, 리턴되는 응답 요소를 등록한 로그 파일 세트다.

이런 종류의 서비스는 보안 분석을 위해 아주 중요하다. 데이터 유출이 있는 경우, 규정 표준compliance standards을 위한 감사 메커니즘이 필요한 시스템에 매우 중요하다.

MFA

다중요소인증MFA, Multi-Factor Authentication은 허가되지 않은 접속을 방지하기 위해 모든 사용자가 AWS 루트root 계정에 추가해야 하는 보안 계층이다. 이것은 악의적 사용자가 사용자 이름과 비밀번호를 알고 있다고 하더라도, 스마트폰이나 보안 토큰에 물질적으로 접속해야 하므로, 위험을 크게 줄일 수 있다.

- **가상 장치**: 안드로이드, 아이폰 또는 윈도우폰에 설치된 애플리케이션
- **물리적 장치**: 6자리 디지털 토큰 혹은 OTPOne Time Password 카드
- SMS: 휴대전화의 수신 메시시

▌ 인증과 권한부여 처리

이 절에서는 아마존 코그니토를 사용해 애플리케이션을 위한 사용자를 만들고, 로그인 작업을 할 수 있도록 할 것이다. 사용자 인증 이후에는 작업을 실행할 수 있게 적절한 권한을 부여할 수 있다.

아마존 코그니토

코그니토는 사용자 풀User Pool과 아이디 풀Identify Pool 두 가지 서비스를 제공한다. 사용자 풀은 사용자 자격증명을 만들고 지깅하는 위치이고, 아이디 풀은 사용자가 AWS 자원에 접속할 수 있는 권한을 설정하는 곳이다.

사용자 풀을 만드는 것으로 작업을 시작할 것이므로 계정 복구와 함께 웹사이트 회원 가입 및 로그인 기능을 추가할 수 있다. 프론트엔드 코드에 사용자 풀 ID를 추가하고, 람다 함수에서 실행하지 않고 요청을 사용자 풀 서비스에서 직접 수행한다.

나중에 사용자에게 AWS 자원에 대한 임시 접속 권한을 부여하는 데 필요한 아이디 풀을 구성할 것이다. 예제로, 사용자는 람다 함수를 사용하지 않고도 IoT 알림을 바로 구독할 수 있는 승인을 해 줄 수 있다.

사용자 풀 생성

사용자 풀을 생성하는 방법은 다음과 같다.

1. 사용자 풀을 만들기 위해서 https://console.aws.amazon.com/cognito 통해 콘솔에 접속한다. **사용자 풀 관리 옵션**(Manage your User Pools)을 선택한다.

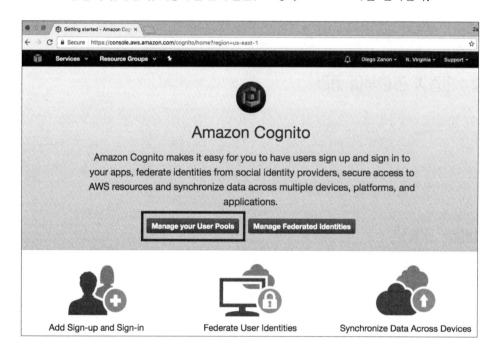

2. 다음 화면과 같이 다음 화면에서 **사용자 풀 생성**(Create a User Pools)을 선택한다.

3. 이제 사용자 풀 자원을 위한 **풀 이름**(Pool name)을 정의하고 빠른 생성(기본값 사용) 혹은 각 설정의 단계별로 수행할지를 선택한다. 여기에서는 **기본값 검토**(Review Defaults)를 선택했다.

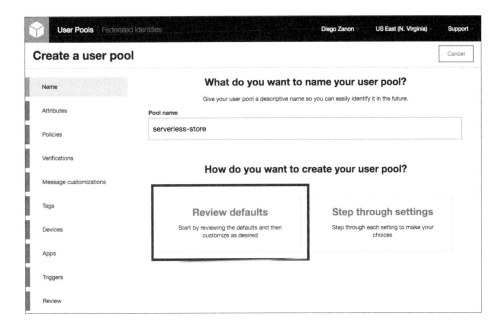

4. 풀 생성(Create Pool)을 클릭하기 전에 수정 사항을 검토해야 하는 기본값 목록이다.

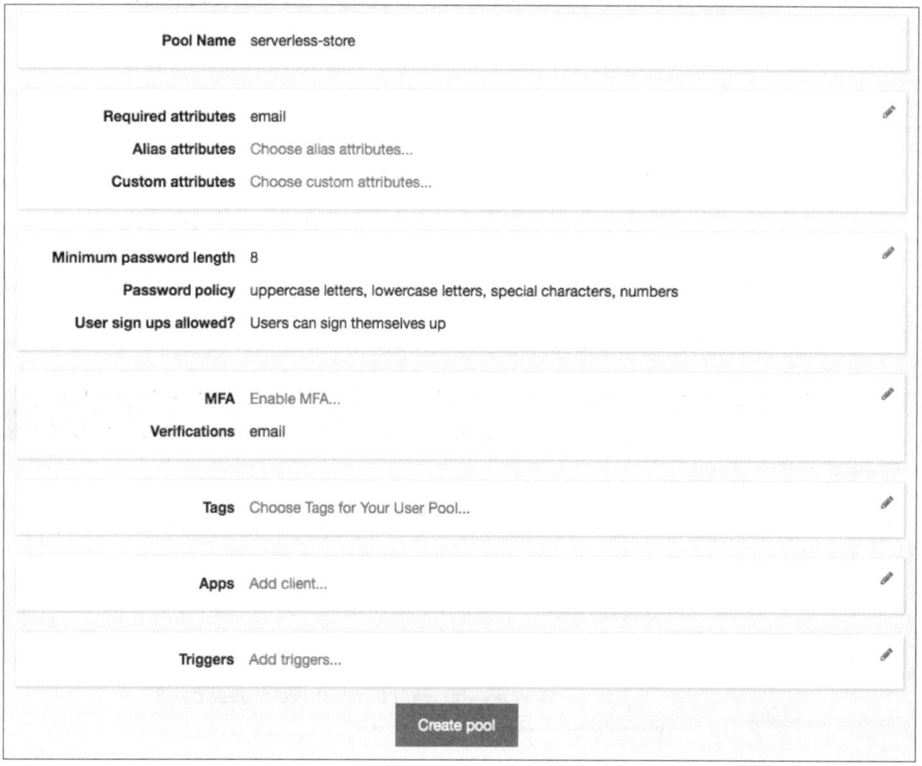

Pool Name	serverless-store
Required attributes	email
Alias attributes	Choose alias attributes...
Custom attributes	Choose custom attributes...
Minimum password length	8
Password policy	uppercase letters, lowercase letters, special characters, numbers
User sign ups allowed?	Users can sign themselves up
MFA	Enable MFA...
Verifications	email
Tags	Choose Tags for Your User Pool...
Apps	Add client...
Triggers	Add triggers...

Create pool

- 다음은 옵션 목록들과 각 옵션에서 고려해야 할 사항이다.
  - **속성**(Attributes): 로그인에 필요한 옵션으로 선택할 수 있는 사용자 속성 목록이 표시된다. 일반적으로 대부분의 애플리케이션에는 이메일만으로 충분하지만 사용자 이름, 전화번호 또는 사용자 그림과 같은 속성을 포함시킬 수 있다. 또한 사용자 정의 속성을 사용자 프로파일에 저장되도록 설정할 수도 있다.
  - **정책**(Policies): 사용자 암호화가 얼마나 엄격해야 하는지를 정의한다. 예를 들어 최소한의 길이, 특수 문자 및 대/소문자 포함 여부를 설정할 수 있

다. 또한 관리자만 사용자 생성을 제한할 수 있다.

- ○ **검증**(Verifications): 등록 시 사용자에게 이메일 혹은 전화번호(SMS)를 통해 확인을 요청할 수 있다. 코그니토는 유효성 확인을 위한 코드가 포함된 메시지를 보낸다. 또한 MFA으로 두 번째 보안 계층을 사용할 수 있다. 이 기능은 현재 계정이 해킹되는 것을 막는데 매우 중요하며, 이미 코그니토에 구현되어 있고, 애플리케이션과 쉽게 통합할 수 있다.

- ○ **사용자 정의 메시지**(Message customization): 이것은 사용자가 이메일 혹은 전화번호의 유효성을 검사하도록 요청할 수 있는 이전 구성과 관련이 있다. 이 메시지의 텍스트는 여기에서 구성한다. 게다가 아마존 SES에서 검증 및 구성한 경우 도메인 주소를 사용하도록 이메일 메시지를 설정할 수 있다.

- ○ **태그**(Tags): 이 옵션은 사용자 풀을 결제 데이터에 표시할 태그와 연결할 경우 유용하다. 이 옵션을 사용하면, 비용 할당을 더 효과적으로 관리할 수 있도록 비용 센터 혹은 애플리케이션 이름이 있는 태그를 만들 수 있다.

- ○ **장치**(Devices): 향후 접속을 위해 장치들을 기억하도록 할 수 있다. 이 기능은 편의를 위해 유용하며, 장치가 이미 MFA로 인증된 경우 MFA 요청을 제한할 수도 있다.

- ○ **앱**(Apps): 로그인 프로세스를 처리하고 분실한 비밀번호를 처리할 수 있도록 에플리게이션을 제한하려넌 애플리케이션 스펙을 작성해야 한다.

- ○ **트리거**(Triggers): 사전 등록, 사전 인증, 사후 인증, 인증 요청 생성, 다른 옵션에서 람다 기능을 트리거할 수 있다. 사용자 인증을 처리하는 서버 측 절차를 제어할 수 있다.

5. 사용자 풀을 생성한 후, 할당된 풀 ID$^{Pool ID}$와 풀 ARN$^{Pool ARN}$을 볼 수 있다. 이것은 나중에 필요하니 값을 기록해 둬야 한다.

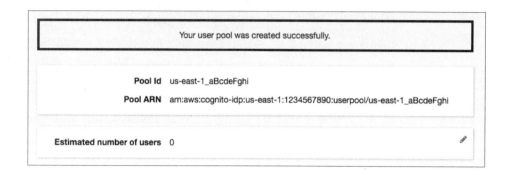

Your user pool was created successfully.

Pool Id	us-east-1_aBcdeFghi
Pool ARN	arn:aws:cognito-idp:us-east-1:1234567890:userpool/us-east-1_aBcdeFghi

Estimated number of users　0

6. 이 구성을 완료하기 전에 한 가지 작업이 더 남아있다. 웹사이트에서 회원 가입/
   로그인 처리하기를 원할 때 애플리케이션 ID를 만들어야 한다. 웹사이트에서 **앱
   클라이언트 네임**(App Client name) 필드를 탐색해 웹사이트의 애플리케이션을 추가해
   야 한다. 그리고 이 기능은 자바스크립트 SDK에서 지원하지 않으므로 **클라이언트
   비밀 옵션**(Generate client secret option)을 선택하지 않는다.

Which app clients will have access to this user pool?

The app clients that you add below will be given a unique ID and an optional secret key to access this user pool.

App client name

serverless-store

Refresh token expiration (days)

30

☐ Generate client secret

☐ Enable sign-in API for server-based authentication (ADMIN_NO_SRP_AUTH)　Learn more.

☐ Only allow Custom Authentication (CUSTOM_AUTH_FLOW_ONLY)　Learn more.

Set attribute read and write permissions

[Cancel]　[Create app client]

320

7. 앱 클라이언트^{App Client}를 생성한 후, **앱 클라이언트 아이디**(App client id)를 기록해 두 어라.

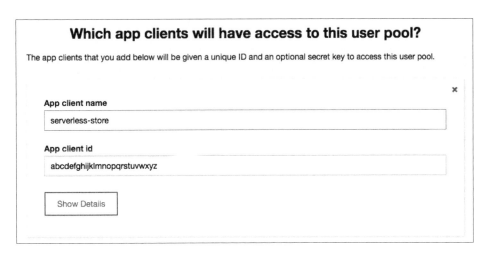

아이디 풀 생성

이제 ID 풀을 생성할 것이다. 다음 단계를 살펴보자.

1. 첫 번째 단계는 Cognito Home 혹은 방금 만든 사용자 풀에서 찾을 수 있는 Federated Identities 페이지로 이동하는 것이다.

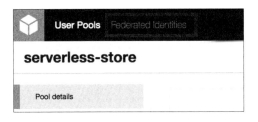

2. ID 풀을 만들 때, **인증되지 않은 ID에 대한 접속 허용**(Enable access to unauthenticated identities) 확인을 체크한다.

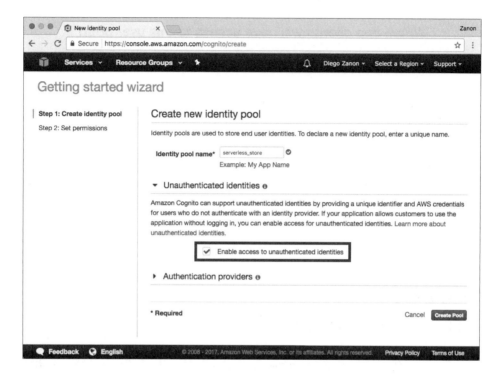

3. 다음 필드는 **인증 공급자**(Authentication providers) 매개변수를 설정하는 것이다. 코그니토 ID 풀^{Identity Pools}은 인증서비스에서 사용자를 입력으로 받아야 하는 인증 서비스다. 예를 들어 **사용자 풀 ID**(User Pool ID) 및 **앱 클라이언트 ID**(App Client ID) 입력란에 작성해 방금 만든 코그니토 사용자 풀을 사용하지만, 원하는 경우 다른 공급자(예: 페이스북, 구글+, 트위터) 사용자 풀을 사용할 수 있다.

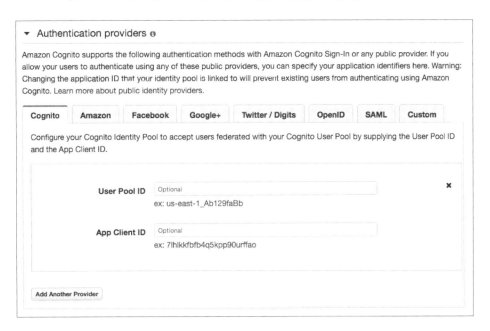

4. 이제 인증된 사용자와 인증되지 않은 사용자의 접근을 구성해야 한다. 예를 들어 S3 버킷의 폴더에 대한 접근을 허용하면, 백엔드에서 이 작업을 실행할 필요 없이 웹사이트로부터 직접 사진을 업로드할 수 있다. 서버리스 상점에서 IoT를 사용해 알림을 처리할 수 있다. 이것이 바로 다음에 구성할 내용이다.

5. 두 유형(인증된 / 인증되지 않은) 모두 **정책 문서**(Policy Document)의 옵션을 수정해야 할 것이다. 인증된 사용자를 위한 문서를 시작한다.

```
{
  "Version": "2012-10-17",
  "Statement": [
    {
      "Effect": "Allow",
      "Action": [
        "mobileanalytics:PutEvents",
```

```
      "cognito-sync:*",
      "cognito-identity:*"
    ],
    "Resource": ["*"]
  },
  {
    "Effect": "Allow",
    "Action": [
      "iot:Connect",
      "iot:AttachPrincipalPolicy"
    ],
    "Resource": ["*"]
  },
  {
    "Effect": "Allow",
    "Action": ["iot:Subscribe"],
    "Resource": [
      "arn:aws:iot:<region>:<account>:topicfilter/
          <public-topic>",
      "arn:aws:iot:<region>:<account>:topicfilter/
          <private-topic>"
    ]
  },
  {
    "Effect": "Allow",
    "Action": [
      "iot:Publish",
      "iot:Receive"
    ],
    "Resource": [
      "arn:aws:iot:<region>:<account>:topic/
          <public-topic>",
      "arn:aws:iot:<region>:<account>:topic/
          <private-topic>"
    ]
  }
 ]
}
```

iot:Connect와 iot:AttachPricipalPolicy는 모든 리소스(*) 접속을 요구하지만 iot:Subscribe 가 topicfilter/〈topic〉 자원, iot:Publish, iot:Receive가 topic/〈topic〉에 접속하는 것을 제한 해야 한다.

6. ARN(아마존 리소스 이름)을 만들 때, 여러분이 사용하려는 <region>을 AWS IoT 리전으로 대체한다. <account>는 계정 ID로, <public-topic>은 serverless-store-comments로, <private-topic>은 serverless-store-${cognito-identity.amazonaws.com:sub}으로 대체한다. 비공개 주제^{Private topic}는 인증된 사용자가 자신의 federated ID로 정의된 항목에 접근할 수 있다.

7. 인증되지 않은 접속에 대해서는 동일한 정책 문서를 사용하지만 비공개 주제에 대해 추가된 추가 ARN은 제거해야 한다. 또한 iot:AttachPrincipalPolicy는 인증되지 않은 사용자에게는 필요하지 않으므로 제거할 수 있다.

8. ID 풀을 만든 후 **대시보드**(Dashboard) 옵션으로 이동해 **ID 풀 편집**(Edit identity pool)을 클릭한다. 이 화면에서 Identity pool ID 옵션을 볼 수 있다. 이것은 나중에 필요하기 때문에 기록해 두어야 한다.

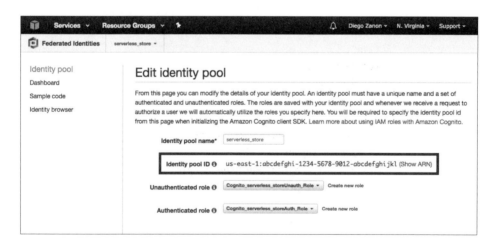

서버리스 상점에서 코그니토 사용

이제 리액트 프론트엔드를 코그니토와 통합해 회원 가입/로그인 페이지를 구현할 것이다. 인증 방법은 여기에서는 람다 함수를 사용하지 않고 코그니토로 직접 수행한다. 이것을 자동화하려면 리액트 애플리케이션을 구성해야 한다.

1. 먼저, 프론트엔드 폴더에 아래 명령어를 수행해 amazon-cognito-identity-js 모듈을 설치한다.

```
npm install amazon-cognito-identity-js --save
```

2. 코그니토 ID를 저장하기 위해 lib 폴더 안에 config.js 파일을 생성한다.

```
export default {
  "cognito": {
    "USER_POOL_ID": "YOUR_USER_POOL_ID",
    "APP_CLIENT_ID": "YOUR_APP_CLIENT_ID",
    "IDENTITY_POOL_ID": "YOUR_IDENTITY_POOL_ID",
    "REGION": "YOUR_cognito_REGION"
  }
};
```

3. 7장에서 했던 것처럼, 모든 Ajax 요청을 하기 위해 lib 폴더 내에 services.js 파일을 만들었다. 코그니토 모듈에서 다음을 임포트해야 한다.

```
import {
  AuthenticationDetails,
  CognitoUser,
  CognitoUserAttribute,
  CognitoUserPool
} from 'amazon-cognito-identity-js';
```

이제 코그니토 모듈을 사용할 수 있는 애플리케이션이 준비됐다.

회원 가입 페이지

회원 가입 양식은 5장, '프론트엔드 구축'에서 생성했으며, 형식은 다음과 같다.

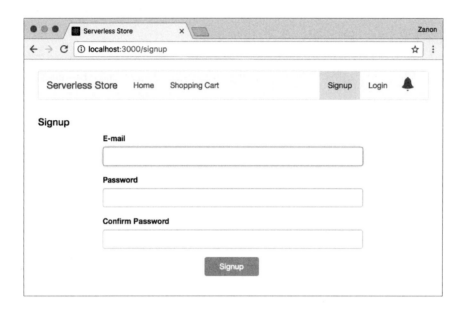

다음 단계를 수행해 **회원 가입**(Signup) 버튼을 위한 처리기를 구현할 것이다.

1. services.js 파일에서 코그니토의 요청을 실행할 메소드를 만드는 것으로 시작한다. 그 메소드는 양식에서 제공하는 이메일 및 암호를 사용하는 signup 함수를 호출한다.

```
signup(email, password, callback) {
  const userPool = new CognitoUserPool({
    UserPoolId: config.cognito.USER_POOL_ID,
    ClientId: config.cognito.APP_CLIENT_ID
  });

  const attributeEmail =
    new CognitoUserAttribute({
      Name: 'email',
```

```
      Value: email
   });
   userPool.signUp(email,
                password,
                [attributeEmail],
                null,
                callback);
}
```

2. App 구성요소가 이 함수를 호출하고, 사용자 객체를 해당 상태로 저장한다.

```
handleSignup(email, password) {
  Services.signup(email, password, (err, res) => {
    if (err) alert(err);
    else this.setState({newUser: res.user});
  });
}
```

3. 사용자를 성공적으로 등록한 뒤에는, 확인 요청을 표시하기 위해 구성요소를 다시 렌더링해야 한다. 사용자는 이메일로 전송된 값으로 **확정 코드**(Confirmation Code) 텍스트 입력을 채우라는 요청을 받을 것이다.

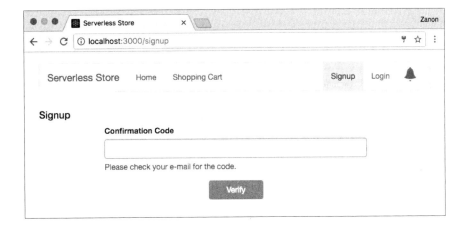

4. 코그니토에 대한 요청은 회원 가입 결과에서 반환된 동일한 사용자 객체를 사용할 것이다.

```
confirmSignup(user, code, callback) {
  user.confirmRegistration(code, true, callback);
}
```

5. 확정 코드가 정확하다면, 사용자에게 다시 입력하도록 요청하지 않고 사용자가 제공한 이메일과 비밀번호를 사용해 접근 권한을 인증할 수 있다.

인증 방법은 다음 절에서 정의한다.

로그인 페이지

사용자 인증을 위해 로그인 페이지를 구현하려면 몇 단계를 거쳐야 한다. 다음을 따라 하면서 어떻게 수행되는지 살펴보자.

1. 로그인(Login) 페이지는 5장, '프론트엔드 구축'에서 생성했으며, 다음과 같다.

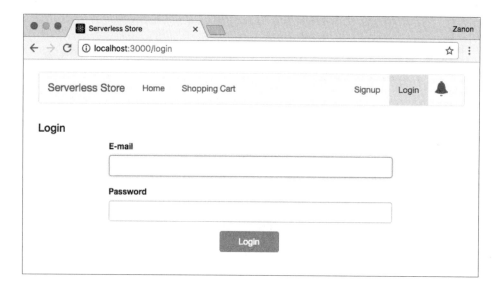

2. Login 버튼은 services.js 파일에 정의된 코그니토의 요청을 트리거할 것이다.

```
login(email, password) {
  const userPool = new CognitoUserPool({
    UserPoolId: config.cognito.USER_POOL_ID,
    ClientId: config.cognito.APP_CLIENT_ID
  });

  const user = new CognitoUser({
    Username: email,
    Pool: userPool
  });

  const authenticationData = {
    Username: email,
    Password: password
  };

  const authDetails =
    new AuthenticationDetails(authenticationData);

  return new Promise((resolve, reject) => {
    user.authenticateUser(authDetails, {
      onSuccess: (res) =>
        resolve(res.getIdToken().getJwtToken()),
      onFailture: (err) => reject(err)
    });
  });
}
```

3. login 함수는 APP 구성요소에서 사용된다. 성공적으로 로그인 되면, 사용자 토큰 (userToken)을 App 상태에 저장해야 한다.

```
handleLogin (email, password) {
  Services.login(email, password)
    .then(res => {
      this.setState({userToken: res});
```

```
    })
    .catch(err => {
      alert(err);
    });
}
```

사용자 토큰 유지

다행히 코그니토 SDK는 브라우저 로컬 저장소에 사용자 토큰을 자동으로 유지한다. 사용자 토큰 만료 전에 웹사이트를 탐색하면, 데이터는 사용자가 이메일/비밀번호를 다시 입력할 필요가 없이 사용 가능하게 유지된다.

토큰은 다음 코드로 검색할 수 있다.

```
getUserToken(callback) {
  const userPool = new CognitoUserPool({
    UserPoolId: config.cognito.USER_POOL_ID,
    ClientId: config.cognito.APP_CLIENT_ID
  });
  const currentUser = userPool.getCurrentUser();

  if (currentUser) {
    currentUser.getSession((err, res) => {
    if (err)
      callback(err);
    else
      callback(null, res.getIdToken().getJwtToken());
    });
  } else {
    callback(null);
  }
}
```

로그아웃

사용자 토큰이 지속되면 APP 초기화(componentDidMount)에서 존재하는지 확인할 수 있고
탐색바navigation bar에 로그인 버튼 대신 로그아웃 버튼을 표시할 수 있다.

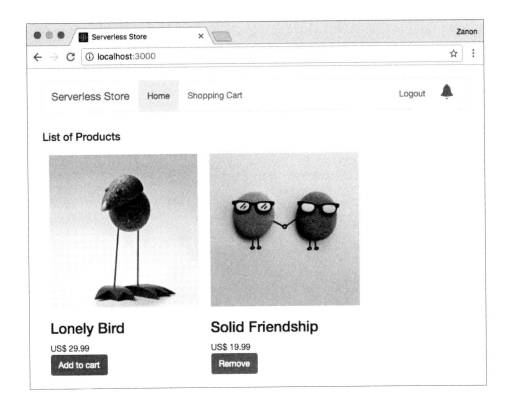

로그아웃(Logout) 버튼을 클릭할 때, 다음 코드를 실행해 **토큰**을 시울 수 있다.

```
handleLogout() {
  const userPool = new CognitoUserPool({
    UserPoolId: config.cognito.USER_POOL_ID,
    ClientId: config.cognito.APP_CLIENT_ID
  });

  const currentUser = userPool.getCurrentUser();
```

```
  if (currentUser !== null) {
    currentUser.signOut();
  }

  this.setState({userToken: null});
}
```

람다 함수에서 인증 처리

API 게이트웨이는 사용자 인증을 위한 코그니토 풀과 훌륭하게 통합돼 있다. 토큰 ID가
있는 요청이 제공될 때마다 서버리스 프레임워크를 구성해 코그니토에서 사용자 데이터
를 검색할 수 있다. 다음 단계를 실행해 어떻게 수행되는지 살펴보자.

1. Cognito User Pool authorizer를 사용하도록 serverless.yml 파일을 수정한다.

```
functions:
  products:
    handler: functions/products.handler
    events:
      - http:
          method: POST
          path: checkout
          authorizer:
            arn: YOUR_COGNITO_USER_POOL_ARN
      - http: OPTIONS checkout
```

2. 다음 코드를 사용해 권한(Authori2ation)을 유효한 헤더로 옵션OPTIONS 처리기에
포함시킨다.

```
"Accept-Control-Allow-Headers":
  "Accept, Authorization, Content-Type, Origin"
```

3. 다음 명령을 실행해 백엔드를 다시 배포한다.

```
serverless deploy
```

4. 다음 코드를 실행해 가능하다면 권한 헤더에서 uesrToken을 포함하도록 프론트
   엔드를 수정한다.

```
headers: {
  "Authorization": userToken
}
```

5. 이제 백엔드의 사용자 정보에 접근할 수 있다. 이벤트 객체를 분석하면, 다음 코
   드를 실행해 사용자 아이디(userId) 변수를 검색할 수 있다.

```
module.exports.handler = (event, context, callback) => {

  let userId = null;

  if (event.requestContext.authorizer)
    userId = event.requestContext.authorizer.claims.sub;

  // ...
}
```

userId 용어는 UUID이다. userId의 형태의 예는 다음과 같다.

```
b90d0bba-0b65-4455-ab5a-f30477430f46
```

 claims 객체는 이메일 속성을 사용해 이메일과 같은 더 많은 사용자 정보를 제공한다.

▌ 요약

8장에서는 기본적인 보안 개념과 그 개념을 서버리스 프로젝트에 적용하는 방법에 대해 배웠다. 데모 애플리케이션의 경우 아마존 코그니토를 사용해 사용자의 인증 및 권한부여 처리를 했고 회원 가입, 로그인 및 로그아웃의 기능을 구현하는 방법을 살펴봤다.

9장에서는 서버리스 알림을 처리하기 위해 코그니토 자격증명을 이용해 AWS IoT 자원에 접근한다. 백엔드에서 어떻게 메시지를 인증된 사용자에게 보내는지, 익명 사용자에게 실시간 알림을 어떻게 제공하는지 살펴본다.

09

서버리스 알림 처리

푸시Push 알림은 최근 애플리케이션에서 일반적으로 사용된다. 알림은 모바일 장치뿐 아니라, 웹 애플리케이션에서도 중요하다. 페이스북 타임라인을 탐색하고 있을 때, 친구가 여러분의 사진 중 하나에 댓글을 달았음을 알리는 알림이 푸시 알림이다. 이 장에서는 서버리스 솔루션에서 알림 기능을 구현하는 방법을 학습한다.

9장에서 다루는 내용은 다음과 같다.

- AWS IoT를 사용해 서버리스 알림 구현
- 공개 및 비공개 알림

이 장을 마치면, 서버리스 애플리케이션에서 실시간 알림을 처리하는 방법을 배우게 될 것이다.

▌ AWS IoT

웹사이트를 위한 서비스로 IoT^{Internet of Things}를 사용하는 것이 이상한 소리로 들릴 수 있겠지만, AWS IoT는 서버리스 모델에서 웹소켓을 지원하는 아마존의 유일한 서비스다. 웹소켓이 없으면 폴링^{polling}에 의존해야 한다. 폴링은 새로운 메시지를 사용할 수 있는지를 확인하기 위해서 클라이언트가 서버에 반복적으로 자주 요청해야 하는 프로세스다. 반면에 웹소켓은 클라이언트와 서버에 링크를 만드는 데 사용되고, 서버는 클라이언트로부터 끊임없이 요청을 받을 필요 없이 메시지를 클라이언트에 바로 보낼 수 있다. 웹소켓은 게시-구독^{public-subscribe} 패턴으로 구현되며, 폴링보다 더 효율적이다.

AWS IoT 외에도 실시간 서버리스 알림을 구현할 수 있는 또 다른 서비스가 아마존 SQS^{Simple Queue Service}이다. 단일 사용자를 대상으로 하는 메시지 큐^{Queue}를 생성하고, 이 사용자가 새 메시지를 찾는 SQS를 요청할 때까지 기다릴 수 있다. 이 솔루션에는 폴링이 필요하지만, 아마존은 롱 폴링^{long-polling}이라는 기능을 제공한다. 이 기능은 SQS에 메시지를 요청했을 때 AWS는 새 메시지가 도착할 때까지 20초 동안 요청을 보류한다. 기다리는 동안 메시지가 도착하면 즉시 응답을 받게 된다. 만약 메시지가 오지 않고, 20초가 지나면 빈 응답을 수신할 것이고, 새로운 SQS 요청을 만들어야 한다. 이 접근은 전체적인 요청 수와 너무 잦은 폴링과 관련된 비용을 줄인다.

SQS와 IoT를 비교했을 때 SOS의 한 가지 이점은 메시지를 읽을 수 있다는 것이다. SQS에 메시지를 올리면, 다른 사람이 메시지를 수신했을 때만 메시지가 제거된다. 반면에 IoT를 사용하는 경우 메시지를 수신하려면 사용자를 연결해야 한다.

또 다른 서비스는 알림에 사용되는 아마존 SNS^{Simple Notification Service}이다. 이름에서 유추해 보면 서버리스 알림을 위한 최선의 선택으로 보이지만, 웹소켓을 지원하지 않고, 요청 시 알림을 받기 위해 브라우저 클라이언트를 훅^{hook}할 수 없다. 그러나 모바일 애플리케이션을 위해서는, 폴링 없이 실시간 메시지를 위해 GCM^{Google Cloud Messaging}와 같은 푸시 알림 서비스를 이용할 수 있다.

'IoT'라는 이름을 좋아하지 않을 수도 있지만, 이것은 훌륭한 서비스이고, 서버리스 모델이 기대하는 알림을 받는 기능을 해결할 수 있다. AWS IoT는 단순한 메시지 서비스다. 다른 장치에서 게시public하는 주제topics를 메시지를 통해 구독하는 장치를 설정할 수 있다. 예제에서는, 웹브라우저를 통해 연결된 사용자를 장치로 사용해 다른 사용자 또는 람다 기능으로부터 메시지를 수신할 수 있게 구성할 것이다.

프로토콜

AWS IoT는 웹소켓 프로토콜Protocols을 통해 HTTP와 MQTT, MQTT를 지원한다. HTTP는 RESTful을 엔드포인트로 사용하고, MQTTMessage Queue Telemetry Transport는 작은 센서들과 제한된 장치들을 위한 가벼운 메시지 프로토콜이다.

HTTP를 사용하는 것이 RESTful 엔드포인트를 사용하는 방법을 아는 사람들에게는 가장 쉬운 선택이라고 생각할 수 있지만, HTTP 지원은 메시지를 게시하는 방법을 제한한다. REST 아키텍처에서 서버가 전송을 시작할 수 없으므로 메시지를 구독할 수 없다. 서버는 요청에 대해서만 응답할 수 있다.

웹소켓을 통한 MQTT는 브라우저 기반 애플리케이션을 지원할 목적으로 MQTT 프로토콜을 개선한 것이다. 구독 기능을 지원하므로, 사용자들은 몇 초마다 업데이트를 위해 지속적으로 폴링하는 대신 사용자가 메시지를 대기하고 기다릴 수 있다. 폴링 메커니즘을 피하는 것이 효율성을 위해 필요하고, 수천 명의 사용자가 동시에 서비스를 받는 경우 확장성을 위해 필요하다.

IoT 엔드포인트 찾기

AWS IoT 서비스를 사용하려면, 이 서비스를 사용할 리전의 해당 계정으로부터 IoT 엔드
포인트를 제공해야만 한다. IoT 엔드포인트를 찾으려면 다음 단계를 실행한다.

1. 이 정보는 https://console.aws.amazon.com/iot의 IoT 관리 콘솔에서 찾을
   수 있다.

2. 오른쪽 상단 모서리에서 서비스 영역을 변경할 수 있다. **시작하기**(Get Started)를 클
   릭하고 다음 화면으로 넘어간다.

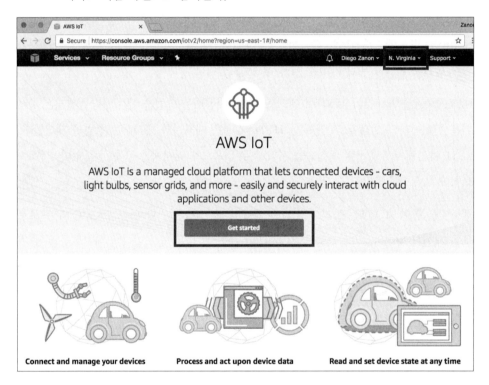

3. 콘솔 화면 위, 왼쪽 하단에 있는 **설정**(Setting) 옵션을 선택한다.

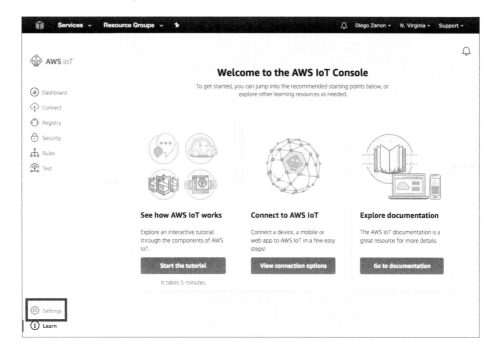

4. 애플리케이션에 사용될 IoT 엔드포인트 주소를 적는다.

> ⓘ 보안이 문제가 되는 경우라도, 엔드포인트 주소를 비공개(private)로 할 필요가 없다. IoT 메시지에 접속하려면 프론트엔드 코드가 이 주소를 알아야 하므로, 애플리케이션에서 하드 코딩해 클라이언트에 배포할 수 있다.

5. 데모 애플리케이션을 위해서, 이 정보를 config.js 파일에 저장한다.

```
"iot": {
  "REGION": "us-east-1",
  "ENDPOINT": "abcdef.iot.us-east-1.amazonaws.com"
}
```

AWS IoT SDK

MQTT 프로토콜을 처리하는 것과 각 요청에 서명하는 것은 귀찮은 작업이 될 수 있다. 다행히, 이미 만들어져 있는 것을 다시 만들 필요가 없다. AWS는 SDK를 제공한다. 이는 MQTT 프로토콜을 구현하고 사용하기 위해 필요한 기능들을 모두 제공할 것이다. 깃허브 https://github.com/aws/aws-iot-device-sdk-js에서 소스 코드를 찾을 수 있다.

다음 명령어를 실행하면 npm을 사용해 모듈을 설치할 수 있다.

```
npm install aws-iot-device-sdk --save
```

SDK를 사용하려면 다음과 같은 정보가 필요하다.

- **자격증명**^{Credentials}: SDK는 요청에 서명하고 AWS 자원에 접속할 수 있는 권한을 얻으려면 AWS 접속키^{access key}, 비밀키^{secret access key}, 세션 토큰^{session token}을 알아야 한다. 나중에 코그니토를 사용해 임시 자격증명을 동적으로 검색할 것이다.
- **지역**^{Region}: 사용하게 될 AWS IoT 서비스 영역이다.
- **IoT 엔드포인트**^{Endpoint}: 방금 검색한 IoT 엔드포인트다.
- **IoT 주제**^{topic}: 미리 IoT 주제를 명시적으로 작성할 필요는 없다. 단지 단어를 선택하고, 메시지로 교환하는 채널로 사용하라. 그러나 자격증명에 이 주제 혹은 모든 주제(*)에 대한 권한이 있어야 한다.

예를 들어 lib 폴더 안의 iot.js 파일에 클래스를 생성한다.

```javascript
import awsIot from 'aws-iot-device-sdk';
import config from './config';

export default class IoT {
  constructor(keys, messageCallback) {
    this.client = null;
    this.accessKey = keys.accessKey;
    this.secretKey = keys.secretKey;
    this.sessionToken = keys.sessionToken;
    this.messageCallback = messageCallback;
  }

  connect() {
    // TODO
  }

  publish(topic, message) {
    // TODO
  }

  subscribe(topic) {
    // TODO
  }
}
```

이 클래스에는 필요한 자격증명을 받는 생성사와 의존성 주입으로 사용될 messageCallback 함수가 있다. 새로운 메시지를 받을 때마다 messageCallback 함수를 호출하고 IoT 클래스의 새로운 객체 인스턴스를 생성한 것에 의해 원하는 로직을 실행한다.

이제 Connect, public, subscribe 메소드를 구현하는 방법을 살펴보자.

```
connect() {
  this.client = awsIot.device({
    region: config.iot.REGION,
    host: config.iot.ENDPOINT,
    accessKeyId: this.accessKey,
    secretKey: this.secretKey,
    sessionToken: this.sessionToken,
    port: 443,
    protocol: 'wss' // 전송계층보안(TLS)이 적용된 웹소켓
  });

  this.client.on('connect', this.handleConnect);
  this.client.on('message', this.handleMessage);
  this.client.on('close', this.handleClose);
}

publish(topic, message) {
  this.client.publish(topic, message);
}

subscribe(topic) {
  this.client.subscribe(topic);
}
```

이전 코드에서 connect 메소드는 client 객체가 다음 세 가지 이벤트를 구독할 수 있도록 한다.

- 커넥트(connect) 이벤트
- 메시지(message) 이벤트
- 종료(close) 이벤트

또한 애플리케이션을 더욱 강건하게 만들기 위해서 다음과 같은 세 가지 이벤트를 추가로 구독하게 할 수 있다.

- 에러(error) 이벤트
- 리커넥트(reconnect) 이벤트
- 오프라인(offline) 이벤트

마지막 단계는 이런 이벤트를 처리할 메소드를 정의하는 것이다. 다음과 같이 정의된다.

```
handleConnect() {
  console.log('Connected');
}

handleMessage(topic, message) {
  this.messageCallback(topic, message);
}

handleClose() {
  console.log('Connection closed');
}
```

▌ 서버리스 알림 구현

앞 절에서 AWS IoT SDK를 학습했고 그것을 테스트하지는 않았다. 이번 절에서는 서버리스 상점을 위한 다음과 같은 두 가지 기능을 사용한다.

- 제품 리뷰 페이지에 게시된 댓글
- 비용 지불 완료 후 알림

첫 번째 기능은 공개 알림public notification의 유형으로 모든 사용자들이 읽을 수 있는 IoT 주제topic를 사용한다. 두 번째는 비공개 알림private notification이므로 오직 한 사람과 람다 백엔드만 메시지를 구독하거나 게시하기 위해 IoT 주제에 접근할 수 있다. 각 사례에 대한 적합한 접근 권한을 부여하는 방법을 배우기 위해 두 가지 방법을 다룬다.

이 두 가지 예는 서버 알림을 위해 IoT가 어떻게 동작하는지 보여준다. 그러나 이를 통해 수행할 수 있는 작업을 제한하지 않는다. 예를 들어 IoT는 서버리스 멀티플레이어 게임에도 사용할 수 있다. 여러분은 람다 백엔드에 요청을 만들어 일부 로직(예: 게임할 공간 찾기)과 IoT 주제를 실행해 플레이어 간 메시지를 교환할 수 있는 HTML5 게임을 만들 수 있다. 그리고 이것은 FPS 게임과 같이 매우 역동적인 게임에는 적합하지 않을 수 있지만, 카드 게임, 퍼즐, 그리고 매우 낮고 예측 가능한 응답 시간이 필요하지 않은 게임에는 매우 유용하고 값싸게 할 수 있다.

공개 알림

5장, '프론트엔드 구축'에서 제품 상세 정보 뷰를 정의했고, 그것은 모든 고객 리뷰 목록을 가진다. 여기에 라이브 댓글을 구현하고자 한다. 사용자가 새로운 리뷰를 추가 했을 때, 같은 페이지를 탐색하는 다른 사용자는 게시됨과 동시에 메시지를 볼 수 있다. 고객 리뷰 페이지에는 중요하지 않을 수 있지만, 채팅 시스템, 포럼, 소셜 네트워크에서는 매우 중요한 기능이다.

댓글 상자 추가

다음 화면은 제품 상세 정보 페이지의 현재 상태를 보여준다.

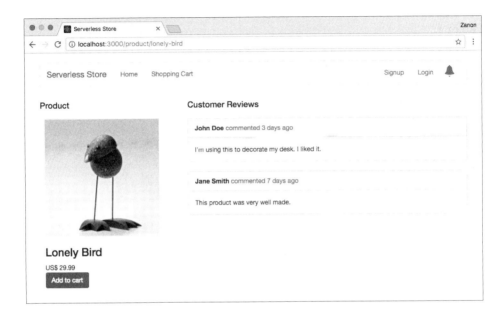

리액트 애플리케이션을 수정해 다음과 같은 댓글 상자를 추가한다.

이 작업을 위해, 입력 텍스트와 버튼으로 렌더링될 CommentBox 컴포넌트를 만들어야
한다.

```
return (
  <div className="comment-box">
    <input type="text" onChange={this.handleChange}
           value={this.state.input} />
    <button onClick={this.handleClick}>
        <i className="glyphicon glyphicon-share-alt">
        </i> Send
      </button>
    </div>
);
```

요소들을 정의할 때, onChange 이벤트를 입력 텍스트에 위치시켜 입력값을 저장하고
onClick 이벤트를 사용해 App 구성요소 정보를 보낸다. 이런 기능은 다음과 같이 구현
한다.

```
handleChange(e) {
  this.setState({ input: e.target.value });
}
handleClick() {
  this.props.onComment(this.state.input,
                       this.props.productId);
  this.setState({ input: '' });
}
```

이것으로 CommentBox 구현을 완료한다. 다음으로 App 컴포넌트가 페이지를 업데이트하
고, 동일한 페이지에 있는 다른 사용자들에게 메시지를 보내기 위해 이벤트를 처리하는
방법을 살펴본다.

댓글 목록 업데이트

다음은 댓글 목록을 업데이트하는 방법이다.

1. App 구성요소에서 댓글 생성을 처리해야 한다. 다음 코드에서 발췌한 내용에서,
   새 댓글 객체를 만들고, 댓글 목록 배열의 시작 부분을 추가한다.

```
handleComments(comment, productId) {
  const newComment = {
    id: uuid(),
    username: 'user1337',
    age: 'a few seconds ago',
    text: comment
  };

  const product = this.state
                      .products
                      .find(p => p.id === productId);

  // 배열 시작 부분에 코멘트 추가
  product.comments.unshift(newComment);
  this.setState({
    products: this.state.products
  });

  // TODO: IoT에 새로운 코멘트 송신
}
```

댓글의 ID를 정의하기 위해, UUID 모듈(npn install uuid --save)을 사용해 임의의 값을 생성했다. UUIC 예: 110ec58a-a0f2-4ac4-8393-c866d813b8d1

2. 실행해야 할 마지막 단계는 IoT 서비스에 새로운 댓글을 보내는 것이다. 그래서 같은 페이지가 다른 사용자들과 공유되고 데이터베이스에 저장될 수 있다. 지금은, 댓글 기능이 작동해야 하고 고객 리뷰 목록을 업데이트해야 한다.

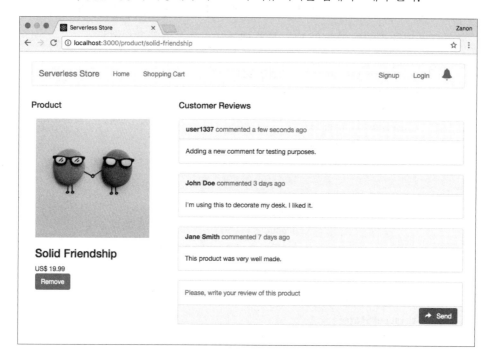

IoT SDK의 새로운 인스턴스 생성

이 절에서는 IoT SDK를 사용하는 IoT 클래스의 새로운 인스턴스를 만든다. 이 클래스를 IoT 서비스들과 연결하려면 AWS 액세스 키가 필요하다. 인증된 사용자가 필요 없는 공개 알림 처리할 때 익명 사용자의 자격증명을 만들어야 한다.

다음과 같이 IoT SDK의 새로운 인스턴스를 만들자.

1. npm을 사용해 프로젝트에 AWS SDK를 추가한다.

```
npm install aws-sdk --save
```

2. AWS SDK를 사용해 다음 코드로 코그니토의 익명 사용자 접속을 요청할 수 있다.

```
AWS.config.region = config.cognito.REGION;
AWS.config.credentials = new
AWS.CognitoIdentityCredentials({IdentityPoolId:
  config.cognito.IDENTITY_POOL_ID
  });
AWS.config.credentials.get(() => {
    const keys = {
    accessKey: AWS.config.credentials.accessKeyId,
    secretKey: AWS.config.credentials.secretAccessKey,
    sessionToken: AWS.config.credentials.sessionToken
  }
});
```

3. 8장에서 구성한 것처럼, ID 풀은 익명사용자에게 IoT 주제 serverless-store-comments에 대한 접속 권한을 부여한다. 이런 열쇠를 가지고, IoT 클래스의 인스턴스를 생성하고, 이 주제에 연결하고 구독할 준비가 되었다.

```
const getIotClient = (messageCallback, callback) {
  retrieveAwsKeys(keys => {
    const client = new IoT(keys, messageCallback);
    client.connect();
    client.subscribe('serverless-store-comments');
    callback(null, client);
  });
}
```

새로운 댓글 보내기/받기

App 컴포넌트는 애플리케이션 상태 관리를 담당하는 엔티티이다. 그러므로 댓글을 보내고 받기를 할 책임이 있다. 이를 구현하기 위해, 다음 세 가지 사항을 변경해야 한다.

1. componentDidMount를 수정해 IoT 클래스의 인스턴스를 만든다.

```
componentDidMount() {
  getIotClient(
    this.handleIotMessages,
    (err, client) => {
      if (err) alert(err);
      else this.setState({iotClient: client})
    });
}
```

2. IoT를 사용해 새 댓글을 보내는 handleComments 함수를 수정한다.

```
handleComments(comment, productId) {
  const newComment = {
    id: uuid(),
    username: 'user1337',
    age: 'a few seconds ago',
    text: comment
  };

  const topic = 'serverless-store-comments';
  const message = JSON.stringify({
    comment: newComment,
    productId: productId
  });

  this.state.iotClient.publish(topic, message);
}
```

3. 메시지를 받고, 댓글 목록을 업데이트하는 handleIotMessages 함수를 생성한다.

```
handleIotMessages(topic, message) {
  const msg = JSON.parse(message.toString());

  if (topic === 'serverless-store-comments') {
    const id = msg.productId;
    const product = this.state
                        .products
                        .find(p => p.id === id);
    product.comments.unshift(msg.comment);
    this.selState({
      products: this.state.products
    });
  }
}
```

4. 두 개의 브라우저 탭을 사용해 애플리케이션을 테스트한다. 하나의 탭에 댓글을 추가할 때, 동일한 댓글은 다른 탭에서도 즉각 나타나야 한다.

IoT로 람다 함수 트리거하기

IoT 서비스는 연결된 사용자들 사이에 실시간 메시지를 교환하는 데 사용된다. 그러나 정보는 지속되지 않는다. 여기서 할 일은 새로운 메시지가 IoT 주제에 도착할 때 람다 함수를 트리거하는 것이다. 그러면 이 메시지는 지속될 수 있다.

Serverless.yml 파일에 이벤트를 구성해 람다 함수를 트리거할 수 있다.

```
functions:
  comments:
    handler: functions/comments.handler
    events:
      - iot:
          sql: "SELECT * FROM 'topic-name'"
```

예를 들어, topic-name을 serverless-store-comments로 대체하라.

IoT는 SQL과 유사한 구문을 사용해 람다 함수를 트리거하고 전송할 콘텐츠를 선택한다. 앞의 예에서 메시지의 모든 내용을 람다 함수에 전달한다.

이 SQL 문은 필요할 때 람다 함수를 트리거하는 메시지 필터링에 매우 유용하다. 예를 들어 다음 JSON 객체를 사용해 메시지를 보냈다고 가정해본다.

```
{
  "comment": "this is a bad product",
  "rating": 2
}
```

SQL 문을 사용해 다른 람다 함수를 트리거할 수 있다. 예를 들어 handle-bad-reviews 등 급(rating)이 3보다 낮은 것만 검색한다.

```
"SELECT * FROM 'topic-name' WHERE rating < 3"
```

서버리스 상점의 예로 돌아가서, 람다 함수에 대한 트리거를 정의했다. 이제 데이터를 데이터베이스에 저장하는 함수를 구현할 수 있다. 서버리스 데이터베이스를 사용하는 방법은 7장, '서버리스 데이터베이스의 관리'에서 다뤘으며, 다음 예제는 테스트 목적을 위해 event 객체 내용으로 기록한다.

```
const utils = require('../lib/utils');

module.exports.handler = (event, context, callback) => {
  console.log(event);
  utils.successHandler(event, callback);
};
```

서버리스 프레임워크의 logs 명령어를 사용해 작동하는지 테스트를 할 수 있다.

```
serverless logs --function comments
```

비공개 알림

8장, '서버리스 애플리케이션 보안'에서 다음 IoT 주제 인증을 비롯해 인증된 사용자에 대한 정책 문서를 정의했다.

```
serverless-store-${cognito-identity.amazonaws.com:sub}
```

인증된 사용자는 배타적인 주제에 대한 접속 권한을 가지며, 이 이름은 자체 연합된 ID^federated ID로 정의된다. 다음으로 구현할 것은 비공개 알림이다. 여기서 람다 함수는 메시지를 IoT 주제에 게시하고 단 한 명의 사용자가 그 메시지를 받을 수 있다.

인증된 사용자의 자격증명 사용하기

인증되지 않은 사용자는 다음 코드를 사용해 자격증명을 설정한다.

```
AWS.config.region = config.cognito.REGION;
AWS.config.credentials =
  new AWS.CognitoIdentityCredentials({
    IdentityPoolId: config.cognito.IDENTITY_POOL_ID
  });
```

그러나 인증된 사용자의 경우 자격증명(credentials) 객체를 추가 속성인 로그인(Logins)으로 설정해야 한다. 다음 코드는 어떻게 수행되는지를 보여준다.

```
const region = config.cognito.REGION;
const pool = config.cognito.USER_POOL_ID;
const authenticator =
  `cognito-idp.${region}.amazonaws.com/${pool}`;

AWS.config.credentials =
  new AWS.CognitoIdentityCredentials({
    IdentityPoolId: config.cognito.IDENTITY_POOL_ID,
    Logins: {
      [authenticator]: userToken
    }
  });
```

IoT 정책 만들기

인증된 사용자를 사용해 IoT에 연결하려면 추가 단계가 필요하다. IoT 보안 정책을 첨부해야 한다. 이 첨부 파일이 없으면 IoT 서비스는 모든 요청을 거부할 것이다.

다음 단계를 수행해 정책을 만드는 방법을 살펴본다.

1. https://console.aws.amazon.com/iot에서 IoT 콘솔을 연다.
2. 왼쪽 메뉴에서 Security ❯ Policies를 찾고 Create a Policy를 클릭한다.

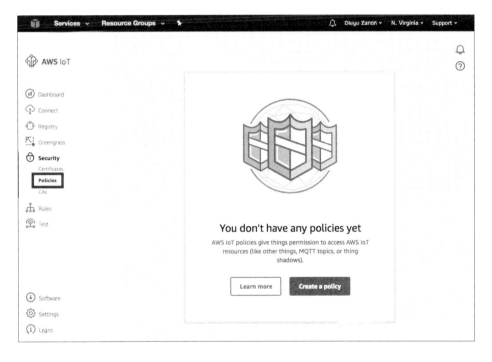

3. 정책 이름을 선택하고 Action필드에 iot : Connect, iot : Subscribe, iot : Publish, iot : Receive를 입력하고 Resource ARN 필드에 *를 입력하고 Effect 항목의 Allow를 체크한다.

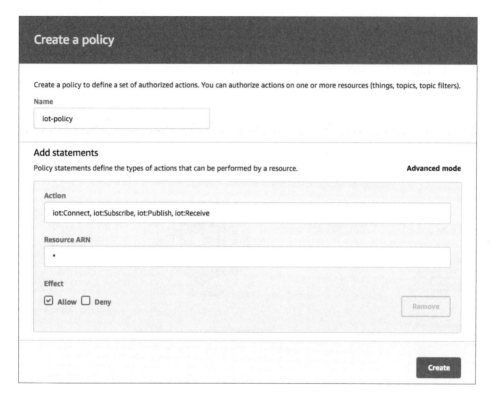

4. 완료를 위해 **생성**(Create)을 클릭한다.

 security observation의 경우 모든(*) 리소스를 선택하지만, 모든 주제를 게시 혹은 구독할 수 있는 것이 아니다. 이유는 AWS는 코그니토 역할을 사용해 권한을 확인할 것이고, 모든 자원들을 위한 정책문서가 설정되어 있지 않기 때문이다.

IoT 정책 첨부와 연결

앞 장에서 iot:attachPrincipalPolicy 동작에 대한 접속을 허용하는 코그니토 정책 문서를 설정했다. 지금 그것을 사용할 것이다. AWS를 사용할 것이다. AWS 자격증명을 한 후 AWS.IoT 모듈과 attachPrincipalPolicy 함수를 사용해 방금 작성한 IoT 정책을 인증된 사용자에게 첨부한다. 정책을 설정한 후, IoT에 연결해 공개 및 비공개 주제를 게시 및 구독할 것이다.

```javascript
AWS.config.credentials.get(() => {
  const keys = {
    accessKey: AWS.config.credentials.accessKeyId,
    secretKey: AWS.config.credentials.secretAccessKey,
    sessionToken: AWS.config.credentials.sessionToken
  }

  const awsIoT = new AWS.Iot();
  const params = {
    policyName: 'iot-policy',
    principal: AWS.config.credentials.identityId
  }

  awsIoT.attachPrincipalPolicy(params, (err, res) => {
    if (err) alert(err);
    else {
      const client = new IoT(keys, messageCallback);
      client.connect();

      // 공개 주제를 구독
      client.subscribe('serverless-store-comments');

      // 비공개 주제를 구독
      const id = AWS.config.credentials.identityid;
      client.subscribe('serverless-store-' + id);

      callback(null, client);
```

```
    }
  });
});
```

이제 새로운 댓글을 추가 테스트할 수 있고, 제대로 작동한다.

로그아웃 기능 업데이트

AWS 자격증명 기능을 사용할 때, AWS SDK는 사용자 데이터를 로컬 저장소에 저장한다. 다른 사용자가 이전 사용자와 동일한 브라우저에 로그인해 이전 사용자의 자격증명을 사용하는 것을 방지하려면, 로그아웃 시 데이터를 지워야 한다. 로그아웃 핸들러에 다음 코드를 추가하면 된다.

```
if (AWS.config.credentials) {
  AWS.config.credentials.clearCachedId();
}
```

람다 사용해 IoT 메시지 보내기

인증된 사용자를 공개 및 비공개 주제(항목)에 게시하도록 애플리케이션을 수정했다. 지금부터 살펴볼 내용은 다음 단계에서 람다 함수를 사용해 이 비공개 주제에 메시지를 보내는 방법이다.

1. 첫 단계는 serverless.yml 파일을 수정해 명확한 권한을 부여해 iot:Publish 접속을 허용하는 것이다.

```
provider:
  name: aws
  runtime: nodejs6.10
  iamRoleStatements:
    - Effect: "Allow"
```

```
Action:
  - "iot:Publish"
Resource:
  "arn:aws:iot:<region>:<account>:topic/*"
```

2. 이번 예제에서는 processCheckout 함수를 사용할 것이다. 사용자가 Checkout을
   클릭하면, 이 액션은 사용자 주제에 메시지를 게시하는 람다 함수를 트리거할 것
   이다. 결과적으로 새 메시지를 사용할 수 있음을 사용자에게 알리기 위해 알림 아
   이콘이 색상을 변경하는 것이다.

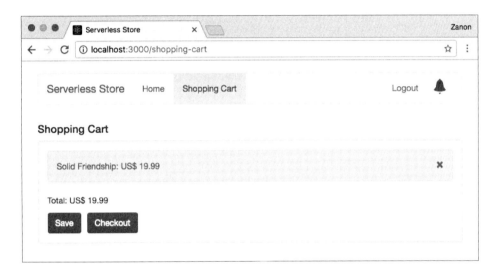

3. 프론트엔드 애플리케이션을 변경하는 건 단순한 작업이므로, 독자 스스로 연
   습해도 될 것이다. 백엔드 코드와 관련해 다음 코드 processCheckout 함수를 사
   용한다.

```
const AWS = require('aws-sdk');
const utils = require('./utils');

module.exports.processCheckout = (userId, callback) => {
const iotdata = new AWS.IotData({
```

```
        endpoint: 'YOUR_IOT_ENDPOINT'
    });
const params = {
        topic: 'serverless-store-' + userId,
        payload: 'Your payment was confirmed.'
    };

iotdata.publish(params, (err, res) => {
  if (err) utils.errorHandler(err, callback);
  else utils.successHandler(res, callback);
  });
};
```

 8장에서 이벤트 객체(event.requestContext.authorizer.claims.sub)를 분석해 userId 변수
를 검색했던 것을 기억하라.

요약

9장에서는 AWS IoT 서비스를 사용해 서버리스 알림을 어떻게 생성하는지를 배웠다. 실
시간 댓글 시스템을 구현하고 개별 사용자들에게 알림을 보내는 방법에 대해 설명했다.
이미 AWS IoT Device SDK 사용 방법을 알고 있다면, 람다 함수를 트리거해 IoT를 어
떻게 사용하는지 혹은 람다를 사용해 IoT 엔드포인트에 메시지를 어떻게 보내는지를 알
고 있는 것이다.

10장에서는 온라인 상점 구축을 마치고, 서버리스 애플리케이션을 테스트하는 방법을 살
펴본다. 이어서 개발 및 프로덕션 환경을 위한 배포 워크플로우 정의를 살펴본 후, 마지
막으로 여러분이 모니터할 수 있는 (해야만 하는) 것을 보여줌으로써 서버리스 솔루션을 마
무리한다.

10

테스트, 배포, 모니터링

이제 이 책의 끝까지 왔다. 하지만, 솔루션 코딩 후 최종 결과를 확인하고 검증하는 단계를 논의하지 않고 마무리를 할 수는 없다. 개발 환경이 아닌 운영 환경에서 기능을 테스트하는 방법은 무엇인지, 솔루션의 새 버전을 배포 및 제공하는 데 적합한 개발 워크플로우는 무엇인지, 그리고 서버리스 프로젝트를 구축 시 서버에 대해서 관리자, 개발자가 직접 관리해야 하는 어려움은 적지만, 비용 효율적이고 신뢰할 수 있는 솔루션을 제공하기 위해 구성해야 하는 최소한의 모니터링이 무엇인지 이해해야 한다.

10장에서 다루는 내용은 다음과 같다.

- 서버리스 솔루션 테스트
- 새 버전의 배포 및 제공 방법 정의
- 오류, 성능, 비용 모니터링

이 장을 마치면 책 전체를 다 본 것이므로, 서버리스 컴포넌트로 다른 솔루션을 구축하거나 서버리스 개념의 이점을 이용해 기존 솔루션을 향상시킬 수 있을 것이다.

▌ 솔루션 테스트

서버리스 프로젝트를 테스트하는 것은 어려운 작업이 될 수 있다. 로컬에서 실행하기 어려운 다양한 클라우드 서비스들이 있기 때문에 개별 서비스를 테스트하는 것 외에도 동시에 작동하는 연계 작업을 테스트해야 한다.

그러나 기존 프로젝트에서 사용하고 있는 방법들은 서버리스 애플리케이션에도 그대로 사용할 수 있다. 소프트웨어의 품질을 향상시키기 위해 TDD^Test-Driven Development, BDD^Behavior-Driven Development 또는 자동화 테스트에 의존하는 개발 프로세스를 사용할 수도 있다. 코드를 실행할 수 있는 환경에 액세스할 수는 없지만 로컬에서 많은 것을 시뮬레이션할 수 있으며 모든 테스트가 예상대로 작동한다는 것을 확인하기 위해 통합 테스트를 수시로 실행할 수 있다.

다음 절에서는 백엔드와 프론트엔드의 테스트 작성 방법을 살펴볼 것이다. 쉽게 테스트할 수 있게 간단한 기능을 테스트 예제로 삼아 진행할 것이다. 더욱 다양하고 깊이 있는 예제가 필요한 경우에는 이 장의 코드 파일을 이용해 서버리스 상점의 테스트 방법을 확인할 수 있다.

람다 함수 단위 테스트

람다 함수는 일반적인 자바스크립트 파일에 정의되어 있으므로 이 파일을 불러와서 함수를 로컬에서 테스트하도록 테스트 도구를 설정하기만 하면 된다. API 게이트웨이 또는 다른 트리거에 의해 설정된 입력 데이터를 시뮬레이션하려면 예상 입력에 따라 테스트의 event 변수를 설정해야 한다.

다음 단계를 수행해 람다 함수를 단위 테스트하는 방법을 살펴보자.

1. 먼저 다음 명령을 실행해 새로운 서버리스 프로젝트를 만든다.

```
serverless create --template aws-nodejs --name testing
```

2. serverless.yml 파일을 다음과 같이 수정한다.

```
service: testing-service

provider:
  name: aws
  runtime: nodejs6.10

functions:
  hello:
    handler: functions/greetings.hello
```

3. 이 프로젝트에서는 람다 함수가 하나만 있으며 hello 함수는 functions 폴더 내에 greetings.js 파일로 정의된다. 다음과 같은 간단한 구현을 고려한다.

```
module.exports.hello = (event, context, callback) => {
  const message = `Hello, ${event.name}!`
  callback(null, message);
};
```

4. hello 함수가 테스트힐 함수나. 이제 테스트 코드를 작성해보자. 다음 화면에서는 test라는 폴더가 생성되고 mocha.opts 파일과 unit, integration이라는 두 개의 다른 폴더가 포함된 프로젝트 트리를 보여준다. 이 샘플 코드는 다른 서비스와 상호작용하지 않으므로 unit 테스트라고 할 수 있으며 test-greetings.js 파일은 테스트가 구현될 위치다.

5. serverless.yml 파일 끝에 exclude 규칙을 추가해 이 테스트 폴더와 모든 내용을 배포 패키지에서 제외할 수 있다.

```
package:
  exclude:
    - test/**
```

6. mocha.opts 파일에는 Mocha 테스트 프레임워크(https://mochajs.org/)를 사용하도록 설정되어 있지만, 다른 테스트 도구를 사용할 수도 있다.

7. mocha.opts 파일에 테스트 실행을 위해 사용할 폴더를 지정하는 코드 한 줄을 추가했다.

```
test/unit
```

unit 폴더에는 단위 테스트가 저장된다. 단위 테스트는 개발자가 각 수정 작업과 함께 코드 상태를 즉시 확인할 수 있도록 밀리초^{ms} 단위로 실행되어야 한다. integration 폴더는 외부 서비스에 액세스하고 초/분 단위로 완료할 수 있는 테스트를 저장한다. 이 테스트들은 보통 하루에 한 번, 단위 테스트만큼 자주 실행되지 않도록 설계되어 있다. 그래서 이것들은 옵션에 포함되지 않는다.

8. Mocha는 npm을 통해 설치되므로 package.json 파일을 추가한 후 다음 명령을 실행한다.

```
npm install mocha --save-dev
```

9. package.json 파일에서 scripts 필드에 mocha 값과 함께 test 명령을 추가한다. 이것은 나중에 도움이 될 것이다. 단위 테스트를 실행하기 위해 npm test 명령을 실행할 수 있기 때문이다.

```
{
  "name": "testing",
  "version": "1.0.0",
  "scripts": {
    "test": "mocha"
  },
  "devDependencies": {
    "mocha": "^3.2.0"
  }
}
```

10. 이제 테스트 환경을 올바르게 설정했으므로 test-greetings.js라는 테스트 파일을 구현할 수 있다. Mocha를 사용하려면 describe 함수를 사용해 테스트 케이스를 나열하고 it 함수를 사용해 테스트 케이스를 구현해야 한다.

```
const assert = require('assert');

// greetings 함수의 단위 테스트 리스트
describe('Greetings', () => {

    // 이 파일에 대한 유일한 테스트
    describe('#hello()', () => {

        // 다음 테스트처럼 'done' 인자는 비동기 테스트에서만 사용해야 한다.
        //it('should return hello + name', (done) => {
```

```
        // 테스트 코드가 여기 정의되어야 함

      });
    });
  });
```

11. 람다 함수의 경우 다음 테스트를 구현할 수 있다.

```
// 람다 함수 불러오기
const greetings = require('../../lib/greetings');

// 함수에 의해 예상되는 이벤트 변수를 설정
const event = {
  name: 'John'
};

// 이 테스트에서 context는 null 값임
const context = null;

// 함수를 로컬에서 호출
greetings.hello(event, context, (err, response) => {

  const expected = 'Hello, John!';
  const actual = response;
  // 결과가 예상한 값인지 테스트
  assert.equal(expected, actual);

  // 'err' 변수가 null 값이면 성공적으로 종료
  done(err);
});
```

12. `npm test` 명령을 수행해 테스트를 실행한다. 다음 결과가 나올 것이다.

```
MacBook:backend zanon$ npm test

> testing@1.0.0 test /Users/zanon/Desktop/testing/backend
> mocha



  Greetings
    #hello()
      ✓ should return hello + name


  1 passing (11ms)

MacBook:backend zanon$
```

13. 좋은 예제를 만들려면 테스트 예제를 여러 가지 방법으로 테스트해야 한다. 예상 결과를 Hello, John!에서 Bye, John!으로 변경해 이런 테스트를 수행할 수 있다. 이런 변경은 테스트를 실패하게 만들 것이고, 결과는 다음과 같이 나올 것이다.

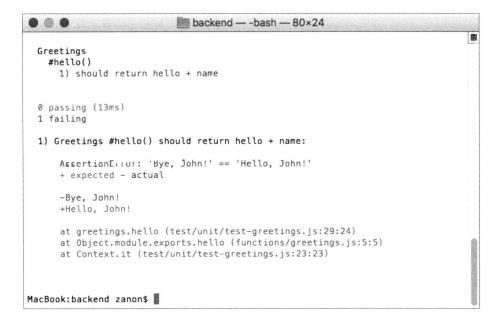

```
  Greetings
    #hello()
      1) should return hello + name


  0 passing (13ms)
  1 failing

  1) Greetings #hello() should return hello + name:

      AssertionError: 'Bye, John!' == 'Hello, John!'
      + expected - actual

      -Bye, John!
      +Hello, John!

      at greetings.hello (test/unit/test-greetings.js:29:24)
      at Object.module.exports.hello (functions/greetings.js:5:5)
      at Context.it (test/unit/test-greetings.js:23:23)


MacBook:backend zanon$
```

외부 서비스 모킹

때로는 함수를 하나의 단위로 생각할 수 없기 때문에 람다 함수를 직접 단위 테스트할 수 없는 경우가 있다. 함수가 알림을 보내거나 데이터베이스의 일부 데이터를 유지하는 등의 외부 서비스와 상호작용하는 경우 이를 하나의 논리 단위로 간주할 수 없다. 이 경우 테스트에서 그러한 종속성을 제거하면 함수를 단위 테스트할 수 있다. 이는 외부 서비스에 대한 더미를 만들어서 할 수 있다.

모킹Mocking은 다른 객체의 동작을 시뮬레이션하는 객체를 만드는 행위이다. 복잡한 서비스를 테스트해야 할 때 꼭 테스트할 필요가 없는 기본 동작이 많이 있다. 예를 들어, 외부 서비스를 사용해 신용 카드 지불을 처리하고 주어진 입력에 대해 올바르게 처리되는지 테스트하려 할 때 연결 문제와 같은 예기치 않은 이벤트를 처리하는 것은 원하지 않을 것이다. 이 경우 예상되는 동작을 모방하는 가짜 객체를 만들어 특정 조건이 충족되면 테스트 케이스가 성공 또는 실패를 반환하게 할 수 있다.

서비스를 모킹하려면 비즈니스 로직을 외부 서비스와 분리해야 한다. 이 방법을 사용하면 단위 테스트를 작성하고 솔루션의 클라우드 서비스 의존성을 낮출 수 있으므로 한 클라우드 제공자에서 다른 클라우드 제공자로 마이그레이션해야 하는 경우 도움이 된다.

다음 코드는 비즈니스 로직과 서비스가 명확하게 구분되어 있지 않은 예제를 보여준다. 이런 경우 테스트하기가 더 어렵다.

```
const db = require('db');
const notifier = require('notifier');

module.exports.saveOrder = (event, context, callback) => {

  db.saveOrder(event.order, (err) => {
    if (err) {
      callback(err);
    } else {
```

```
        notifier.sendEmail(event.email, callback);
    }
  });
};
```

이 예제에서는 주문 정보를 수신해 데이터베이스에 저장하고 이메일 알림을 보낸다. 여기에는 두 가지 주요 문제가 있다. 첫째는 코드가 입력에 바인딩돼 있다는(event 객체를 처리하는 방법) 것이고, 둘째는 데이터베이스 및 알림 서비스에 대한 요청을 트리거하지 않고는 람다 함수의 내부 내용을 단위 테스트할 수 없다는 것이다.

더 나은 구현은 비즈니스 로직을 제어하는 분리된 모듈을 작성하고 이 모듈을 빌드해 종속성을 주입할 수 있게 하는 것이다.

```
class Order {

  // 종속성 주입
  constructor(db, notifier) {
    this.db = db;
    this.notifier = notifier;
  }

  save(order, email, callback) {
    this.db.saveOrder(order, (err) => {
      if (err) {
        callback(err);
      } else {
        this.notifier.sendEmail(email, callback);
      }
    });
  }
}

module.exports = Order;
```

이제 이 코드는 데이터베이스 및 알림 서비스가 입력 값으로 전달되므로 단위 테스트가 가능하고, 가짜 모듈^{mock}로 만들 수도 있다.

람다 코드를 사용하면 훨씬 간단해진다.

```
const db = require('db');
const notifier = require('notifier');
const Order = require('order');

const order = new Order(db, notifier);

module.exports.saveOrder = (event, context, callback) => {
  order.save(event.order, event.email, callback);
};
```

Sinon.JS 이용한 모킹

앞의 예제에서 주문과 관련된 모든 작업을 처리하기 위해 Order라는 외부 모듈을 만들어 람다 함수를 향상시켰다. 이것은 접근할 수 있는 대상만을 가짜 모듈로 만들 수 있기 때문에 필요했다. 람다 함수가 사용하는 서비스(데이터베이스 및 알림)에 액세스할 수 없기 때문에 직접 람다 함수를 테스트할 수는 없지만 대신 서비스들이 가짜 모듈로 대입되기 때문에 적어도 Order 클래스를 테스트할 수는 있다.

모킹 예제를 위해 Sinon.JS를 사용하려고 한다. 다음 명령을 사용해 설치할 수 있다.

```
npm install sinon --save-dev
```

Sinon은 Mocha와 함께 사용된다. 따라서 다음과 같은 테스트 케이스를 만들어야 한다.

```
const assert = require('assert');
const sinon = require('sinon');
```

```
const Order = require('./order');

describe('Order', () => {
  describe('#saveOrder()', () => {
    it('should call db and notifier', (done) => {
      // 테스트 코드가 여기 정의돼야 함


    });
  });
});
```

테스트는 다음과 같이 구현할 수 있다.

```
// 가짜 함수의 행동을 정의
const dbMock = {
  saveOrder: (order, callback) => {
    callback(null);
  }
}

const notifierMock = {
  sendEmail: (email, callback) => {
    callback(null);
  }
}

// 객체들이 언제 어떻게 실행되는지 식별하도록 염탐
sinon.spy(dbMock, 'saveOrder');
sinon.spy(notifierMock, 'sendEmail');

// 입력 이벤트를 정의
const event = {
  order: { id: 1 },
  email: 'example@example.com'
};
```

```
// 가짜 객체를 주입
const order = new Order(dbMock, notifierMock);

// 함수 실행
order.save(event.order, event.email, (err, res) => {

  // 가짜 함수가 예상대로 사용되는지 검증
  assert(dbMock.saveOrder.calledOnce, true);
  assert(notifierMock.sendEmail.calledOnce, true);
  assert(dbMock.saveOrder.calledWith(event.order), true);
  assert(notifierMock.sendEmail.calledWith(event.email), true);
  done(err);
});
```

이 예제에서는 Sinon.JS를 사용해 종속성이 예상대로 호출되고 올바른 파라미터로 호출되는지 여부를 확인할 수 있음을 보여준다. 가짜 응답을 추가하고 다른 동작을 테스트하는 등 이 예제를 향상시킬 수 있지만 이 기능은 서버리스와 관련이 없기 때문에 여기서는 자세히 설명하지 않겠다. 예제는 일반적인 테스트 프레임워크가 서버리스와 함께 사용할 수 있음을 보여주며, 특별한 구성 없이 테스트 프레임워크를 구성할 수 있음을 보여준다.

프론트엔드 테스트

앞에서 리액트를 사용해 프론트엔드를 개발했다. 이제 간단한 예제를 통해서 이를 테스트할 수 있는 방법을 알아보자. 이 예제의 목적은 간단한 컴포넌트가 올바르게 렌더링되는지, 그리고 예상대로 텍스트를 표시하는지 확인하는 것이다.

이 예제를 만들기 위해 다음 단계를 확인해보자.

1. 다음 명령을 실행해 새로운 리액트 프로젝트를 생성한다.

   ```
   create-react-app frontend-test
   ```

2. 리액트 크리에이트 앱은 Jest를 테스트 러너로 사용한다. Jest는 일반적으로 테스트를 실행하기 위해 .test.js로 끝나는 파일을 찾는다. 기본 템플릿에는 App.js와 App.test.js 파일이 있다. npm test를 실행하면 Jest는 App.test.js에서 작성된 샘플 테스트를 실행하고 다음 결과를 출력한다.

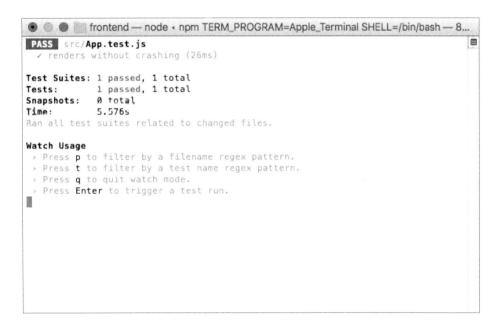

ℹ️ npm test를 실행한 후 Jest는 변경 사항을 감시하므로 프론트엔드를 계속 개발할 수 있으며 개발한 파일을 저장할 때마다 Jest가 자동으로 모든 테스트 케이스를 실행한다.

3. App.js 내부에는 다음 코드로 정의된 App 컴포넌트가 있다.

```
render() {
  return (
    <div className="App">
      <div className="App-header">
        <img src={logo} alt="logo"/>
```

```
        <h2>Welcome to React</h2>
      </div>
    </div>
  );
}
```

4. App.test.js는 다음 코드에 의해 정의된다. 이 코드는 충돌 없이 컴포넌트를 렌더링할 수 있는지 여부를 확인하는 스모크 테스트다.

```
import React from 'react';
import ReactDOM from 'react-dom';
import App from './App';

it('renders without crashing', () => {
  const div = document.createElement('div');
  ReactDOM.render(<App/>, div);
});
```

5. 이 테스트 케이스를 개선하려면 Enzyme와 react-test-renderer 두 도우미 도구를 설치해야 한다.

```
npm install enzyme react-test-renderer --save-dev
```

6. Enzyme을 사용하면 ReactDOM.render 대신 mount 함수를 사용해 이전 예제를 단순화할 수 있다.

```
import React from 'react';
import ReactDOM from 'react-dom';
import App from './App';
import { mount } from 'enzyme';

it('renders without crashing', () => {
  mount(<App/>);
});
```

7. 끝으로, `<h2>Welcome to React</h2>`라는 주어진 엘리먼트가 이 컴포넌트 내에서 예상한대로 렌더링되는지 보기 위해 또 다른 테스트 케이스를 추가한다.

```
it('renders with "Welcome to React"', () => {
  const wrapper = mount(<App/>);
  const welcome = <h2>Welcome to React</h2>;
  expect(wrapper.contains(welcome)).toEqual(true);
});
```

로컬에서 AWS 서비스 시뮬레이션

클라우드 서비스를 사용하는 단점 중 하나는 자신의 컴퓨터에 설치할 수 없는 제품을 제공한다는 것이다. 로컬에 설치가 가능하다면 인터넷을 통해 접속하는 것보다 로컬 테스트가 더 빠르기 때문에 개발 속도가 빨라질 것이다.

커뮤니티에서는 이 제한 사항을 해결하기 위해 많은 도구를 만들어왔다. 이 도구들은 로컬에서 AWS 서비스를 시뮬레이션하는 것을 돕는다. 다음 링크에서 이 중 일부를 찾을 수 있다.

- **람다 함수**: https://github.com/lambci/docker-lambda
- **API 게이트웨이와 람다 함수**: https://github.com/dherault/serverless-offline
- **스케줄된 람다 함수**: https://github.com/ajmath/serverless-offline-heduler
- **다이나모DB**: https://github.com/mhart/dynalite

여기에는 몇 가지 장점과 단점이 있다. 장단점을 보고 개발 워크플로우를 향상시킬 수 있는 도구가 있는지 스스로 결정하자. 장단점은 다음과 같다.

장점:

- **속도**: 인터넷을 사용하는 것보다 로컬에서 실행하는 것이 빠르다.
- **테스트**: 일부 도구는 I/O 작업을 수행하지 않고 실제 서비스의 동작을 시뮬레이션하는 단순한 모의 객체이므로 코드를 변경하지 않고 서비스를 테스트할 수 있다. 다른 도구들은 코드를 디버깅할 수 있는 비슷한 구현 객체다.
- **비용**: 자신의 컴퓨터를 사용해 무료로 실행할 수 있다.

단점:

- **속도**: 대부분의 서비스에는 추가 구성 단계가 필요하다. 소규모 프로젝트의 경우 시뮬레이션을 위한 서비스의 구성 및 문제 해결에 더 많은 시간이 걸릴 수도 있다.
- **테스트**: 시뮬레이션된 서비스만 사용하는 경우 테스트에 자신감을 갖기가 어렵다. 실제 서비스로 통합 테스트를 수시로 실행해야 한다. 또한 일부 테스트를 수행하지 못할 수도 있다. 예를 들어, IAM 권한을 시뮬레이션하는 것은 정말로 어렵다.
- **비용**: 클라우드 비용을 절감하는 것보다 도구를 구성하는 데 더 많은 시간이 걸릴 수 있다. 대부분의 클라우드 공급자는 개발자가 무료로 제품을 만들고 테스트할 수 있는 무료 티어를 제공하는 가격 정책을 채택하고 있다. 대신 서비스가 집중적으로 사용될 때 비용을 청구한다.

▌ 애플리케이션 배포

이 절에서는 서버리스 애플리케이션의 배포에 대해 다룬다. 단순히 serverless deploy 명령을 실행하는 방법에 대한 내용만 다루는 게 아니라, 프로덕션 환경에서 새 버전의 애플리케이션을 처리하고 관리하는 방법을 알고 정의하는 내용을 다룬다.

하루 중 언제든지 배포 버튼을 누를 수 있는가? 그 의미는 무엇인가? 테스트용으로 프로덕션 환경의 복제본을 어떻게 만들 수 있는가? 이것이 이 절에서 논의하는 내용이다.

개발 워크플로우

람다 함수의 새 버전을 배포하는 일은 간단한 작업이다. 개발자가 명령을 실행하면 프레임워크는 내용을 패키징하고 AWS로 업로드하는 책임이 있다. 그러나 serverless deploy 명령을 실행하는 데 보통 몇 분이 걸린다. 문제는 ZIP 파일을 업로드하는 시간이 아니라 프레임워크가 CloudFormation을 사용해 업데이트해야 한다는 것이다. 특정 영역의 모든 관련 리소스를 업데이트하도록 AWS에 요청하는 새로운 CloudFormation 템플릿을 만들어야 한다. 이것은 시간이 소요된다. 코드 베이스가 커짐에 따라 수십 개의 API 게이트웨이 엔드포인트, 다양한 IAM 역할 또는 여러 종류의 AWS 리소스를 만들어야 할 수도 있다. 배포 시간이 이런 쓸데 없는 시간으로 인해 늘어나면 관리가 어렵게 된다.

선택 배포를 사용하면 이 시간을 줄일 수 있다. 특정 함수만 수정한 경우 다음 명령을 사용해 빠르게 배포할 수 있다.

```
serverless deploy function -f myFunction
```

블루그린 배포

블루그린 배포Blue-green deployment는 가용성을 유지하면서 새로운 버전의 소프트웨어를 배포하는 일반적인 기술이다. 3.0 버전의 애플리케이션이 실행 중이며 3.1 버전을 배포하려고 한다고 가정한다. 머신들을 업데이트하기 전에, 머신은 모두 3.0 버전을 사용하고 있으며 이 상태를 블루 상태라고 말한다. 블루그린 배포 첫 단계는 버전 3.1을 사용하는 새 시스템을 생성하는 것이며 이 시스템은 그린 상태다. 다음 단계는 로드 밸런서를 수정해 모든 새 연결을 새 시스템(그린)으로 리디렉션하면서 이전 시스템(블루)에 대한 요청을 계속 실행하는 것이다. 이전 호출이 실행을 마친 후에는 블루 시스템에 대한 새로운 요청이 수신되지 않고 종료된다.

블루그린 배포는 중요하다. 과거에는 애플리케이션을 처리할 웹서버 시스템이 하나만 있기 때문에 일반적으로 웹서버를 중지하고 코드를 업데이트한 다음 다시 웹서버를 시작했었다. 과거에는 사용할 수 없는 몇 초의 시간이 있었지만 블루그린 배포를 이용하면 자동화 및 다중 서버 간에 로드를 분산할 수 있기 때문에 업데이트 또는 유지관리 루틴을 위해 서비스를 중단할 필요가 없다.

이 개념은 서버리스 환경에서도 동일하다. 람다 함수의 코드를 업데이트하면 AWS는 이를 사용해 새로운 수신 요청을 처리하고 이전 요청은 이전 코드로 계속 실행된다. 또한 API 게이트웨이는 비가용성을 초래하지 않으면서 엔드포인트 동작의 수정을 처리한다.

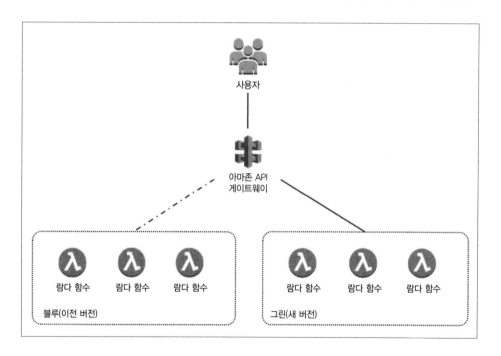

이제 앞에서 했던 질문에 답할 수 있다. 하루 중 언제든지 배포 버튼을 눌러도 서비스를 중단하지 않고 (가용성) 애플리케이션의 새 버전을 배포할 수 있다. 새 버전을 배포하는 동안에도 다른 버전을 동시에 실행할 수 있다. 이 경우 특히 데이터베이스 모델을 변경해야 하는 버전에 주의해야 한다.

여러 가지 데이터베이스 모델로 새 버전 배포

서버리스에서는 보통 초 단위로 실행되는 코드를 사용한다. 따라서 서로 다른 두 버전을 동시에 실행하는 데는 1초도 안 걸릴 수 있지만 모델 변경 사항을 모델에 적용하려면 어떻게 해야 할까? 칼럼(열)의 이름을 변경하면 이전 버전의 실행이 중단될 수도 있다.

모든 애플리케이션이 스키마가 유연한 NoSQL 데이터베이스를 사용하면 좋겠지만 실상은 그렇지 않다. 일부 비즈니스 사례에서는 관계형 데이터베이스 또는 스키마가 제한된 NoSQL 데이터베이스에서 더 잘 처리된다.

스키마를 수정할 때 주의해야 할 작업으로는 생성, 이름 바꾸기, 삭제 작업이 있다.

새 테이블과 칼럼 생성

기존 테이블에 테이블이나 열을 추가한다고 해서 모든 종류의 애플리케이션이 손상되지는 않는다. 그러나 엔티티 프레임워크Entity Framework(닷넷용)와 같이 각 스키마 버전을 마이그레이션 ID와 연결하는 일부 ORMObject-Relational Mapping 도구가 있다. 이 경우 데이터베이스 스키마를 업그레이드하기 위해 `migrate` 명령을 실행하면 애플리케이션 코드에 의해 체크될 새 마이그레이션 ID가 추가된다. 이전 버전의 코드를 실행하면 ID가 일치하지 않아 오류가 반환된다.

이런 유형의 제한은 예상치 않게 모델이 달라졌을 때 사용되지 않는 코드가 실제 운영환경에서 실행되고 불일치되는 현상을 방지하기 위한 안전 조치로 만들어졌다. 하지만 배포를 수행할 때 유동적으로 제어할 수 있는 경우 버전을 업그레이드하는 동안에는 사용할 수 없도록 이 제한을 해제할 수 있다.

제약 조건이나 외래 키를 추가할 때 주의해야 한다. 새로운 외래 키를 추가하기 위해 수천 개의 행이 있는 테이블을 수정하면 alter table 명령을 처리하는 데 상당한 시간이 필요할 수 있다. 처리하는 동안 테이블은 선택 항목에 대해 잠기므로 일부 쿼리 시간 초과가 발생할 수 있다.

테이블 또는 열 이름 바꾸기

이름을 A에서 B로 변경해야 한다고 가정해보자. 이 변경 작업을 수행하면 이름이 A인 열을 찾지 못해서 이전 코드가 올바르게 작동하지 않을 수 있다. 이름이 바뀌기 전에 배포된 경우 최신 코드도 올바르게 작동하지 않을 수 있다.

다음 단계를 수행해 이 변경에 대해 제안된 솔루션을 확인해보자.

1. 스크립트를 실행해 B라는 새 열을 만든다.
2. A열의 일부 데이터를 수정해 B열에 동일한 수정 사항을 적용할 때마다 실행할 임시 트리거를 추가한다.
3. 모든 내용을 A에서 B로 복제한다.
4. 이전 버전과 똑같은 새로운 코드 버전을 배포한다. 단, A가 아닌 B열을 사용해 읽고 쓰게 한다.
5. 잠시 기다려서 모든 요청이 이전 요청이 아닌 새로운 람다 코드를 사용하는지 확인한다. 람다 함수의 최대 타임 아웃을 기다려야 한다.
6. 열 A와 임시 트리거를 제거하는 다른 스크립트를 실행한다.
7. B열을 사용하는 최신 코드를 배포해 애플리케이션에 새로운 기능을 추가한다.

테이블 또는 열 삭제

테이블 또는 열을 삭제하는 것은 조금 더 쉽다. 제거할 테이블이나 필드를 사용하지 않는 새 애플리케이션 코드만 배포하면 된다. 이전 코드가 실행된 것을 확인하기 위해 조금 기다린 후에 테이블을 삭제하거나 필드를 제거하는 스크립트를 안전하게 실행할 수 있다.

배포 롤백하기

때때로 버그가 있는 새로운 버전의 애플리케이션을 배포하기도 한다. 오류 신가노에 따라 새 배포의 오류 수정을 시작하기 전에 애플리케이션을 롤백해야 한다. 롤백에는 두 가지 옵션이 있다.

버전은 모든 배포를 태그로 제어한다. 롤백해야 할 경우 이전 태그에서 코드를 선택하고 `serverless deploy`를 다시 실행한다.

`serverless rollback` 명령을 사용해 기능을 이전 버전으로 변경한다.

AWS에는 배포에 대한 버전 시스템이 있으므로 `serverless rollback` 명령을 사용하는 것이 안전하고 빠르다. 이 명령은 다음과 같이 `timestamp` 파라미터를 전달해 사용해야 한다.

```
serverless rollback --timestamp <timestamp>
```

마지막 배포의 타임 스탬프 정보를 찾으려면 다음 명령을 실행해야 하다.

```
serverless deploy list
```

명령 실행 결과는 다음과 같다.

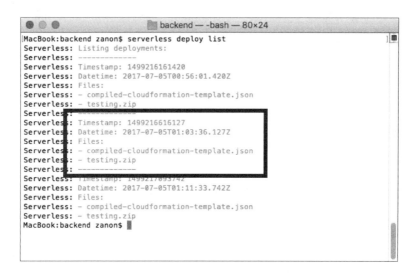

이전 화면에서 timestamp 매개변수에 값 1499216616127을 사용했다. 끝에서 두 번째 버전을 선택해야 하며 마지막 버전은 선택하지 않아야 한다.

 serverless rollback 명령은 serverless deploy 명령으로 완료된 것으로 확인된 이전 배포의 모든 함수를 롤백한다. serverless deploy function 명령어로 확인해보면, 롤백으로 인한 변경사항은 버전이 변경되지 않는다.

스테이징 환경 생성

베스트 사례는 개발과 운영을 위해 반드시 환경이 서로 달라야 한다고 말한다. 테스트를 위해 보통 스테이징이라고 부르는 세 번째 환경을 추가할 수도 있다.

- **개발 환경**: 코드를 진행중인 작업으로 배포하고 다른 서비스와 함께 작동하는지 테스트한다.

- **스테이징 환경**: 일반적으로 고객 또는 품질 보증 팀에 의한 빌드 검증을 위해 필요하다.
- **운영 환경**: 최종 사용자가 애플리케이션을 볼 수 있는 곳이다.

모든 소프트웨어는 운영체제, 런타임 버전, 설치된 모듈과 dll, 외부 서비스, 구성 파일 등과 같이 환경에 크게 의존한다. 몇 년 전까지만 해도 개발자가 "내 컴퓨터에서는 잘 동작한다."고 운영 오류를 변명하곤 했다. 운영 설정으로 개발 환경을 미러링하는 것은 매우 어려운 작업이었다. 때때로 하나의 환경에 적용된 변경 사항이 다른 환경에 반영되지 않아 이상한 오류가 발생하기도 한다.

가상머신과 특히 최근의 도커^{Docker} 컨테이너의 경우, 개발 환경에서 운영 오류를 완벽하게 재현할 수 있고, 실행 환경에 관계없이 구축한 것이 정확히 예상대로 작동할 수 있다고 믿을 수 있기 때문에 이 문제는 크게 줄어 들었다.

클라우드 제공 업체를 통해 모든 인프라를 스크립팅할 수 있다. 따라서 코드를 통해 환경을 만드는 방법을 자동화할 수 있다. 이 경우 변수 값을 변경하고 다시 배포하기만 하면 개발 코드가 프로덕션 코드로 미러링된다. serverless.yml 파일에는 현재 환경의 이름을 지정하고 stage 속성의 새 이름을 선택하기만하면 다른 곳으로 쉽게 미러링할 수 있는 provider 옵션이 있다.

```
service: serverless-app

provider:
  name: aws
  runtime: nodejs6.10
  stage: dev
  region: us-east-1
```

운영 환경에서는 주의하라

개발 환경을 프로덕션 환경으로 쉽게 미러링할 수 있다는 것은 현명하게 사용할 수 있는 매우 강력한 기능이다. 스테이징 및 운영 가상머신을 동시에 열어 놓는 것은 안 좋은 습관이다. 스테이징 서비스 버전을 바꾸고 있다고 착각해 운영 중인 서비스를 망칠 수 있기 때문이다.

스테이징 옵션을 사용해 개발 환경을 테스트 환경으로 미러링하는 것이 좋다. 고객 또는 품질 보증 팀을 위해 새 버전을 쉽게 배포할 수 있지만 관련 위험을 피하기 위해 개발 컴퓨터를 운영 환경의 업데이트를 적용하는 데 사용해서는 안 된다.

 새 환경을 만드는 것은 stage의 새 이름을 선택하는 것만큼 간단하다. test-2017-08-02 또는 test-feature-x와 같은 이름을 지정해 특정 테스트 환경에서 신규 엔드포인트를 만들 수 있다.

팀에서 새 운영 버전을 배포하는 사람을 한 사람으로 지정할 수 있다. 한 사람에게만 책임을 제한하면 사고 가능성이 줄어든다. 운영 배포가 유일한 목적인 새로운 환경을 만들 수도 있다. 컴퓨터에 연결하는 추가 단계가 작업에 집중하게 하고 실수로 잘못된 환경을 선택하지 않도록 돕는다.

또한 개발 및 테스트용 AWS 계정과 프로덕션용 AWS 계정을 달리해 두 가지 계정을 사용하는 것이 좋다. 사용자 환경을 보호하고 동일한 사용자가 두 환경을 수정하지 못하도록 IAM 역할을 구성할 수는 있지만 이 방법은 위험하다. IAM 제한이 잘못 구성되거나 새 리소스를 추가하면서 원하지 않는 변경을 허용하는 등 부적절한 접속 설정을 그대로 둘 수도 있기 때문이다.

데이터 테스트

전체 인프라 구조를 스크립팅한 경우 개발 환경과 운영 환경의 유일한 차이점은 관련 데이터다. 테스트 환경에는 일반적으로 테스트하기 위해 임의로 만든 데이터가 있지만 때때로 기본 데이터가 다르기 때문에 성능 문제 또는 불일치 같은 오류를 재현할 수 없는 경우가 있다.

그러나 운영 데이터를 백업하고 복사본을 테스트 환경에 직접 복원하는 것은 다음과 같은 이유로 좋지 않다.

- 운영 데이터에는 실제 이메일이 포함된다. 테스트 코드를 실행하면 실수로 이메일을 보낼 수 있다.
- 운영 데이터에는 실제 이름, 이메일, 전화번호, 주소 등 중요한 데이터가 들어 있다. 이 데이터를 모든 개발자와 공유하는 것은 불필요하고 위험하다. 개발 환경은 보통 안전하지 않고 운영 환경보다 해킹당하기 쉽다.

이 경우 대부분의 테스트에 가공된 데이터를 사용하는 것이 좋으며 성능 테스트를 수행하거나 특정 문제를 분석해야 하는 경우 운영 데이터를 사용하더라도 모든 개발자와 데이터를 공유하기 전에 내용을 수정하고 민감한 데이터를 제거하는 절차를 마련해야 한다.

함수 웜업

앞 장에서 설명한 것처럼 서버리스 함수의 문제점 중 하나가 콜드 스타트이다. 람다 함수가 실행되면 AWS는 패키지를 찾아서 압축을 풀고 실행할 컨테이너에 설치한다. 이 단계는 시간이 걸리고 (대개 5초) 함수 실행이 지연된다.

함수를 실행한 후 AWS는 잠시 동안 일시 중지 상태가 된다. 몇 분 후에 새 요청을 하면 패키지를 즉시 사용할 수 있으므로 콜드 스타트 지연이 발생하지 않는다. 그러나 15분 동안 사용하지 않으면 다시 콜드 스타트가 발생한다.

애플리케이션 응답 시간이 짧아야 하는 경우 애플리케이션을 웜업warm up할 수 있도록 구성할 수 있다. 수시로 다른 함수를 호출해 예약된 람다 함수를 생성하는 웜업WarmUP(https://github.com/FidelLimited/serverless-plugin-warmup)이라는 서버리스 프레임워크용 플러그인이 있다(기본값은 5분이다).

사용 방법은 다음과 같다.

1. 다음 명령을 실행해 서버리스 프로젝트를 새로 작성한다.

```
serverless create --template aws-nodejs --name warmup
```

2. package.json 파일을 생성한다.

3. 다음 명령을 실행해 웜업 플러그인을 설치한다.

```
npm install serverless-plugin-warmup --save-dev
```

4. serverless.yml 파일의 끝에 다음 참조를 추가한다.

```
plugins:
  - serverless-plugin-warmup
```

5. 웜업하려는 각 함수에 warm: true 쌍을 추가한다.

```
functions:
  hello:
    handler: handler.hello
    warmup: true
```

6. 웜업 플러그인은 다른 함수를 호출할 것이므로 필요한 권한을 부여해야 한다.

```
iamRoleStatements:
  - Effect: 'Allow'
    Action:
```

```
      - 'lambda:InvokeFunction'
    Resource: "*"
```

7. 마지막 단계는 이 플러그인이 생성한 요청을 무시하도록 람다 함수를 수정하는
   것이다.

```
module.exports.hello = (event, context, callback) => {

  if (event.source === 'serverless-plugin-warmup') {
    console.log('WarmUP - Lambda is warm!')
    return callback(null, 'Lambda is warm!')
  }

  callback(null, { message: 'Hello!' });
};
```

작업 모니터링

서버리스 개념은 서비스 지원을 위한 인프라에 크게 신경 쓰지 않고 코드를 실행하는 것이
다. 이런 서버리스 개념은 유지하면서도 애플리케이션의 효율성과 안정성을 향상시킬 수
있는 몇 가지 데브옵스 방법이 있다. 서버리스와 노옵스NoOps를 혼동하면 안 된다. 인프라
에 대해 관리자나 개발자가 크게 신경 쓸 필요가 없는 것이지 인프라가 없는 것은 아니다.

AWS를 사용하고 있으므로 모니터링 도구인 아마존 클라우드워치를 사용한다. 이 작업
에 사용할 수 있는 유료 및 무료 도구가 있으므로 도구를 선택하기 전에 직접 비교해보길
권한다.

클라우드워치를 사용하려면 https://console.aws.amazon.com/cloudwatch에서 관
리 콘솔을 연다. 다음 절에서 예제의 람다 함수를 어떻게 모니터할 수 있는지 확인해
보자.

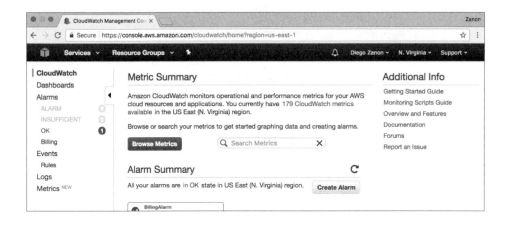

비용 모니터링

서버리스에서 비용을 예측하는 것은 사용량을 기반으로 하기 때문에 어려운 작업이다. 또한 새로운 기능을 배포하면 프로그래밍 오류로 인해 예상치 못한 비용이 발생할 수도 있다. 예를 들어, 5분의 시간 초과 및 1GB RAM의 기능을 설정한다고 가정해보자. 95%는 수밀리초 안에 실행되더라도, 오류로 인해 매번 멈춰 무한정 실행될 수 있으며 시간 초과에 도달하면 멈출 것이다. 또 다른 시나리오는 람다 함수를 사용해 다른 람다 함수를 호출할 때이다. 프로그래밍 오류로 인해 람다 함수가 끊임없이 실행되는 무한 루프가 발생할 수 있다. 실제로 AWS에는 이런 종류의 오류를 방지하는 데 필요한 몇 가지 제한과 조치가 있지만 이런 일이 발생하지 않도록 주의해야 한다.

AWS 빌링^{Billing} 대시보드를 열어 월간 지출을 추적할 수는 있지만 이런 종류의 문제가 발생하면 최대한 빨리 경고를 받아야 한다. 이 경우 월별 비용이 예상치 못한 수준에 도달하면 이메일을 보내도록 요금 청구 알림을 설정할 수 있다.

다음 단계를 수행해 비용을 모니터링해보자.

1. 클라우드워치 콘솔을 열고 왼쪽 메뉴의 Billing 링크를 탐색한 다음 Create Alarm
   을 선택한다.

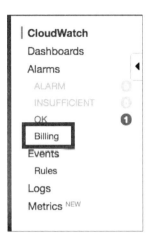

2. 다음 화면에서 Billing Metrics를 선택한다.

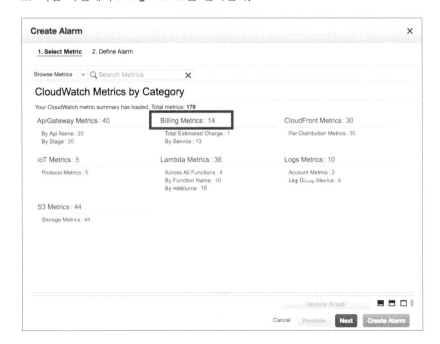

3. 클라우드워치를 사용하면 전체 계정에 대한 요금 청구 알림을 만들거나 서비스 별로 알림을 필터링할 수 있다. 이 경우 **AWSLambda** 서비스를 선택하고 **Next**를 클릭한다.

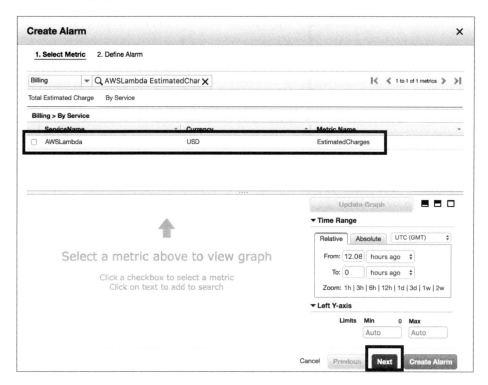

4. 마지막 화면에서 알람의 임계 값을 설정하고 수용 가능한 값을 초과하는 경우 어떤 사람에게 알려야 하는지 정의할 수 있다.

```
MacBook:monitoring zanon$ serverless metrics
Service wide metrics
July 7, 2017 1:12 AM - July 8, 2017 1:12 AM

Invocations: 6
Throttles: 0
Errors: 1
Duration (avg.): 10.82ms
MacBook:monitoring zanon$
```

오류 모니터링

클라우드워치 콘솔 홈 화면으로 돌아가서 가운데에 위치한 Browse Metrics 버튼을 클릭한다. 람다 함수에서 사용할 수 있는 모든 측정 항목을 선택할 수 있는 다른 페이지로 리다이렉션된다. 함수 이름, 자원 또는 모든 함수에 대해 모니터링하도록 선택할 수 있다. 사용 가능한 측정 항목은 다음과 같다.

- **오류**error: 이것은 람다 함수가 오류로 인해 조기에 중단되거나 제한 시간 한도에 도달한 후 중지된 횟수의 측정 항목이다. 이상적으로는 운영 환경에서 오류가 발생하지 않길 바라지만 오류가 감지되면 경고 메시지가 표시하돼야 하므로 이 측정 항목은 중요하다.

- **호출**invocation: 이것은 람다 함수가 호출된 횟수의 측정 항목이다. 이 함수가 일정에 따라 실행되는 경우 예상보다 많은 시간이 실행되면 알림을 받을 수 있다. 또한 이 측정 항목을 사용해 함수가 적절한 값보다 더 많이 실행되는 것과 같이 실행이 제어에서 벗어날 때 추적할 수 있다.
- **지속 시간**duration: 이 측정 항목을 사용하면 함수가 실행하는 데 예상보다 오래 걸리는지 추적할 수 있다.
- **스로틀**throttle: 이 측정 항목은 동시에 실행할 수 있는 람다 함수의 한계에 도달해 함수가 실행되지 않을 때마다 수치가 올라간다. 이 값은 AWS에 대한 지원 티켓을 여는 경우 증가할 수 있지만 기본값은 1,000이며 일부 사용 사례의 경우 매우 낮을 수 있다.

이런 측정 항목은 자동으로 모니터링되며 이전 데이터가 포함된 그래프를 보여준다. 알람을 설정하려면 Console Home 페이지로 돌아가서 왼쪽 메뉴의 Alarms를 클릭한 다음 Create Alarms를 클릭하고 원하는 대로 수신자를 구성하면 된다.

서버리스 프레임워크로 측정 항목 검색

서버리스 프레임워크를 사용해 클라우드워치 측정 항목을 검색할 수 있다. 이는 클라우드워치 콘솔을 탐색하지 않고 애플리케이션의 작동을 빠르게 살펴볼 수 있는 유용한 기능이다.

다음 화면은 serverless metrics 명령의 결과를 보여준다.

이 명령은 모든 기능의 조합된 조작(serverless metrics) 또는 단 하나의 기능의 통계 (serverless metrics --function <yourfunction>)를 볼 때 사용할 수 있다.

또한 --startTime과 --endTime 인수를 사용해 날짜 범위별로 필터링할 수 있다. 다음 명령은 지난 30분 동안 발생한 이벤트와 관련된 통계만 보여준다.

```
serverless metrics --startTime 30m
```

람다 로그 스트리밍

람다 실행 시 오류가 발생하면 오류 메시지로 원인을 파악하기에는 충분하지 않다. 예를 들어, 다음과 같은 오류 메시지가 발생한다.

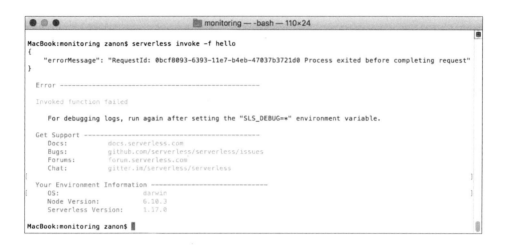

터미널에 로그를 스트리밍해 오류 메시지의 내용을 자세히 검색할 수 있다. 특정 함수를 후킹해 오류 메시지 및 실시간 오류의 기록을 수신할 수 있다. 다음 명령을 실행해보자.

```
serverless logs -f myFunction --tail
```

`--tail` 인수는 새로운 오류 메시지를 받고 싶다는 것을 나타낸다. `--filter word`를 사용해 필터와 일치하는 메시지만 표시하거나 `--startTime`을 사용해 표시할 로그 범위를 지정할 수도 있다. 예를 들어, `--startTime 2h`는 지난 두 시간의 로그를 보여준다.

로그 메시지는 오류의 스택 추적을 보여주며, 이는 문제의 근본 원인을 이해하는 데 아주 유용하다.

오류 처리

함수가 오류와 함께 실행되면 람다는 SNS^{Simple Notification Service}와 SQS^{Simple Queue Service} 같은 두 개의 핸들러를 제공한다. 두 핸들러를 사용해 실패한 이벤트를 처리할 수 있고 나중에 다시 시도하거나 추가 정보를 검색하여 문제점의 원인을 이해할 수 있다.

SNS는 오류를 알리는 데 사용되고 SQS는 다른 서비스에 의해 처리될 수 있도록 실패한 람다 작업의 대기열을 만드는 데 사용된다.

```
functions:
  hello:
    handler: handler.hello
    onError: <ARN>
```

SNS 주제의 ARN^Amazon Resource Name을 SQS 대기열로 설정해야 한다.

 SQS는 현재 서브리스 프레임워크 v.1.18의 버그로 인해 지원되지 않지만 이 오류는 이미 알려진 문제이므로 곧 수정될 것이다.

성능 모니터링

앞에서 설명한 것처럼 클라우드워치 옵션의 지속시간 측정 항목이나 프레임워크의 `serverless logs` 명령을 실행해 함수를 실행하는 데 걸리는 시간을 확인할 수 있다. 이 상적으로는 코드가 근무 시간, 자정, 주말 등 어떤 시간에 실행돼도 차이가 없어야 한다. AWS는 하루 중 어느 시간이나 동일한 결과를 제공하려고 한다.

그러나 실제로는 꼭 그렇지는 않다. 시간대에 따라 알려진 패턴은 없지만 실행 시간에 큰 차이가 있을 수 있다. 콜드 스타트 지연을 고려하지 않고 처음 함수를 실행하는 데 50밀 리초가 걸렸는데 1분 후에 동일한 입력으로 동일한 코드를 실행하는 데 400밀리초가 걸 릴 수 있다. 전통적인 인프라를 사용할 때보다 서버리스 사이트에서 동일한 결과를 제공 하는 것이 훨씬 더 어렵다. 이런 현상은 인프라가 항상 다른 고객과 공유되기 때문이다.

불일치를 볼 수는 있지만 지속 시간을 모니터링하는 것이 좋다. 최대 지속 시간을 고려해 알람을 설정하는 대신 평균 또는 백분위 수를 설정할 수 있다. 여기서 백분위 수는 통계 단 위로, 범주에 속하는 관측의 백분율을 의미한다. 예를 들어, 100밀리초의 p90은 요청의 90%가 실행하는 데 100밀리초보다 짧을 것으로 예상하는 것이다. 일정 기간 동안 이 사 실이 아닐 경우 경고 메시지를 수신하도록 설정할 수 있다.

알람을 설정하는 것은 람다 함수가 외부 서비스에 의존할 때 특히 중요하다. 함수가 데이 터베이스 테이블에서 데이터를 읽는 경우 테이블에 10개의 레코드가 있으면 200밀리초가 걸리고 1,000,000개의 레코드가 있으면 1분이 걸릴 수 있다. 이 경우 알람은 이전 데이터 를 정리하거나 쿼리를 개선할 때임을 경고하는 데 유용하다.

효율성 모니터링

효율성 모니터링은 가능한 최선의 방법으로 리소스를 사용하고 있음을 증명하고자 하는 것이다. 새 람다 함수를 만들 때 시간 초과 값과 할당할 RAM 메모리와 같은 두 가지 중요한 구성 옵션이 있다.

긴 시간 제한 값을 지정해도 효율성에는 영향을 미치지 않지만 잘못된 RAM 메모리를 설정하면 기능 성능 및 비용에 실제로 영향을 미친다.

예를 들어, 다음 화면에서 실행되는 함수의 로그를 확인해보자.

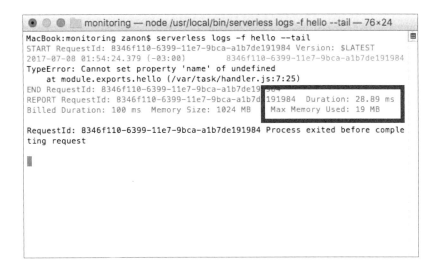

할당된 메모리 크기는 1,024MB(기본값)이고 사용된 최대 메모리는 19MB이다. 이 경우 비용을 최소화하기 위해 할당된 메모리를 줄일 수 있음을 보여준다.

다른 메모리 크기로 코드를 테스트하고 지속 시간을 추적하는 것이 좋다. 필요한 것보다 적은 메모리로 실행하면 처리하는 데 훨씬 많은 시간이 소요된다. 람다 함수가 사용자 요청에 응답하는 데 사용되는 경우 요청을 더 빨리 처리하기 위해 더 많은 메모리를 지불하는 것으로 생각할 수 있으며, 백그라운드 작업이면 비용을 절약하는 데 필요한 최소값을 사용할 수 있다.

또한 다른 메모리 크기의 속도를 확인하기 위해 자신의 코드를 벤치마킹할 때 실행 중인 시나리오에 주의해야 한다. 프로젝트 아키텍처가 모놀리식인 경우 일부 사용자의 적은 데이터는 몇 메가 바이트의 메모리만 사용해 매우 빠르게 처리할 수 있는 반면, 주어진 기간의 판매 보고서 같은 많은 데이터를 처리하는 데에는 문제가 발생할 수 있다.

▍ 요약

10장에서는 프론트엔드와 백엔드에서 서버리스 코드를 테스트하는 방법을 배웠다. 또한 배포 워크플로우에서 고려해야 할 몇 가지 주요 개념을 설명하고 아마존 클라우드워치를 사용해 서버리스 애플리케이션을 모니터링하는 방법을 살펴봤다.

이제 이 책이 끝났다. 각 장을 통해 서버리스를 사용해 멋진 애플리케이션을 만들 수 있을 만큼 충분히 배웠기를 바란다. 서버리스 상점 데모는 향후 프로젝트를 위한 참고 자료로 사용할 수 있지만 너무 데모대로만 하지 않았으면 좋겠다. 테스트, 프론트엔드 개발, 데이터베이스 액세스에 선호하는 도구를 사용하자. 이 책의 목적은 서버리스 애플리케이션을 어떻게 구축해야 하는지에 대한 엄격한 패턴을 정의하는 것이 아니라 개념이 타당하다는 것을 증명할 수 있는 예제를 제공하고 많은 애플리케이션에서 사용되게 하는 것이다.

마지막으로 다른 클라우드 제공업체의 서비스를 사용해보기를 권한다. 이 책은 AWS에 중점을 두었지만 다른 뛰어난 서비스들도 많이 있다. 공급자를 평가할 때 가격표만 보면 안된다. 제공되는 도구를 잘 활용하면 애플리케이션을 더 쉽게 만들 수 있다. 서로 다른 제공자의 서비스를 혼합하는 것도 가능하다. 행운을 빈다!

찾아보기

에이콘출판의 기틀을 마련하신 故 정완재 선생님 (1935-2004)

서버리스 웹 애플리케이션 구축

AWS 서비스, 서버리스 프레임워크 소개부터 서버리스 애플리케이션 개발과 배포까지

발 행 | 2018년 2월 23일

지은이 | 디에고 자농
옮긴이 | 김경호, 고경두, 박준수, 배동환, 임선영

펴낸이 | 권 성 준
편집장 | 황 영 주
편 집 | 이 지 은
디자인 | 박 주 란

에이콘출판주식회사
서울특별시 양천구 국회대로 287 (목동)
전화 02-2653-7600, 팩스 02-2653-0433
www.acornpub.co.kr / editor@acornpub.co.kr

한국어판 ⓒ 에이콘출판주식회사, 2018, Printed in Korea.
ISBN 979-11-6175-111-5
ISBN 978-89-6077-210-6 (세트)
http://www.acornpub.co.kr/book/serverless-web-application

이 도서의 국립중앙도서관 출판시도서목록(CIP)은 서지정보유통지원시스템 홈페이지(http://seoji.nl.go.kr)와
국가자료공동목록시스템(http://www.nl.go.kr/kolisnet)에서 이용하실 수 있습니다.(CIP제어번호: CIP2018005157)

책값은 뒤표지에 있습니다.